国家社科基金项目(13XGJ004)

龚松柏 ◎著

# 中印两国农业现代化与城镇化道路比较研究

Comparison of Agricultural Modernization and Urbanization between China and India

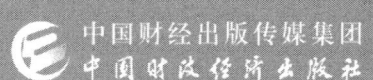

中国财经出版传媒集团
中国财政经济出版社

图书在版编目（CIP）数据

中印两国农业现代化与城镇化道路比较研究／龚松柏著．—北京：中国财政经济出版社，2022.7
ISBN 978-7-5223-1275-0

Ⅰ.①中… Ⅱ.①龚… Ⅲ.①农业现代化－比较研究－中国、印度 ②城市化－比较研究－中国、印度 Ⅳ.①F313 ②F299.1

中国版本图书馆CIP数据核字（2022）第049859号

责任编辑：彭　波　高树花　　责任校对：张　凡
封面设计：陈菁华　　　　　　　责任印制：史大鹏

中国财政经济出版社 出版

URL：http://www.cfeph.cn
E-mail：cfeph@cfeph.cn

（版权所有　翻印必究）

社址：北京市海淀区阜成路甲28号　邮政编码：100142
营销中心电话：010-88191522
天猫网店：中国财政经济出版社旗舰店
网址：https://zgczjjcbs.tmall.com
北京财经印刷厂印刷　各地新华书店经销
成品尺寸：170mm×240mm　16开　13.25印张　200 000字
2022年7月第1版　2022年7月北京第1次印刷
定价：68.00元
ISBN 978-7-5223-1275-0
（图书出现印装问题，本社负责调换，电话：010-88190548）
本社质量投诉电话：010-88190744
打击盗版举报热线：010-88191661　QQ：2242791300

# 序

由于相似的国情以及比邻而居带来的各种错综复杂的关系，近些年来，关于中印两国比较的话题日益引发社会和学术界的关注。这种比较的核心是两国的现代化道路，在现代化道路上，农业现代化和城镇化道路是后发国家中最为重要的内容，在这方面，国内外学者都曾经有过不少的论述。这些论述对于中印两国的农业现代化和城镇化都有过深刻的阐述，但还是存在一定的缺憾：一是这些论述大多从现象出发，没有深度挖掘两国道路的基础理论逻辑；二是这些论述往往只侧重于某一个方面或某一个时段，缺少对两国农业现代化和城镇化道路的综合比较；三是很多论述观点有失公允，海外学者多存在明显的扬印抑中倾向，国内学者则有很多存在简单否定印度道路的倾向。而西南财经大学龚松柏副教授的这本著作，可以说在很大程度上弥补了学术界的这种缺憾。

首先，这一著作从基础理论出发，构建了一个后发国家农业现代化和城镇化道路分析的基础理论逻辑框架。

基础理论包括马克思主义农业现代化和城乡关系理论，也包括现代西方的农业发展与城镇化道路理论，如舒尔茨的改造传统农业理论、诱致性技术—制度创新理论、二元经济结构转化理论、推拉理论等。从这些基础理论出发，该书得出了思考后发国家农业现代化和城镇化道路的两个基本视角，即马克思主义理念下的生产方式演进视角和现代西方理念下的资源配置视角；根据这两个视角,提取出了影响一个后发国家农业现代化与城镇化道路主要因素,包括资源禀赋、土地制度、发展水平、发展战略、制度观念等,然后从农业现代化道路的两个主要方面(农业经营体制和农业技术现代化道路)和城镇化道路的三个主要方面(产业发展道路、人口城镇化道路和空间发展道路)出发,得出了后发国家农业现代化和城镇化道路分析的基础理论逻辑框架。这一框架的构建,大大提升了中印农业现代化和城镇化道路比较分析的理论高度。

其次,这一著作从历史演进的视角,创建了一个三阶段的中印农业现代化和城镇化道路比较分析框架。

该著作将中印农业现代化和城镇化的进程分为三个阶段进行比较,分别为初步探索阶段(中国为1949~1978年、印度为1947~1990年)、体制改革阶段(中国为1979~2005年、印度为1991~2004年)、战略转型阶段(中国起点为2006年的社会主义新农村建设、印度起点为2005年的"第二次绿色革命"),这应该是这一著作的一个重要创新。当然,这一创新完全符合实际,因为每一个阶段中印都有相似的制度或类似的改革,例如,第一阶段中印都采取的是计划经济体制和重工业优先的发展战略,两国在农业现代化和城镇化道路的选择上有明显相似的宏观战略背景;第二阶段两国都开始向市场化转型,农业现代化和城镇化道路自然也都要向市场化转变;第三阶段两国都开始重新重视农业,战略转型上自然也都有相似之处。这种三阶段的分析与基础理论逻辑框架相结合,使每一个阶段的分析都具有理论深度,而不是简单的数据堆积或现象分析。

最后,这一著作的观点都是从基础理论出发分析的结果,没有简单的扬中抑印或扬印抑中的倾向。该著作中对于印度两次"绿色革命"的成果进行了充分的肯定,但也明确地指出了印度政府在制度创新以及制度执行力上的严重不足;对于印度的城镇化速度相对较慢的问题进行了理性的分析，但也敏锐地提出了印度近些年城镇化加速的倾向。该书对于中国的农业现代化道路的成功与不足之处同样做了理性的分析，充分肯定了中国政府的执行力以及制度的创新力，但也指出了长期的城乡分隔和不平等互动带来的消极影响。在此基础上，该书对两国都提出了合理化的建议：对中国提出了以家庭农场为核心、以县级示范农场为主要培训基地、以两次农业现代化协调推进为基本理念的农业现代化道路和充分利用互联网技术推进城乡融合的建议；对印度也提出了进一步提高农村基础教育水平、适当加强政府的制度供给和制度执行力等建议，这些建议对中印两国以后的发展具有重要的参考价值。

历史的车轮滚滚向前，时间已经进入 21 世纪的第三个十年，2020 年，中国正式宣布了脱贫攻坚的全面胜利，2021 年又正式宣布了全面小康社会的正式建成，当前已经进入了全面建设社会主义现代化国家的新发展阶段。在这一新发展阶段，乡村振兴已经成为重大课题，如何推进脱贫攻坚和乡村振兴的有效衔接，如何推进城乡的真正融合，如何真正实现中国农业的现代化，需要学术界进行深度的理论探索，也需要参考借鉴其他国家的发展道路。在这样一个时候，龚松柏副教授的这一著作的出版，具有重要的学术价值。

杨文武
四川大学南亚研究所
2021 年 10 月

# 前　言

中印两国是世界上两个最大的发展中国家，有非常相似的国情，都拥有广袤的国土面积和庞大的人口；有非常相似的起点，都曾经属于世界上最贫穷的国家之列；曾经有非常相似的战略；也都曾经被视为是其他发展中国家学习的榜样，再加上由于两国错综复杂的关系，21世纪以来，关于中印比较的话题总能引起人们的广泛关注，由此逐渐成为学术界研究的热点。

本人对中印比较的研究，始于攻读博士学位阶段，2005年，在姜凌教授的指导下，本人即开始了中印发展模式比较的研究，最终完成了题为《中印经济转型与发展模式比较研究》的博士论文，这一博士论文在2011年得以出版。博士论文出版之后，本人对中印发展模式比较的研究意犹未尽，于是决定继续深入探讨这一问题。与此同时，中国在21世纪初开始实施的社会主义新农村建设的战略使农村开始发生巨大的变化，而在前面的博士论文撰写期间，本人也了解到印度已开始实施"第二次绿色革命"，由此也预感到印度农村和城乡关系也将发生重大变化，于是，本人决定将中印比较研究的重心放到中印农业农村与城乡关系等方面，并以此申报国家社科基金项目。非常幸运，2013年，我申报的选题《中印农业现代化与城镇化道路比较研究》得以顺利立项，由此，本人完全沉下心来，开始深入探究这一问题。

在本书的研究中，本人力求理论逻辑、实践逻辑与历史逻辑的良好结合，故花了大量时间去研究基础理论。在对基础理论的研究中，找到了思考后发国家农业现代化与城镇化道路问题的两个基本的思维视角，一个是基于马克思主义理论的生产方式演进的视角，另一个是基于现代西方经济学理论的资源配置视角，从这两个视角出发，找到了影响后发国家农业现代化和城镇化道路选择的基本因素，在此基础上构建了分析后发国家农业现代化和城镇化道路的基本逻辑框架。

在构建了这一基本逻辑框架之后，本人开始全面分析中印农业现代化和城镇化的历程，根据两国整体发展理念与发展战略的历史演变，本人提出了一个中印农业现代化和城镇化道路三阶段的比较分析框架，这个三阶段的比较分析框架应该是本项目研究中最主要的创新。当然，这一框架的得出与几年前攻读博士学位期间的研究有着密切的关系，当时实际上对于前两个阶段已经有了较深入的思考，只是由于当时中印 21 世纪初的这次战略转型才刚刚开始，很多具体的政策还没提出，更没有看到实践中的成效，所以当时还没有提出这种三阶段的分析框架。但在本项目研究开始之时，两国的战略转型已经非常清楚，具体政策都已经提出，实践成效也已经展现，因而能够明确提出这一分析框架。

在进行了三阶段的比较分析之后，本人最终总结了中印两国农业现代化和城镇化道路的经验、教训与启示，并对两国政府都提出了一些政策建议。这一总结中完全从前面三阶段的分析出发，没有简单地抑印扬中，更没有简单地抑中扬印，尽量做到了客观公正，最终提出了自认为比较中肯的政策建议。

任何研究都会存在一些不足，本书的研究中也存在一些明显的不足，例如，研究期间，本人并没有去过印度，对印度的了解只能依靠各种文献资料，这些资料与真实的印度之间可能也还存在一定的偏差。另外，本书的完稿是在 2018 年，2019 年即已经完成了课题的结项，当时中国的乡村振兴战略刚刚提出，疫情则还没开始，所以书中对于中国乡村振兴战略较少提及，对于疫情以来的情况更没有涉及，作为一本2021年出版的著作来说，这也应该算是一个不足。这些不足是缺憾，也是本人继续深入研究这一问题的动力，以后，本人仍将深耕这一领域，力争弥补这些缺憾。

最后，希望本人的研究能给当前做中印比较研究的学者带来些许的启示。

龚松柏

2021年10月

# 目 录

**第1章 绪论** ·················································· 1
  1.1 选题的背景和研究的意义 ··························· 1
  1.2 国内外相关研究述评 ································ 2
  1.3 基本概念界定、研究的基本思路和主要内容 ······· 12
  1.4 研究的方法 ········································· 15
  1.5 主要观点、创新点和主要不足 ······················ 15

**第2章 农业现代化与城镇化道路的相关理论探析** ······ 19
  2.1 农业现代化的相关理论 ······························ 19
  2.2 城镇化的相关理论 ·································· 27
  2.3 理论小结 ··········································· 39

**第3章 初步探索阶段中印农业现代化与城镇化道路比较** ······ 45
  3.1 初步探索阶段中印基本发展理念比较 ··············· 45
  3.2 中印土地制度改革与农业经营体制的初步探索比较 ······ 52
  3.3 中印农业技术现代化道路的初步探索比较 ·········· 67
  3.4 初步探索阶段中印城镇化道路比较 ················· 77

**第4章 体制改革阶段中印农业现代化与城镇化道路比较** ······ 88
  4.1 中印发展理念的转变比较 ··························· 88
  4.2 体制改革阶段中印农业现代化道路的调整比较 ····· 95

4.3　体制改革阶段中印城镇化道路比较……………………… 104

**第5章　战略转型阶段中印农业现代化与城镇化道路比较** …… 123
　　5.1　21世纪初中印发展理念的调整和发展战略的转型 ………… 123
　　5.2　中印新一轮农村改革比较……………………………………… 130
　　5.3　战略转型阶段中印城镇化道路比较…………………………… 143

**第6章　中印农业现代化与城镇化的经验、教训、政策建议**
　　　　**与启示** ……………………………………………………… 163
　　6.1　中印农业现代化与城镇化的主要经验教训…………………… 163
　　6.2　对中印两国的相关政策建议…………………………………… 176
　　6.3　中印两国农业现代化与城镇化道路对其他发展中国家的
　　　　启示………………………………………………………………… 183

**参考文献** ………………………………………………………………… 188

# 第1章

# 绪 论

## 1.1 选题的背景和研究的意义

### 1.1.1 选题的背景

自20世纪后期先后开启经济体制改革以来,中印两个最大的发展中国家几乎同时出现的经济高速增长就引起了全世界的高度关注,21世纪以来,中国模式、印度模式、中印模式的比较都是学术界高度关注的热点问题。

中国模式也罢,印度模式也罢,总的来说都是发展中国家的现代化模式。而发展中国家要真正实现现代化,农业现代化和城镇化则都是不容忽视的内容。所以21世纪以来,中印两国都对农业现代化和城镇化开始了高度关注。中国在"十一五"规划中就提出了建设社会主义新农村的伟大战略,其后就出台了一系列支持农业农村发展的政策,由此,中国的农业现代化就开始了快速推进的时期。中共十八大之后,中国又提出了新型城镇化道路,农业现代化和城镇化开始成为新一届政府推进经济社会进一步发展的两大主要方面。中共十九大之后,中国更是提出了乡村振兴战略,对农业农村现代化的重视达到了新的高度。印度同样在21世纪进入后提出了一系列推进农业现代化和城镇化的政策与战略措施,在辛格政府时期,就推出了"第二次绿色革命"的战略，随后又将改善城镇的基础设施，大力发展一般制造业，以推进城镇化作为21世纪经济社会发展的重要内容。由此看出，农业现代化和城镇化都已经成为中印推进现代化进程中的核心内容，因此，当前对中印发展模式比较的研究，应该将农业现代化和城镇化的比较作为其中的重要内容。

正因为如此，本人在几年前完成博士论文《中印经济转型与发展模式比较》之后，就开始高度关注中印两国农业现代化和城镇化过程，在这种关注的过程中，深感两国的农业现代化和城镇化过程都有历史的传承，也都是一个不断改革创新的过程，而且各具特色，相互之间有重要的参考和借鉴价值。有鉴于此，本人特以"中印农业现代化和城镇化道路比较"为题，专门对此进行深度研究。

### 1.1.2 研究的意义

农业现代化和城镇化是当前我国"四化同步"现代化战略的重要内容，更是我国未来较长一段时间内经济社会发展的动力所在。对中华人民共和国成立以来的农业现代化和城镇化道路进行历史与制度分析并将其与国情相近的印度进行比较研究，具有重大的政策参考价值与现实意义。

对两个发展中大国的农业现代化和城镇化道路进行深入的比较研究可以丰富发展经济学的相关理论，从而可以为其他发展中国家的现代化提供重要的政策参考、借鉴和理论指导。

## 1.2 国内外相关研究述评

中印两国的现代化道路以及中印发展模式的比较都是学术界研究的热点，相关文献可以说已经是汗牛充栋，相对而言，关于中印两国农业现代化、城镇（市）化道路比较的研究略显薄弱，专门研究这类问题的专著并不多见，主要研究是以论文的形式。不过研究印度农业现代化和城镇化相关的国内外文献中，几乎都会提到其和中国的比较问题。另外，中印发展模式比较论著中,也一般都有两国农业现代化和城镇化道路比较的内容,因此,实际上相关研究文献已经比较丰富。

## 1.2.1 中印农业现代化道路的比较研究

国内外学术界关于中印农业现代化道路的比较研究主要集中于如下几个方面。

### 1.2.1.1 中印农村土地制度以及农业经营体制比较的研究

农地制度对于一个国家的农业经营体制以及整个农业现代化道路都具有非常重要的影响,所以,研究一个国家的农业现代化道路一般都要先研究其农地制度。因此,农地制度的比较自然是中印农业现代化道路比较的重要内容。在这方面,中外学者都有较深的研究。从国外来看,著名学者 Rudar Dart(鲁达尔·达特)、K. P. M. San Daram(K. P. M. 桑达拉姆)的《印度经济》、C. Siva Sanker Reddy(C. 西瓦桑克尔·雷迪)的《印度土地改革政治学》、H. D. Malaviya(H. D. 马拉维亚)的《印度的土地形式和朝鲜的榜样》、印度社科研究委员会主编的《印中经济发展比较》、Swami Subramanian(斯瓦密·萨伯拉曼尼安)的《中印经济增长比较》等都对印度 20 世纪五六十年代的土地改革以及由此形成的农村土地制度进行了详细的介绍,在此基础上,也都提到了中印土地制度的比较问题。从国内来看,这方面的代表作应该是黄思骏的《印度土地制度研究》。该著作对于印度从古至今的农地制度的演进过程进行了详细地分析,在此基础上对中印土地改革进行了比较。除此之外,诸多关于印度经济发展模式以及中印经济综合性比较的著作中,也都有关于中印土地制度比较的内容,如杨文武的《印度经济发展模式研究》、林承节的《印度独立后的政治经济社会发展史》、王德华和吴杨的《龙与象——亚洲两种现代化模式》等都有这方面的内容。另外,近些年还出现了大量与之相关的论文。在这些研究中,主要有如下观点。

其一,印度土地改革虽然没有中国彻底,但总体来说是一个重大的进步。例如,黄思骏(1998)认为,印度独立后的土地改革使印度真正确立了近代意义上的土地私有权，这是符合历史规律的一次发展，不能简单用中国的标准去衡量印度的土地改革。当然，黄思骏也指出，印度土地改革并没有实现"耕者有其田"，这是因为印度国大党本身就没有这样的目标，印度国大党的目标只是废除"中间人"。印度学者 Rudar Dart（鲁达尔·达特）、K. P. M. San Daram（K. P. M. 桑达拉姆）（1994）也认为，印度土地改革是重大的历史进步，总体来说有利于边际持有者和小土地持有者。

其二，印度土地改革政策有太多的漏洞，政策执行又极不彻底，故而远没有达到中国土地改革的效果。例如，H. D. Malaviya（H. D. 马拉维亚）（1970）认为，世界上没有一个国家的土地改革立法像印度这样综卷繁多，但是也没有一个国家的土地改革法像印度这样包含这么多漏洞。C. Siva Sanker Reddy（C. 西瓦桑克尔·雷迪）（1997）也认为，印度土地改革极不彻底，这其中主要原因是政策的制定和执行之间存在巨大的鸿沟，邦政府缺乏执行土地改革政策的政治意愿。康涛（2012）认为，中印土地制度改革拥有相似的历史背景，但遵循的是不同的路径。总体而言，印度土地改革基本失败，中国土地改革之后最终确立的集体土地所有权对后来农业的发展功不可没。在此基础上，盛荣（2006）提出，从未来的发展方向而言，土地国有制和私有化都不可取，还是应该在坚持集体土地所有制的基础上探寻农业合作化路径。

其三，印度土地制度未能实现耕者有其田，故最终造成了印度农村严重的绝对贫困问题，而中国经过几次土地制度改革后使农村不再存在严重的绝对贫困问题。例如，盛荣（2006）提出，改革开放后的中国农村主要是收入问题，没那么多严重贫困问题。而印度土地的金字塔式所有状态下农民没有收入问题，只有贫困问题。

其四，中印农业均在个体家庭经营为主体的基础上进行了一定的合作化，双方的农业合作化都取得了一定的成果，但都没有从根本上解决农业农村的问题。鲁达尔·达特、K. P. M. 桑达拉姆（1994）指出，印度农业的合作化是取经中国，其合作的规模、范围都与中国有差距。不过这里印度学者主要比较的是20世纪六七十年代，并没有考虑中国改革开放之后的情况。中国改革开放之后，农业的合作化曾经大幅度减少，印度的合作化有持续的发展，这使中国学者探讨印度合作化对中国的启示问题。例如，陈家涛（2015）指出，印度农业合作社的发展给了今天中国农业合作社的发展以极大的启示，在农业合作社的发展过程中，政府要摆正位置，一方面需要政府进行财政支持和技术扶持；另一方面要充分体现合作社的民营性质，提高合作社的营利能力。肖军（2015）则指出，印度农业合作化运动在印度政府推动农村发展中占有重要的位置，虽然未能从根本上扭转农村的贫困问题，但还是在一定程度上改变了农村落后的经济面貌，提高了农民的生活水平，所以总体上仍应予以充分肯定。

### 1.2.1.2 中印农业技术现代化道路比较的研究

中印技术现代化道路的比较是中印比较研究的一个重要领域，这方面既有两国总体技术现代化道路的比较研究，也有分阶段的比较研究。其中，印度绿色革命、"第二次绿色革命"及其与同时期中国改革开放前的农业技术革命、21世纪以来的社会主义新农村建设的比较是其中最主要的内容，国内外的相关著作和论文都比较多。几乎所有研究印度经济发展、印度农村农业发展、中印经济比较的专著都会探讨这方面的问题，如鲁达尔·达特和K. P. M. 桑达拉姆的《印度经济》、A. Gulati（A. 古拉蒂）和樊胜根的《巨龙与大象：中国和印度农业农村改革的比较研究》、林承节的《印度独立以来的政治经济社会发展史》等，另外还有很多专门探讨这方面的专著和论文，如王立新的《印度绿色革命的政治经济学：发展、停滞和转变》、吴永年的《印度的第二次绿色革命》等。这些论著主要提出了如下观点。

其一，中印农业技术现代化道路有很大的相似之处，但也存在一定的区别。例如，黄正多、李燕（2008）提出，两国由于相近的资源禀赋，采取了大致相同的技术现代化道路，即以生化技术为主、机械技术为辅的道路，但也存在一定的区别。鲁达尔·达特、K. P. M. 桑达拉姆（1994）则指出，印度在绿色革命后采取的是有选择的机械化战略。

其二，印度绿色革命的成果具有明显的有限性。这种观点最典型是王立新（2011），他在《印度绿色革命的政治经济学：发展、停滞和转变》中指出，绿色革命还必须看做是印度各种政治力量之间长期斗争的产物。绿色革命对印度农业现代化的推动带有明显的有限性，具体体现在有限区域、有限品种、有限农户以及对农业生产方式的有限影响。不过，其他学者也普遍认为，印度绿色革命的成果主要被大、中农获取，小农和无地农民获得极少。例如，王岁孝（2010）提出，印度第一次绿色革命的好处82%为地富所得。另外，鲁达尔·达特、K. P. M. 桑达拉姆（1994）也认为，绿色革命并未真正解决印度农业的持续发展问题。他们认为，虽然有技术突破和绿色革命，印度的农业仍然是一场"季风赌博"。这与中国形成了鲜明的对比。绿色革命后的印度在农业生产水平，特别是单位面积产量上，与中国有着明显的差距。这种差距一直延续到现在。当然，对于这种差距存在的原因，也有学者有不同的看法。A. Gulati（A. 古拉蒂）（2009）认为，这其中有两国农业基础设施上的差距，如两国的灌溉率一直存在一定的差距，中国当前粮食生产的73%是从灌溉土地上收获的，印度这一数字为57%，但也有两国不同的气候条件等原因，他提出，中国每公顷灌溉用地的耗水量为2721立方米，而印度为5488立方米，这是由于印度河流域作物的蒸发蒸腾与降水不同步，导致作物用水与降水不同步，而在中国，降水与太阳能是同步模式，大部分的灌溉作物用水仅作为少雨时期的补充。

其三，21世纪以来中印两国都开启了新一轮农村改革，两国开启新一轮农村改革的起因有类似之处，改革措施也都具有综合性，不再单纯着眼于农业技术水平的提高，而带有改善整个农村的目的。众所周知，中国开启社会主义新农村建设的起因是改革以来对农村的相对忽略导致21世纪初出现了严重的"三农"问题，诸多学者认为，印度开启第二次绿色革命的起因也有相似之处。吴永年（2006）提出，印度进行第二次绿色革命的原因是20世纪90年代初经济改革以来人口的激增和对农业改革的又一次失误。李西林（2007）也指出，1991年经济改革之后，印度政府减少了对灌溉、电力等方面农业基础设施的投资，并减少了化肥、农药等农业投入品的补贴，更多利用价格机制促进农业生产。当然，对于印度农业改革相对滞后的情况，也有学者提出这主要是因为改革。沈开艳（2011）提出，拉奥政府时期印度农业改革总体滞后，这主要是因为改革时政府面对的主要危机是财政危机，而农业问题相对并不突出。对于印度的第二次绿色革命，诸多学者认为和中国的社会主义新农村建设一样，都带有综合性，而不是简单的技术革新。杨少亮（2013）指出，印度第二次绿色革命之后提出的国家农民政策不只是注重农业生产，而是更多考虑了农民经济状况的改善和农村的全面发展。王岁孝（2010）也提出，印度的第二次绿色革命不仅是一个系统的农业综合发展战略，而且注重农业生产、流通和市场等各个环节，更注重整个农村社会、生态环境和文化的协调发展，最终要解决的是"三农"问题和农业的可持续发展，对广大发展中国家特别是中国的农业现代化建设具有很大的借鉴作用。另外，也有学者看到了中印农业的最新发展，例如，苏畅（2016）将印度的电子农业与中国的"互联网＋"农业进行了比较研究后提出，印度21世纪初以来大力发展电子农业，这与中国当前提倡的"互联网＋"农业具有相互借鉴意义。中国的"互联网＋"农业前景相对较好是因为中国的农村通信基础设施明显好于印度。此外，印度电子农业发展的最大挑战是农村人口受教育水平仍然非常低。

### 1.2.1.3 中印农村的其他问题比较研究

虽然本书研究是中印农业现代化与城镇化道路的比较问题，但农村的其他社会问题实际上也与农业现代化具有一定的关系，所以关于中印农村其他问题的研究也必须适当关注，当然，这方面最值得关注的是中印农村的贫困问题。对于中印农村的贫困状况、原因等也一直是很多著名学者研究的重要内容。例如，Amartya Sen（阿玛蒂亚·森）和 Jean Dreze（让·德雷兹）的《印度：经济发展与社会机会》、A.古拉蒂和樊胜根的《巨龙与大象：中国和印度农业农村改革的比较研究》、宋志辉的《印度农村反贫困研究》等对此都有较深的探讨。这方面的研究主要集中在对贫困原因的研究上。例如，阿玛蒂亚·森和让·德雷兹（2006）认为，印度农村贫困的原因在于基础教育的过度滞后导致印度农村底层贫困群体没有与他人同等的经济机会和社会机会。而这种基础教育上与中国的差距也正是中印减贫效果明显不同的主要原因。宋志辉（2011）则认为，印度农村人口的贫困有制度原因、经济原因、社会人口原因、宗教文化原因等，中印在扶贫方面可以相互借鉴。A.古拉蒂和樊胜根则比较了中印在经济改革以来减贫成效的差异，提出中国经济改革后农村的贫困率有明显的下降，但印度经济改革后农村贫困率下降并不明显。印度农村贫困人口下降最快的时期是20世纪60~80年代,也就是第一次绿色革命推广时期,这说明中国经济改革对于农村的减贫更为有效。

## 1.2.2 中印城镇化道路的比较研究

相对于农业现代化而言,中印城镇化道路的比较研究更显薄弱,国内暂时还没有出现专门研究中印城镇化道路比较或印度城镇化道路的专著。当然,在综合研究印度经济发展模式或中印发展模式比较的著作中,还是能找到相关的内容。如杨文武的《印度经济发展模式研究》、文富德的《印度经济:发展、改革与前景》、陈锋君的《东亚与印度——亚洲两种现代化模式》、沈开艳的《印度经济改革发展二十年:理论、实证与比较》、孙培钧的《中印经济发展比较研究》等都有对印度城镇产业发展道路和人口城镇化道路的内容,部分也有人口城镇化道路和中印比较的内容。在国外学者的著作中,也未发现中印城镇化道路比较的专著,但是,同样在一些综合性研究印度经济发展模式著作中,也有部分相关内容,包括鲁达尔·达特和K. P. M. 桑达拉姆的《印度经济》、Vijay Joshi & L. M. D. Littlede(维杰·乔希和L. M. D. 利特尔)的《印度经济改革(1991—2001)》、Mammen & Thampy(马门和坦比)的《印度经济发展模式》等。当然,虽然专门研究这一问题的专著几乎没有,但相关论文还是相当多,特别是近几年,随着中印比较研究的不断深入,出现了较多的关于印度城镇化以及中印城镇化道路比较的文章。这些研究的内容总体上可以分为三类。

其一,关于中印城镇产业发展道路比较的研究。这方面的研究实际上与整个中印经济发展道路比较的研究紧密相关,所以那些研究整个印度经济模式的专著和对中印经济发展模式综合比较研究的专著与论文都有涉及。这也可以分为体制改革前和体制改革后两个时期。体制改革前,重点研究的是两国大的发展战略。这在鲁达尔·达特和K. P. M. 桑达拉姆的《印度经济》、杨文武的《印度经济发展模式研究》、孙培钧的《中印经济发展比较研究》等中都有研究,其中,基本观点类似,都认为两国均采取了重工业优先的发展战略,只是中国更为突出。当然,在涉及印度的研究中,则还有较多甘地战略和尼赫鲁战略的比较内容。例如,鲁达尔·达特、K. P. M. 桑达拉姆的《印度经济》对于两种战略进行了深入的比较，认为 Nehru（尼赫鲁）强调重工业优先，Gandhi（甘地）强调重点发展农业和乡村工业，印度独立后主要执行的是尼赫鲁战略。尼赫鲁战略取得了很大的成就，使印度成为世界上第十个最工业化的国家。但这种重工业优先的发展战略对人民生活的改善作用不大，存在很多的问题，真正解决这些问题必须使两种战略相互协调。杨文武（2013）和孙培钧（1991）也表达了类似观点。体制改革后的研究则相对比较深入，学者们主要关注的问题是中印两国在主导产业上的不同所导致城市吸收就业能力上的巨大差异。例如，华民（2006）提出，中国制造业由于具有较长的产业链和更大的溢出效应，从而可以创造更多的就业机会，带来更加公平的增长。杨秀（2015）则认为，印度整体制造业活动在整个城市体系中较为分散，属于专业化的早期阶段，相比较而言，中国城市是高度专业化的生产。俞金尧（2011）也提出，印度城市工业的就业增长率远远赶不上城市人口的增长率。徐滇庆、柯睿思、李昕（2009）则从中印两国的经济体制上来探讨这一问题，提出中国特殊的体制完成了城市发展所需的资本积累，印度则始终未能真正完成原始资本积累，造成城市就业机会严重不足。李昌平（2009）和温铁军（2013）等学者也有类似的看法。但也有学者认为，改革后印度城市就业还是有一定改善，如 Vijay Joshi（维杰·乔希）和 L. M. D. Littlede（L. M. D. 利特尔）（1996）认为，改革后印度更多放开了私人部门的参与，这将有利于就业的增加。另外，近几年，国内部分学者也开始高度关注 21 世纪以来特别是莫迪上台以来印度发展战略的变化以及对城市就业的影响。一般认为，莫迪大力发展制造业的政策有向中国学习的意味，但是其前景以及对城镇就业的拉动还存在疑问。李艳芳（2017）认为，莫迪大力发展制造业的战略更像是中国式发展模式与印度经济发展现实的嫁接。陈金英（2016）则认为，莫迪大力发展制造业的战略实际上主要是政治上的考量。印度农业占 GDP 的比重只有 15%，但农村人口却有 60%，意味着农村占有 60% 的选票，因而存在政治上的农业中心主义。莫迪政府希求通过大力发展制造业吸引大量农村人口进城，带有改变政治上农业中心主义的目的。

其二，关于中印人口城镇化道路比较的研究。人口城镇化是城镇化道路研究中最重要的问题，也是中印城镇化道路比较研究的重中之重。当然这一问题与城镇产业化道路所导致的就业问题有密切关系，但也具有自身的独立性。这方面，学者们都看到了中印城镇化的基本趋势，这就是印度城镇化起点高于中国，但进展缓慢，到了20世纪80年代之后逐渐被中国赶超，之后差距越拉越大。这方面，由于有统计数据的支撑，一般学者都坚持这一观点，但也有少数例外。例如，杨秀（2015）认为，印度城镇化被低估，以城镇化聚集指数来衡量，印度城镇化率应为52%，而不是32%。不过持这种观点的学者极少。一般学者都是在探讨印度城镇化进展缓慢的原因。这方面学术界的观点主要有这么几种，第一种认为是工业化路径的原因。当然这方面具体原因主要还是前面所讲的印度主导产业的问题。第二种认为是政府的原因。戴永红（1990）等提出，印度本身就是一种消极的城镇化战略，没有想通过推动城镇化来解决农村剩余劳动力的就业问题，而是想通过大力发展乡村企业作为解决就业问题的主要手段。文富德（1987）、孙士海（1992）、王益谦（1992）也都认为，印度政府对于城镇化比较消极，缺乏规划。21世纪后，学者们依然认为政府在推动城镇化方面比较消极。例如，2010年由国务院发展研究中心组织的"印度人口流动和城市治理的经验教训"考察团的考察报告中就认为，政府的消极作用导致印度城镇的基础设施、生活条件非常糟糕，这实际上也影响了城镇的吸引力。宋志辉（2012）更指出，印度为了阻止农村人口涌入城市，不惜提高城市生活成本，遏制城市生活条件的改善。第三种认为印度农村人口进城并没有改变其贫困状况，印度的城市贫困和农村贫困没有多大的差异，这与中国存在明显的不同。中国是城市繁荣推动的城镇化，进城一般意味着生活的改善。而印度则是贫困推动的城镇化。例如，杨文武（2013）认为印度农村向城市的转移是一种被迫的转移，不是城市对其的吸引，而是不得已而为之的为求得生存做出的无奈之举。俞金尧（2011）甚至认为，印度城市越大，贫困人口越多，在个别年份（如1987~1988年），印度城市贫困人口比例甚至高于农村。徐滇庆、柯睿思和李昕（2009）也提出，与一般国家不同，随着经济的增长，印度农村的贫富差距在缩小，与此同时，城市的贫富差距扩大了，城市的贫困率下降速度甚至不如农村。第四种认为是印度的一些制度也会对城镇化产生消极的影响。例如，沈开艳（2011）就认为，印度的土地制度也会对人口的城镇化产生消极的影响，她提出，印度土地改革虽未能实现"耕者有其田"，但也使一般农民至少有一块房基地，这使得许多印度人不愿隔断与农村的联系纽带，从而对印度城镇化产生了消极的影响。也有学者比较全面地分析了影响中印城镇化的因素，从而也比较全面地分析了两者差异巨大的原因。例如，李文静、刘红（2015）提出，中印城镇化的影响因素中，人力资本都是其中最重要的因素，但对于中国来说主要是高等教育，对于印度来说主要是初等教育。非农产业的发展对于中国城镇化推进作用非常明显，而对印度城镇化几乎没有作用。经济的外向度对两国的城镇化都有正面效应。正是这些因素的综合作用导致中印城镇化速度上的巨大差异。

其三，关于中印城镇空间发展道路比较的研究。城镇空间发展道路包括城镇的规模等级结构、地理分布等方面的发展道路，中印这方面比较的研究目前还相对较少，还只有少数的论文。但这些论文还是对中印城镇的空间分布、等级结构等问题进行了一定的研究。例如，曹骥赟（2006）提出，印度没有对人口流动加以限制，导致了大城市的无限膨胀，而中小城市发展缓慢，许多大城市患有严重的"城市病"；而中国改革开放以后，开始选择了"小城市、大战略"的城镇化模式，20世纪90年代以后逐渐形成了城市集群的发展战略。李文静、刘红（2015）也提出，在大城市的划分上，中国比印度更为细致，但印度对镇的划分更为细致。印度城市规模等级分布呈金字塔结构，而中国城市规模分布则呈"纺锤"形结构，印度大城市人口的集聚力超过中国。印度小城市居多，中国大、中城市居多。中国中等城市明显多于印度，人口主要集中于中等城市，印度小城市明显多于中国，人口主要集中于小城市。也有学者研究了中印城镇化的地理空间布局问题，例如，李佳洺（2017）提出，中国经济改革后出现了大、中城市向沿海集中的趋势，而印度城市的空间分布则一直比较分散。

综合来看，当前学术界对中印农业现代化和城镇化都有较深的比较研究，特别是农业现代化的比较研究应该已经相当深入，相对而言，两国城镇化道路的比较研究还略显不足。不过，无论是农业现代化还是城镇化的比较研究，都主要是建立在资料整理基础上的一般逻辑推理，较少从农业现代化和城镇化的基础理论出发，所以这种研究的理论深度都还明显不够。另外，当前还几乎没有中印两国农业现代化与城镇化相互作用的比较研究，所以这方面的研究还相当有必要。

## 1.3 基本概念界定、研究的基本思路和主要内容

### 1.3.1 基本概念界定

#### 1.3.1.1 农业现代化

农业现代化是当前研究农业问题用得非常广泛的一个词，但是概念界定上并没有完全统一，不过总体上都是指传统农业向现代农业的转变过程。本书也选择这一基本含义，但认为其具体内容可分为两大方面，一是农业经营体制的现代化；二是农业技术的现代化。其中农业经营体制的现代化指的是由传统的以租佃经营或自给自足的经营方式向现代经营主体（包括资本主义农场、现代家庭农场、合作社等）主导并面向市场的经营方式的转变过程。农业技术现代化则是指农业中推广和普及现代农业技术的过程，这一过程中包括水利化、生化化、机械化、生态化、信息化等。当然，一般情况下前期主要是水利化、生化化和机械化，后期则更多会考虑生态化、信息化等。

农业现代化一般可以分为两次农业现代化。第一次农业现代化主要是水利化、生化化、机械化、市场化，这一过程一般是第一、第二产业相结合的过程，主要是用第二产业的成果来改造第一产业。第二次农业现代化主要包括生态化、信息化、多功能化。这一过程主要是第一、第三产业相结合的过程。当然，两次农业现代化并不是截然分开，更不是完成了第一次农业现代化之后才能开启第二次农业现代化，两次农业现代化往往会有一个并行的过程。

由于整体经济和农业发展水平起点都很低，所以中华人民共和国成立与印度独立以来的农业现代化过程都是以第一次农业现代化过程为主，但

当前中国也已经开启了第二次农业现代化。所以本书主要研究两国第一次农业现代化过程的比较，但最后也会适当涉及第二次农业现代化的情况。

#### 1.3.1.2 城镇化

城镇化的概念学术界也没有完全统一，不同的学者也都有不同的看法，但基本的含义都是指人口向城镇聚集、产业的非农化以及由此引发的社会结构、经济结构和城乡空间结构的转变过程。本书的城镇化概念也取这一基本含义。根据这一基本含义，城镇化首要的内容是人口向城镇聚集导致的社会结构的变化，也就是人口城镇化的过程；然后是非农产业发展导致的经济结构的变化，也就是城镇产业的发展过程；接着是城镇规模扩大导致的城乡空间结构的转变，也就是城镇地理空间的扩大过程。所以，总的来说，城镇化应该包括人口城镇化、城镇产业发展和城镇空间结构的演变三个方面。本书中这三个方面都会有所涉及，但主要研究的是中印人口城镇化道路、城镇产业发展道路的比较。

### 1.3.2 研究的基本思路

本书综合运用马克思主义农业及城乡关系理论与现代西方农业现代化、城镇化的相关理论对中印两国的农业现代化和城镇化道路进行比较研究。本书将中印两国的农业现代化和城镇化进程都分为三个基本的阶段，即初步探索阶段、体制改革阶段、战略转型阶段，对每一个阶段两国的农业基本经营制度、农业技术现代化道路、农业现代化与城镇工业化的互动以及城镇化道路进行全面比较，最后总结两国农业现代化和城镇化道路的经验教训，在此基础上提出对两国的相关政策建议以及对其他发展中国家的启示。本书研究思路的基本逻辑框架如图 1-1 所示。

### 1.3.3 研究的主要内容

除绪论外，本书共分五个部分。

第一部分，农业现代化与城镇化道路的相关理论探析。该部分主要探

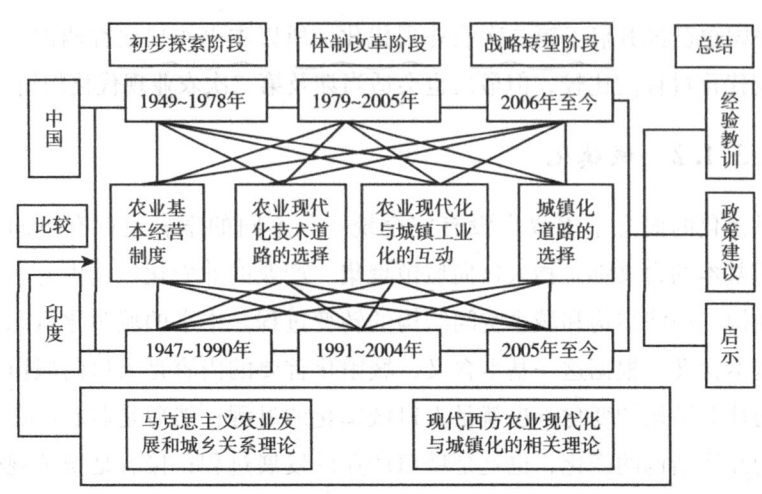

图1-1 研究思路的基本逻辑框架

讨与农业现代化和城镇化道路相关的基础性理论，分别分析马克思主义经典作家的相关理论和西方学者的相关理论，由此得出农业现代化和城镇化道路的一般性规律，在此基础上，构建出发展中国家农业现代化和城镇化道路分析的一般性逻辑框架，这一框架与中印三阶段比较分析的整体逻辑框架相结合，即构成了整个研究的详细思路。

第二部分，初步探索阶段中印农业现代化与城镇化道路比较。这一部分先比较分析中华人民共和国成立与印度独立初期的基本发展理念，然后分别从土地制度改革、农业经营体制、农业技术现代化道路等方面分析这一阶段中印农业现代化道路的异同，再从城镇化的基本理念、政策以及城市产业的发展等方面比较分析这一阶段两国在城镇化道路方面的异同，最后对这一阶段两国农业现代化与城镇化方面的成就和问题进行比较分析。

第三部分，体制改革阶段中印农业现代化与城镇化道路比较。这一部分先分析了两国在体制改革后发展理念的转变以及发展战略与政策等方面的调整，然后对于两国农业现代化道路的调整进行了比较分析，这种分析包括农业经营体制改革与农业技术现代化道路的调整两个方面，在此基础上对这一阶段两国农业现代化的成就与问题进行了比较，在分析了农业现代化道路异同之后，接着又对两国这一阶段城镇化道路进行了比较分析，这种分析涵盖基本理念转变、产业政策变革等方面，最终比较分析了这一阶段两国城镇化成就方面的巨大差异。

第四部分，战略转型阶段中印农业现代化与城镇化道路比较。这一部分先分析了两国在 21 世纪以来经济社会发展理念方面的再次转变，然后分别比较分析了两国的新一轮农村改革，从改革的政策与成就两方面分析了两者的异同，同时也分析了两国农业现代化的前景以及当前存在的主要问题，在此之后，接着分别分析了两国这一阶段城镇化理念与相关政策的转变，最后比较分析了两国这一阶段城镇化方面的成就和当前尚存的主要问题。

第五部分，中印农业现代化与城镇化的经验、教训、政策建议与启示。这一部分先分析了中印两国农业现代化和城镇化道路的主要经验与教训，然后针对两国当前仍存在的一些主要问题提出了对两国政府的政策建议，最后在总结两国经验教训的基础上提出了对其他发展中国家的启示。

## 1.4 研究的方法

总体来说，本书以辩证唯物主义与历史唯物主义为指导，在历史与逻辑相结合、理论与实际相结合、定性分析与定量分析相结合的基础上综合运用理论模型推演和文献资料推理等方法进行研究。

## 1.5 主要观点、创新点和主要不足

### 1.5.1 主要观点

（1）从农业现代化与城镇化道路演进的角度，中华人民共和国成立与印度独立以来总体上可以分为三个阶段，即初步探索阶段（中国为 1949～1978 年，印度为 1947～1990 年）、体制改革阶段（中国为 1979～2005 年，

印度为1991~2004年)、战略转型阶段(中国的起点为2006年开启的社会主义新农村建设,印度的起点为2005年开启的"第二次绿色革命")。两国在三个阶段的整体发展理念、发展战略、农业经营体制与技术现代化道路、城镇化理念与城镇产业政策上都存在明显的区别。

(2)中国彻底消灭了封建土地制度,在农业现代化进程中坚持以制度创新引领技术创新,虽曾出现了一些问题,但制度的不断改进和政府的积极作为使技术创新成果较多地惠及了全体农民;印度土地制度改革不彻底,在农业现代化进程中坚持以技术创新为核心。农业经营制度的稳定避免了人为的饥荒,但制度创新的不足和政府的消极作为制约了其技术创新成果的普及。

(3)农业技术现代化道路与城镇工业化道路必须相互适应,对于劳动力丰富而土地资源稀缺的国家,初期都应该采取资源节约型农业技术现代化道路和劳动力密集型工业化道路,实现劳动对资源和资本的双替代,以此来完成现代化初期必须的资本积累,但在资本积累基本完成,工业化取得重大进展后,农业技术现代化道路必须适时调整。在这方面中印初期都走过弯路,后来都进行了一定的调整。中国经济体制改革初期城乡工农同步快速发展的根本原因是充分利用了丰富的劳动力,在城乡工农领域都实现了劳动对资本和资源的双替代。但在工业化取得明显进展后,未能适时调整农业技术现代化战略又导致了新的"三农问题"。印度始终将重点放在生化技术现代化道路上,由于城市一直采取的是排斥劳动的工业化战略,其丰富的劳动力资源一直未能得到充分的利用,故而其资本积累始终未能真正完成,所以其整体现代化进展明显慢于中国。

(4)经济体制改革后很长一段时间内中国采取大城市优先、沿海优先的不平衡城镇化战略,这一战略的实施有利于人口推拉迁移的顺利推进,加快了中国城镇化的进程,但也导致了一些问题;印度区域间相对平衡,但区域内也是大城市优先,本来城镇化战略较中国合理,但排斥劳动的工业化战略以及根深蒂固的种姓文化传统使农村底层人员文化素质过低,使拉力和推力都明显不足,这是其城镇化速度明显慢于中国的根本原因。

(5)中印新一轮农村改革和城镇化战略的调整总体上符合当前两国的经济发展水平,中国事实上已达到二元经济结构转化的临界点——刘易斯拐点，农业现代化对整个现代化的推进具有非常重要的意义，从历史经验与资源禀赋来看，仍应坚持以制度创新带动技术创新的路径，以政府主导加快农村的基础设施和制度建设，以农民主体加快农村合作组织建设，同时切实推进城乡统筹，并加快小城镇建设，实施区域均衡、大中小城市（镇）同步发展的城镇化战略，方能真正解决"三农问题"。印度的"第二次绿色革命"总体上是"第一次绿色革命"的延续，在土地制度不能再进行根本性改革的情况下，需要政府更大程度的作为方能普及技术进步的成果。但是，其城市工业化战略上将重心转向劳动密集型制造业是明智的选择，如能在法律制度的改革和农村基层教育上有更大的突破，印度的城镇化将迎来一个快速推进的时期。

## 1.5.2 主要创新点

（1）将中印农业现代化与城镇化分为三个历史阶段进行比较研究。这种三阶段的分法为笔者一个重要的创新，但又完全符合历史的逻辑，因为中印两国在这三个阶段虽然在发展道路上存在一个历史的承续，但发展理念和发展战略都有重大的不同，这样的研究非常有利于深入比较两国的农业现代化和城镇化道路。

（2）将马克思主义城乡发展理论与现代西方农业现代化和城镇化理论相结合对两国的农业现代化和城镇化过程进行比较研究，以马克思主义理论来比较两国发展的基本趋势，以现代西方理论进行严密的逻辑推理，将定性研究与定量研究进行了良好的结合。

（3）在农业现代化道路的研究中将制度创新和技术创新进行了紧密的结合分析，不同于以往学者单独将重点放在哪一个方面的研究方式。

（4）从马克思主义城乡发展趋势的角度深度探讨了两国农业现代化与城镇化的互动问题，这种互动关系的探讨以往学者往往停留在浅层。

（5）对于两国的城镇化道路进行了首次的系统的比较研究。以往国内学者在印度城镇化与中印城镇化的比较方面从未有过专著，相关的研究都是以论文形式呈现，对与印度城镇化以及中印城镇化道路的比较从未有过系统研究。

### 1.5.3 主要不足

(1) 对于外文资料的掌握还存在一定的不足。由于工作繁忙,在查阅外文资料上还略显不够,所以对于印度农业现代化和城镇化相关政策以及国外学术界的观点的掌握上还存在一定的不足,这在一定程度上影响了研究的深度。

(2) 由于研究期间并没有到过印度,对印度的相关情况还缺乏感性认识,通过资料的阅读尽管大体上掌握了印度的基本情况,但可能与真实情况存在一定的差距。

(3) 研究所运用的材料基本上都是统计资料,没有进行个别案例研究,这在一定程度上来说也是一种不足。

(4) 对于两国最新趋势的研究还存在一定的不足,中国在2017年中共十九大上提出了乡村振兴战略,这应该是中国城乡关系的又一次转型,印度在莫迪政府上台后也明显加大了对制造业的支持力度,另外,城镇化的推进上也明显更加积极。这种最新趋势虽然在研究中有所涉及,不过毕竟资料上存在不足,所以研究的深度也还存在不足。

# 第 2 章

# 农业现代化与城镇化道路的相关理论探析

要对中印两国的农业现代化与城镇化道路进行比较，先得找到比较分析的基本逻辑框架，这种逻辑框架只能从基础理论出发。本章从农业现代化与城镇化两大方面出发，对马克思主义和现代西方的相关理论进行分析，得出比较分析中印两国农业现代化和城镇化道路的基本思路，为后面几章的分析提供基本逻辑框架。

## 2.1 农业现代化的相关理论

### 2.1.1 马克思主义经典作家关于农业发展道路的理论

农业发展道路是现代经济学中的一个重要问题，也是马克思主义经典作家们探讨的一个重要问题。马克思、恩格斯、列宁等人都对农业发展问题有过深刻的论述，这些论述主要集中在三个方面：一是农业在国民经济中的地位问题；二是农业的经营模式问题；三是社会主义国家农业经营体制问题。

#### 2.1.1.1 关于农业在国民经济中基础性地位的思想

马克思主义经典作家非常强调农业在国民经济中的基础性地位问题，

对于这种基础性地位，马克思主义经典作家认为主要体现在两个方面：其一，农业是人类生存与生产的历史起点和首要条件。马克思曾经指出，"土地，即同一切生产和一切存在的源泉结合着的，并且他又是一切多少固定的社会的最初的生产形式，即同农业结合着的。"① "农业劳动……的这种自然生产率，是一切剩余劳动的基础，而一切劳动者首先并且最初是以占有和生产食物为目的的。"② 也就是说，农业为人类生存提供了坚实的基础，农业是人类一切生产活动的历史起点。其二，农业是国民经济其他部门独立发展的前提和基础。马克思曾指出，"农业劳动是其他一切劳动独立存在的自然基础和前提"③，"超过劳动者个人需要的农业劳动生产率，是全部社会的基础"④。也就是说，只有当农业劳动生产率超过个人需要的限度，一部分劳动者才可能独立从事其他产业。而且，国民经济其他产业发展的规模和速度，很大程度上取决于农业劳动生产率提高的情况，因为"社会为生产小麦、牲畜等等所需要的时间越少，他所赢得的从事其他生产，物质的或精神的生产的时间就越多"⑤。

#### 2.1.1.2 关于农业经营规模化的思想

在农业的经营方式上，马克思主义经典作家赞成当时西方大部分经济学家的基本观点，认为农业生产必须规模化，小农经济没有出路。马克思认为，小农经济会"排斥如下种种现象：劳动社会生产率的发展，劳动的社会形态，资本的社会累积，大规模的畜牧，科学累进的应用"，⑥ 也就是说，小农经济使现代的生产要素没法进入农业，所以必然导致低效率。故而，在资本主义社会，资本主义大农场必定替代小农经济。列宁则通过"普鲁士道路"和"美国式道路"的比较，提出美国式道路能够迅速创造资本主义大农场，而这种资本主义大农场使生产力得到迅速地发展，因为它能够创造"最广泛、最完全、最自由和最迅速地发展资本主义农业的物

---

① 马克思恩格斯选集（第二卷）[M]. 北京：人民出版社，1995：24.
② 马克思恩格斯文集（第七卷）[M]. 北京：人民出版社，2009：713.
③ 马克思恩格斯全集（第二十六卷）[M]. 北京：人民出版社，1972：29.
④ 马克思恩格斯文集（第七卷）[M]. 北京：人民出版社，2009：888.
⑤ 马克思恩格斯文集（第八卷）[M]. 北京：人民出版社，2009：67.
⑥ 马克思. 资本论（第三卷）[M]. 郭大力，王亚南，译. 上海：上海三联书店，2011：603.

质条件"。① 可以看出，列宁也是明确主张农业生产经营必须规模化。

#### 2.1.1.3 关于社会主义农业必须实行公有制的思想

对于社会主义社会的农业经营体制，马克思主义经典作家认为必须实行土地公有制，在此基础上实行集体经营。马克思认为，"土地只能是国家的财产，把土地交给联合起来的农业劳动者"，可以消灭农业中资本主义的生产方式。② 列宁则在十月革命胜利后即迅速提出，"原来那种贫困不堪的农民经济如果不加改变，就谈不上建立社会主义社会"，而要改变农民那种贫困不堪的状况，就必须"把个体小农经济转变为公共的、共耕的或劳动组合的经济组织"③。

马克思主义经典作家的这些关于农业发展道路的观点，对于后来的社会主义国家乃至一般发展中国家农业的发展，都具有重大的影响，不仅影响了这些国家在农业经营体制上的选择，而且也影响了这些国家在工农关系上的处理。

## 2.1.2 舒尔茨改造传统农业理论

在西方进入现代社会之后，大多数国家都将经济增长与工业化等同起来，忽视农业发展对于经济增长的贡献，所以关于经济发展理论的重心一直是工业经济领域，农业经济领域涉及不多，一般谈农业发展的问题也重点是谈农业规模经营的问题。但 Theodore W. Schultz（西奥多. W. 舒尔茨）却将研究的重心放在农业经济领域，1964 年他出版了著名的《改造传统农业》一书，提出了对于农业经济发展的许多独特的观点。

舒尔茨先否定了农业对于经济增长不重要的错误观点，认为"并不存在使任何一个国家的农业部门不能对经济增长做出重大贡献的基本原因"。④ 然后，他将农业分为三类：传统农业、现代农业和过渡农业。为了

---

① 列宁全集（第十五卷）[M]. 北京：人民出版社，1988：192.
② 马克思恩格斯文集（第三卷）[M]. 北京：人民出版社，2009：233.
③ 列宁选集（第四卷）[M]. 北京：人民出版社，2012：81.
④ [美] 西奥多. W. 舒尔茨. 改造传统农业 [M]. 梁小民，译. 北京：商务印书馆，2006：5.

解释这三种农业效率的区别，舒尔茨提出了收入流价格理论。他认为，要使一个产业获得持久的收入流，就必须购买收入流源，其实也就是这种产业的资本。支付这种资本的价格就是收入流的价格，这种价格越高，说明资本收益率越低，产业越低效；收入流价格越低，说明资本收益率越高，产业越高效。传统农业中传统生产要素的供应和需求实现了均衡与资源的优化配置，但收入流价格很高，所以资本收益率很低，这种农业实际上是低效率的，这种农业对于经济增长益处不大，但是现代农业下农民使用的是新的生产要素，收入流价格大大降低，资本收益率很高，所以这样的农业对于国民经济的增长具有重大贡献。而将传统农业改造成为现代农业必须具备两个基本的条件，即具有较高回报率的现代物质投入品（现代农业生产要素）和具有现代技能的农民。而要让农民具有现代技能，就必须向农民进行投资，正是在此基础上，他提出了著名的农业人力资本理论。他指出，传统农业中的农民和现代农业中的农民具有很大的区别，虽然两者都是劳动力，但传统农业中的农民投入的人力资本很少，基本上只从事消耗大量体力的简单劳动；现代农业中的农民，投入了很大的人力资本，不但从事简单的体力劳动，而且还从事主要消耗脑力的复杂劳动。对农民进行人力资本投资，这是舒尔茨在农业经济领域的新观点，这一观点改变了以往只是将农业作为资本积累源泉的观点，对于发展中国家的农业发展有重要的启示意义。

另外，对于农业的经营模式问题，舒尔茨反对传统的大农场观点，他认为由于农业生产的特性，真正适合农业的生产单位是具有真不可分性的农户，而非依靠雇佣劳动的资本主义大农场，所以现代农业经营主体应该还是农户，同时规模要适度，并非越大越好。

舒尔茨的理论对于发展中国家农业发展具有重要的启示意义，该理论说明了两个重要的方面：其一，现代农业的发展必须对农民进行人力资本投入；其二，家庭经营是最适合农业生产的经营方式。

## 2.1.3 诱致性技术——制度创新理论

诱致性创新理论包括诱致性技术创新理论和诱致性制度创新理论，主要是由日本经济学家 Hayami Yujiro（速水佑次郎）和美国经济学家 Vernon Lattan（弗农·拉坦）在其合著的《农业发展：国际前景》一书中提出，该书第一版（1971）首次系统地提出了诱致性技术创新理论，而 1985 年修订版中又提出了诱致性制度创新假说，由此完整提出了诱致性创新理论。

在诱致性技术创新假说中，速水佑次郎和拉坦以美国和日本为例，提出一个国家或地区要实现农业生产率的迅速提高，关键是要发展生态上可以采用、经济上可以实行的农业技术，① 这涉及初始资源禀赋和资源积累的动态调整过程。农业新技术在农业发展中所起的作用主要在于通过投入适当的资本促进资源禀赋中相对稀缺和昂贵的要素被相对丰富的、廉价的要素取代。一国的农业资源禀赋主要有劳动和土地，所以农业技术主要也有两类：一类是"劳动节约型"技术，主要是机械化技术，这类技术是促进机械和动力对劳动力的替代，通过使用机械技术让单个劳动者耕种面积更大的土地，其实质是促进土地替代劳动力。另一类是"土地节约型"技术，主要是生物化学技术，即通过劳动密集型耕作制度加上种子的改良、化肥等的使用，使土地生产率得以提高，其实质是促进劳动力替代土地。一个国家原始资源禀赋中土地及劳动的相对量和存量，可以诱导出不同的农业技术变革路径，像美国这样原始资源禀赋中劳动力相对于土地稀缺的国家，土地和机械的价格相对于工人工资长期下降，促使使用土地和机械动力替代劳动力，因而使技术进步的基本方向是劳动节约型的机械化技术；而像日本这样原始资源禀赋中土地相对于劳动力稀缺的国家，土地价格与工人工资价格同步上升，使用土地和机械替代劳动是无利可图的，而化肥价格相对于土地价格连续下降，种子的改良加上化肥的投入可使土地产出率大大提高，所以技术进步的基本方向是土地节约型的生化技术。在日本，虽也有机械技术的革新，但"机械革新的进步和使用首先是为了增产，而非为了替代劳动力"②。

当然，一国农业生产率能否持续的进步，不仅要求该国能够根据其原始资源禀赋确定技术变革的基本方向，而且要求其技术的变革能够对资源

---

①② ［日］速水佑次郎，［美］弗农·拉坦. 农业发展：国际前景［M］. 吴伟东、翟正惠、卓建伟、胡平、王伟，等译，北京：商务印书馆，2014：9，164.

禀赋和需求增长的变化做出动态反应,这就要求市场价格能够有效反映资源禀赋和需求增长的变化。在市场价格能够有效反映这种变化的条件下,相对价格的变化会诱使农民寻求可以节约稀缺资源要素的技术方法,同时会诱使寻求利润最大化的供应商提供相应的技术投入品,进而也会促使公共研究部门确定研究项目的优先次序。

诱致性技术创新过程可用图 2-1 来说明。

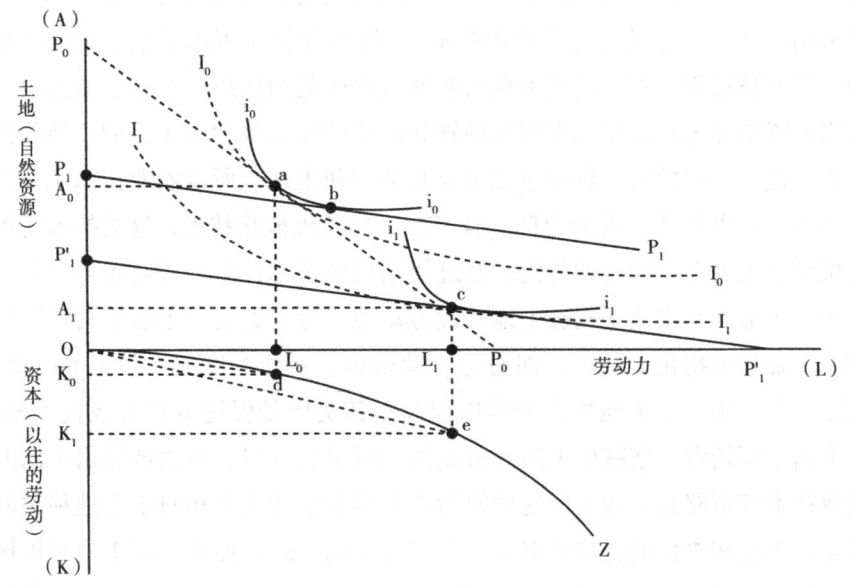

图 2-1 诱致性技术创新模型

资料来源:[日] 速水佑次郎,神门善久. 发展经济学——从贫困到富裕 [M]. 李周,译. 北京:社会科学文献出版社,2009:15.

图 2-1 是一个生化技术进步类型,稍作修改后也可变为机械技术进步类型。图中劳动（L）、资本（K）和土地（A）即农业生产中的三种要素,假定资本主要是由过去的劳动投入生产出来的。该图上部的 A-L 象限表示生产单位等产量产品土地和劳动之间的替代关系,下部的 L-K 象限表示用劳动替代土地的情形下资本与劳动的互补关系。A-K 象限中的 I 曲线表示"创新可能性曲线",它是同一时期内可利用的知识和人的能力开发出来的所有技术相对应的单位等产量曲线的包络线。随着知识和资本的积累以及人的能力的提高,这条曲线会移动,图 2-1 中从 0 时期的 $I_0$ 移

## 第 2 章 农业现代化与城镇化道路的相关理论探析

动到 1 时期的 $I_1$，根据诱致性技术创新理论，$i_0$ 表示在 0 时期开发出来并采用的一种特殊类型的技术，因为它是在特定的土地劳动价格比率（$P_0$）下生产成本最小化的技术，而土地和劳动的价格比反映了该时期这些要素的相对稀缺性。换言之，$i_0$ 是生产者在一组可选择的创新可能性（$I_0$）中努力追求最小成本点（a）而开发出来的。在假设资本和劳动在替代土地方面具有互补性的前提下，a 点的土地—劳动比率（$OA_0/OL_0$）和 d 点的资本—劳动比率（$OK_0/OL_0$）是相对应的，当然，这是一种简化，以便用平面图来表示三维的关系，并且可以将推导的重点放在土地劳动比率变化下的技术变化问题。

现在假设从 0 时期进入 1 时期，由于人口的增加导致土地稀缺性提高，土地劳动价格比率由 $P_0$ 下降到 $P_1$，同时，由于资本积累等因素，创新可能性曲线也由 $I_0$ 移到 $I_1$，意味着可以用更小的要素投入生产同样的农产品。在这种变化的情况下，生产者选择过 C 点的 $i_1$ 技术显然是最优的。但是在 $i_1$ 技术实际开发出来之前，生产者还是只能继续使用旧的 $i_0$ 技术，因此，它只能由 a 点移到 b 点。而经生产者反复试错或有组织地科学研究和开发，新的 $i_1$ 技术终将开发出来。诱致性技术创新理论的基本前提是：在从 b 点移动到 c 点的过程中，由 $P_1$ 和 $P_1'$ 之间的距离度量的生产者的预期收益增加（或成本减少），将诱使他们为开发技术而努力，并导致技术由 $i_0$ 移动到 $i_1$。①

但是，认为生产者能够根据要素市场相对价格和创新可能性的变动完全预见到创新可能性变动的整个范围，并自发地、线性地向 c 点移动，是不现实的，即使在完全理性的假设下，生产者也都不太可能单独完成技术创新活动，必须依赖社会成员的集体行动。②建立在这一认识的基础上，速水佑次郎又提出了诱致性制度创新假说，这一假说认为，当从 b 点移动到 c 点的社会总利润超过了为促进这一移动而组织集体行动的成本时，集体行动就能组织起来。③但集体行动的成本取决于是否有适宜的制度，所以出于为推动新技术使用而组织集体行动成本的考虑，会诱导一个国家的制

---

①③ ［日］速水佑次郎，神门善久. 发展经济学——从贫困到富裕 [M]. 李周，译. 北京：社会科学文献出版社，2009：15.

② 郭熙保，苏甫. 速水佑次郎对农业与发展经济学的贡献 [J]. 经济学动态，2013 (3).

度创新,制度创新总的方向应该是降低集体行动的成本,以促进技术创新顺利进行。但是,诱致性制度创新并非总是有效,发展中国家由于政治市场决定了其承担组织集体行动的成本高昂,导致诱致性的制度创新很难进行,因而也导致诱致性技术创新受阻,这是这些国家农业技术落后的重要原因。

诱致性技术制度创新理论为一个国家农业现代化技术路径的选择提出了重要的思路,一个国家农业技术现代化道路的选择必须从该国的资源禀赋出发,否则其发展可能遇到巨大的障碍。另外,一国的农业经营体制乃至整个经济制度、发展战略也会对农业的发展产生极大的影响。合理的经济体制会降低集体行动的成本,从而也会使技术道路的转化更加顺利,不合理的经济体制会极大地增加集体行动的成本,从而阻碍技术道路的转化。国家的整体发展战略同样会影响农业现代化道路的选择,当一国采取赶超战略时,由于工业上主要发展的是资本有机构成较高的重工业,对劳动力的吸纳能力较弱,所以往往要求农业中吸纳更多的劳动力,这样对于一国农业机械化技术的推进会造成另一种障碍。而当一国采取比较优势战略时,由于发展中国家的比较优势产业基本上都是资本有机构成较低的劳动力密集型产业,工业对于劳动力有较大的吸纳能力,从而对于农业吸纳劳动力的要求会有所下降,故有可能给农业机械化技术的推进提供更大的空间。

## 2.1.4 农业多功能性理论

农业多功能性是指农业除了具有提供食物等农产品的基本商品功能之外,还能为人类提供环境改良、社会保障、文化传承等非商品功能。关于农业多功能性的理论,一般认为最早是起源于20世纪80年代末日本政府提出的"稻米文化"。当时日本政府提出,日本国内的许多节日和庆典与水稻播种、移植、收获等活动具有密切的关系,所以水稻的种植不仅是粮食生产,还具有水土保持、环境改善、文化传承等功能,保持日本水稻的生产就保持了日本的稻米文化。[①] 当然,当时日本政府提出农业的多功能性问题,应该说主要是为了保护其水稻产业。与此同时,欧盟也提出了农

---

① 王志刚,黄圣男,彭纯玉. 农业多功能性理论的演进——基于贸易政策视角的研究综述[J]. 成都理工大学学报(社会科学版),2012(6).

业的多功能性问题,认为农业发展中不仅要确保其战略性、经济性功能,还要促进农业对农村生态环境的保护等功能。1992年联合国环境与发展大会通过的《21世纪议程》正式承认了农业的多功能性问题。欧盟则在20世纪90年代末提出了以农业多功能性为核心理论基础的"欧盟农业发展模式",并以《2000年议程》确定下来。此后,农业的多功能性逐渐成为农业研究的热点问题。当前,这方面的理论本身并没有系统化,不过普遍认为,农业的生产活动绝不仅仅只有提供农产品这样的经济功能,还具有保护生态环境、社会保障、传统文化等非经济功能。农业的功能还会随着社会经济发展阶段的变化而变化,例如,在农业经济时代,农业的主要功能就是食品供给、改善生活、积累资金等;在工业经济时代,则主要是食品安全、社会保障和环境保护等功能,在后工业经济时代,则主要有改善人类生存环境以及文化传承等功能。

农业的多功能性理论虽主要是为发达国家农业发展提出的理论,但发展中国家同样值得重视。这就是农业的发展不能仅仅考虑效率的提高,还必须考虑功能的实现。在发展初期,发展中国家基本上都处于第一次农业现代化阶段,主要考虑的是农业的经济功能和社会保障功能;但发展到一定时候,发展中国家也会逐渐进入第一次农业现代化和第二次农业现代化并行的阶段,这时农业的发展也必须适当考虑其生态改善、文化传承等方面的新功能,由此,农业的发展思路也必须适当变化。

## 2.2 城镇化的相关理论

### 2.2.1 马克思主义资本积累与城乡关系理论

#### 2.2.1.1 马克思资本积累理论

把资本积累作为经济增长的发动机,是 Adam Smith(亚当·斯密)以来经济学家一直坚持的观点,但在资本积累的原因及其结果上,马克思的资本积累理论与原来古典经济学家的理论还是存在明显的区别。

以 Adam Smith（亚当·斯密）、David Ricardo（大卫·李嘉图）为代表的古典经济学家认为，资本家的节俭是资本积累的根本原因，"资本增加的原因是节俭……节俭可增加维持生产性劳动者的基金，从而增加生产性劳动者的人数，……节俭可以推动更大的劳动量；更大的劳动量可增加产品的价值"①。故而，经济的发展，关键是把剩余收入从"在奢侈生活中挥霍殆尽的人的手中转移到生产者（节俭的资本家）手中，后者将它投资于现代产业部门"②。当然，这样资本积累的结果，一方面是经济的增长，另一方面也是劳动就业的增长，"有用的和生产性的劳动者的数量，都和推动劳动的资本存量的大小及用途成比例"③。不过，部分古典经济学家也意识到资本积累的可持续性问题。例如，李嘉图就提出过发展陷阱问题，他认为资本积累使经济发展后会导致人口增加，而人口的增加可能导致食品价格上涨，由此使劳动力的生存工资上升，而生存工资上升后会导致资本家的利润下滑，使资本家丧失资本积累的动力，经济由此也可能停滞。李嘉图指出，只要让粮食进口自由化，这一问题就能迎刃而解。④

但是，马克思却认为，把资本积累的原因归结为资本家的节俭是绝对错误的。首先，原始资本积累绝不是节俭这样"田园诗式的东西"，"暴力起着巨大的作用"，⑤这种暴力包括对农村居民土地的剥夺、惩治被剥夺者的血腥立法以压低最低工资、对外殖民战争、奴隶贸易等；其次，在生产过程中的资本积累，也不是因为资本家的节俭，而只是把一部分剩余价值资本化，在这一过程中，资本家也没有真正节欲，"资本家的挥霍和积累一同增加"，只是资本家的挥霍"不像放荡的封建主的挥霍那样是直截了当"⑥。在资本积累的结果上，虽然马克思仍然认为资本积累是经济增长的动力，

---

① [英] Adam Smith（亚当·斯密）. 国富论 [M]. 唐日松，等译，北京：华夏出版社，2005：247.

② [美] W. W. Rostow（W. W. 罗斯托）. 经济增长的阶段——非共产党宣言 [M]. 郭熙保，王松茂，译，北京：中国社会科学出版社，2012：24.

③ [日] 速水佑次郎、神门善久. 发展经济学——从贫困到富裕 [M]. 李周，译，北京：社会科学文献出版社，2012：103.

④ [英] David Ricardo（大卫·李嘉图）. 政治经济学及赋税原理 [M]. 周洁，译，北京：华夏出版社，2005：88.

⑤⑥ 马克思恩格斯文集（第五卷）[M]. 北京：人民出版社，2009：685，821.

但在对于劳动力就业的影响上,他提出了与古典经济学家不同的看法,他指出,只有在资本有机构成不变时,对劳动力的需求才会随积累的增长而增长,但实际的资本积累过程中,资本有机构成是不断提高的,也就是说,可变资本部分会相对减少,因而导致"劳动的量比它所推动的生产资料的量相对减少",[1] 所以就业不会伴随资本的增长而等比例的增加,有时甚至可能由于资本有机构成的提高而使对劳动的需求减少,故而在资本积累过程中,必定会产生大量的相对过剩人口,这些相对过剩人口即组成了产业后备军,这种产业后备军的相对数量是和资本家的财富一同增长的。[2] 产业后备军的存在是导致工人贫困的根本原因,所以,资本积累的过程,一极是资本家财富的积累,另一极是工人贫困的积累。[3]

资本积累是先发国家经济增长的发动机,同样也是发展中国家经济增长的发动机。只有完成基本的原始资本积累,发展中国家才有经济起飞的可能,只有在经济发展过程中不断地进行资本积累,发展中国家才能不断地推进工业化。而也只有在工业化不断推进的条件下,发展中国家才能推进城镇化的进程,并由此带动农业的现代化。但对于资本积累理论本身,则需正确看待,马克思的资本积累理论揭示了先发国家资本积累的真实过程及其结果,但值得注意的是,作为原来先发国家掠夺的对象,发展中国家自身原始资本积累时却不可能再循先发国家的路径,这些国家资本积累往往只能依靠自身的"节俭"或先发国家的援助,而从独立自主出发,首要的还是只能依靠自身的"节俭",因而这种原始积累带有明显的内卷化特征,由于发展中国家起步时工业极不发达,这种内卷化的原始积累核心其实是从农业中提取剩余,[4] 所以农业为工业提供原始资本积累往往是发展中国家经济起飞的前提。另外,发展中国家资本积累的过程也会导致资本有机构成的提高,这种有机构成的提高照样可能产生相对过剩人口,其实先发国家在消化这些劳动力时,很多采取的是对外殖民的方式,而发展中国家同样不能循此路径,解决资本有机构成提高导致的相对过剩劳动力,主要是解决城市劳动力的就业问题,发展中国家同样只能依靠自身。

---

[1][2][3] 马克思恩格斯文集(第五卷)[M]. 北京:人民出版社,2009:718,742,744.
[4] 温铁军. 八次危机——中国的真实经验(1949~2009)[M]. 北京:东方出版社,2013:11.

### 2.2.1.2 马克思主义城乡关系理论

马克思、恩格斯对于城乡关系没有专门的篇章论述，但在《共产党宣言》《1844年经济学哲学手稿》《德意志意识形态》《论住宅问题》《资本论》《反杜林论》等著作中，都有有关城乡关系的论述，其中的很多观点对于探讨当前发展中国家的城乡关系问题依然具有重要的指导意义。总的来说，马克思、恩格斯对于城乡关系的观点主要包括以下几个方面。

（1）城乡关系的基本趋势。马克思主义经典作家认为，城乡关系总的发展趋势是从分离、对立到融合。而城乡关系的分离、对立，总的来说是生产力发展到一定程度导致社会分工的结果，"一个民族内部的分工，首先引起工商业劳动和农业劳动的分离，从而也引起城乡的分离和城乡关系的对立"。① 列宁也同样认为，商品经济的发展导致一个个工业部门与农业分离，因而导致了城乡之间的差别和分离，在生产力发展到全体社会成员能够实现同等富裕之前，城乡差别必然存在②。但在马克思、恩格斯看来，这种分离、对立最终一定会消灭，城乡最终会走向融合，因为"消灭城乡之间的对立，是社会统一的首要条件之一"。③

（2）从城乡分离到城乡融合的条件。马克思主义经典作家认识到了消灭城乡之间的对立，最终实现融合是必然趋势，但同时又认为，这种融合不是无条件的，要从消灭城乡对立，实现城乡融合，必需以下三个条件。

首先是生产力的发展。马克思主义经典作家认为，城乡之间的分离、对立总的来说"只是工农业发展水平不够高的表现"，④ 故而要消灭这种分离、对立，首先必须依靠生产力的发展，创造必要的物质条件。

其次是要消灭私有制。马克思主义经典作家认为，城乡融合是消灭私有制的主要结果之一。"彻底消灭阶级和阶级对立，通过消除旧的分工，进行生产教育、变换工种、共同享受大家创造出来的福利，以及城乡的融合，使社会成员的才能得到全面的发展——这一切都将是废除私有制的最

---

① 马克思恩格斯文集（第一卷）[M]．北京：人民出版社，2009：520．
② 吴学凡．简论列宁的城乡差别思想 [J]．理论探索，2008 (3)．
③ 马克思恩格斯全集（第三卷）[M]．北京：人民出版社，1960：79．
④ 中共中央编译局．无产阶级革命家论社会主义 [M]．西安：陕西人民出版社，1991：40．

主要的结果。"①

最后是要合理布局产业，让产业和人口均衡分布。马克思在《共产党宣言》中提出，工农的不合理分工与不均衡的分布是城乡对立的重要原因，所以，只有"把工业和农业结合起来"，才能促使"城乡对立逐步消灭"。② 恩格斯则在《反杜林论》中提出，"大工业在全国尽可能均衡的分布是消灭城市和乡村分离的条件"。③

马克思的城乡关系思想揭示了城乡关系发展的基本趋势，并提出了从城乡分离到城乡融合的基本条件，这一思想对于中印这样的发展中国家城乡关系的处理具有重要的指导意义。

## 2.2.2 二元经济结构转化理论

二元经济结构转化的经典理论模型是以美国著名经济学家 William A. Lewis（威廉.A. 刘易斯）的两部门转化模型为起点，经过 John C. H. Fei（费景汉）和 Gustav Lanis（古斯塔夫·拉尼斯）等人的发展完善而成的一个著名的发展经济学理论模型。

1954年，刘易斯在《曼彻斯特学报》上发表了题为《劳动无限供给下的经济发展》的著名论文。在这一论文中，刘易斯提出，在发展中国家一般存在着性质完全不同的两个经济部门，即"资本主义"部门和"生存"部门。资本主义部门即一般所讲的现代产业部门，其中主要为工业部门。生存部门即一般所讲的传统农业部门。刘易斯假设农业部门只使用劳动和土地作为生产要素，现代产业部门只使用劳动和资本；现代产业部门不断地吸收农业部门的剩余劳动力而得以发展。在假定土地、人口（劳动力）和生产技术不变的情况下，传统的农业部门边际生产率为零甚至为负数，劳动者在最低工资水平上提供劳动，因而存在无限劳动供给。只要现代产业部门所提供的工资与农业部门的工资能够形成一个一定的差额，就能够诱使农业部门的剩余劳动力向现代产业部门转移。所以只要现代产业

---

① 马克思恩格斯全集（第四卷）[M]. 北京：人民出版社，1958：371.
② 马克思恩格斯文集（第二卷）[M]. 北京：人民出版社，2009：53.
③ 马克思恩格斯文集（第九卷）[M]. 北京：人民出版社，2009：314.

部门的利润能够成为新的投资,就能够促成更多农业部门的剩余劳动力向城市现代产业部门的转移,经济自然就可能获得发展。当现代产业部门将农业部门的剩余劳动力吸收完毕,农业部门中劳动的边际生产率就将提高,并逐渐与现代产业部门达到一致,这时经济中的二元结构也就消失了。这一过程如图2-2所示。

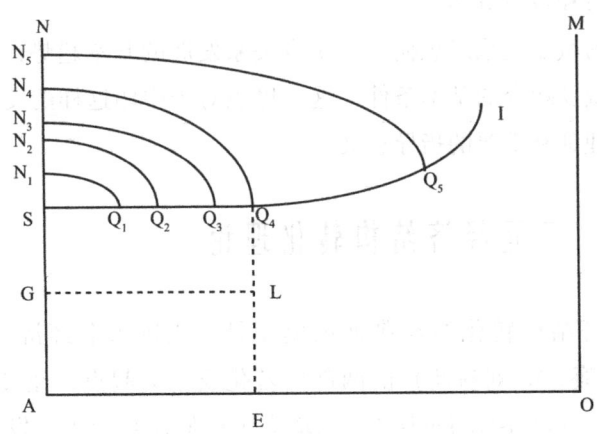

图2-2 刘易斯二元经济结构转化模型

在图2-2中,OA表示全部劳动力,AE为农业剩余劳动力,NQ为工业化过程中的劳动需求曲线,$N_1Q_1 \rightarrow N_5Q_5$是现代产业部门扩张过程中的劳动需求曲线变化过程,SI曲线为工业化过程中的劳动力供给曲线,AG为农业部门每个劳动力的收入,SG为现代产业部门所提供的工资与农业部门收入的差额。在这一过程中,只要SG存在,农业劳动力就会不断转移到现代产业部门,而且这种转移并不会导致农业总产值的下降,国家的经济也由此获得持续的增长,其增长的路径就是两部门经济结构的转化过程。但最终当农业中的剩余劳动力AE全部转移之后,也就是工业劳动需求曲线达到$N_4Q_4$以后,农业中也就不再存在边际生产率为零的劳动力,如果劳动力继续转移,农业产值就可能出现下降,农产品就会短缺,于是农产品价格就会提高,农业部门劳动力的收入自然也就会提高,这时工业部门要想获得新的劳动力,就唯有提高工资。所以在点$Q_4$之后,工业劳动供给曲线就开始向上倾斜。农业部门也会由此转化为现代产业部门,二元经济结构由此消失。

# 第2章 农业现代化与城镇化道路的相关理论探析

刘易斯二元经济结构转化模型基本符合发展中国家的现实,但是这一模型本身也存在缺陷,正如费景汉和拉尼斯所指出的,这一模型存在着两个明显的缺点:第一,不重视农业在促进工业增长方面的重要性;第二,忽视农业生产率提高而出现剩余产品是农业劳动力向工业流动的先决条件。有鉴于此,费景汉和拉尼斯在其合著的《劳动剩余经济的发展:理论与政策》一书中,对此理论进行了发展和完善。

费景汉和拉尼斯认为,二元经济结构转化问题的核心,在于农业部门是否有能力提供足够多的剩余满足现代产业部门的劳动力之需要。问题的另一面是,现代产业部门得到的由这种农业剩余加上工业利润投资所供应的资金,是否增长得足够快,从而能去吸收再分配的劳动力。如这两者都能得到满足,经过一段时间以后,必定会在两个部门中的资本积累(主要配置到非农业部门)和技术之间形成一种平衡的状况,从而完成了二元经济结构的转化。建立在这一思路的基础上,费景汉和拉尼斯对刘易斯模型进行了改进,见图2-3。①

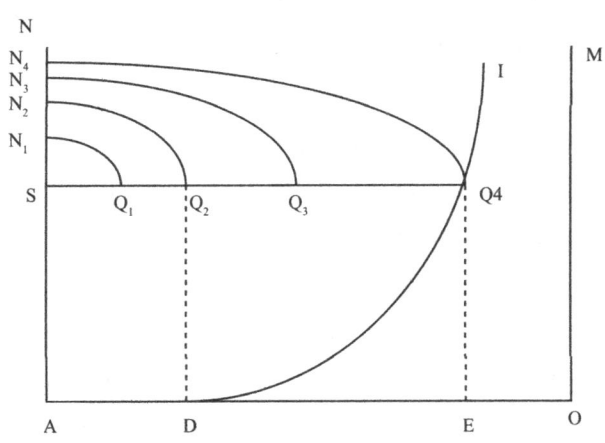

图2-3 费景汉、拉尼斯的二元经济结构转化模型

此模型沿用刘易斯模型中的两个基本假设,即土地是常数,人口或劳动力已知。另加上一条假设,单位耕地面积的产量不变。劳动供给曲线依

---

① 为了便于理解,这部分论述对费景汉、拉尼斯(Gustav Lanis)模型的图形进行了适当的变化,原模型用工业部门、农业部门、农业部门总产出三个图表示,本书简化成一个图。

然为 SI，OA 依然为劳动力总量。图中的 ADI 为农业部门的边际生产率曲线。为了更好地说明后面的问题，这里忽略掉刘易斯模型中为吸引劳动力转移而产生的使现代产业部门工资与农业部门收入之间应有的差额，假设只要现代产业部门工资高于农业部门的边际生产率就可以吸引农业部门的劳动力向现代产业部门转移。根据这一模型，发展中国家的经济发展可以分为三个阶段：第一阶段（AD），与刘易斯模型没有区别。在这一阶段，劳动力是无限供给的。当劳动力向现代产业部门转移时，农业的总产量不受任何影响。当这部分劳动力转移完毕，经济发展就进入第二阶段（DE）。第二阶段，现代产业部门所吸收的劳动力是那些边际生产率大于零但低于现代产业部门工资的劳动力。这一部分劳动力转移时，农业总产量就会下降，这样，经济中开始出现农产品特别是粮食的短缺，农产品价格就会提高。但是，只要农业部门边际劳动生产者的收入低于现代产业部门提供的工资，这一过程就还将继续。而当两者相等时，经济发展就会进入第三阶段（EO），这一阶段农业部门已成为现代产业，农业部门和工业部门对劳动力具有同样的吸引力。在这一阶段，整个经济已经全面商业化，农业开始成为现代产业部门，农业和工业中的工资水平都由劳动力的边际生产率来决定。在整个经济发展过程中，第一阶段向第二阶段过渡是一个转折点，或称为短缺点。而第二阶段向第三阶段过渡是商业化点。当然，这种经济结构的转化事实上存在一个困难，这一困难就在于进入第二阶段以后，随着劳动力的转移，粮食短缺，农产品价格上涨，工业贸易条件恶化，劳动力的转移受到阻碍，工业部门的扩张有可能在全部剩余劳动力被吸收完毕之前就停止。另外，政府也有可能为了解决粮食的安全问题而强行提前终止这种经济结构的转化。所以，费景汉和拉尼斯认为必须解决经济结构转化过程中的农产品短缺问题，而解决这一问题的关键在于在工业部门扩张的同时，必须努力提高农业劳动生产率，使农业发展与工业发展同步进行，这样才能在劳动力转移的同时，农产品总量不会下降。如图 2-4 所示。

在图 2-4 中，由于工业扩张的同时农业生产率也在提高，特别是由于农业机械化的推广，人均耕地能力在提高，所以总剩余劳动力随着农业生产率的提高不断地增加，也就是短缺点 D 不断地向右移动，$D_1$—$D_2$—$D_3$……，

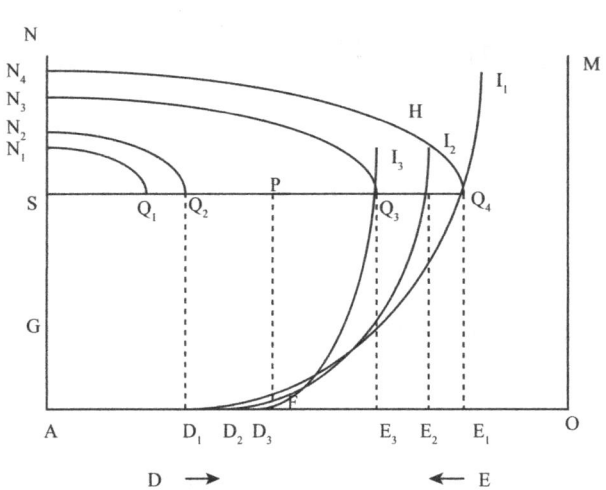

图 2-4 费景汉、拉尼斯二元经济结构转化模型

即第二阶段来得越来越晚。而同时，由于农业生产率的提高，农业的边际劳动生产率曲线必然向上移动，从而导致商业化点 E 不断地向左移动，$E_1—E_2—E_3\cdots\cdots$，也就是第三阶段来得越来越早。照此发展下去，或迟或早，D 点和 E 点会重合，也就是第二阶段消失，工业化过程中粮食危机也就不再出现。

由此看来，要使发展中国家经济结构的转化能够顺利进行，主要需要以下三个基本条件。

其一，现代产业部门扩张得足够快，对于农业部门的剩余劳动力有足够的需求。

其二，工业化的同时农业劳动生产率同步提高，避免工业化过程中出现粮食危机。

其三，考虑到现代产业部门所要求的劳动力素质一般应高于传统农业部门，所以还要求农业部门的剩余劳动力具备转移到现代产业部门就业的基本素质。

二元经济结构转化模型是发展经济学中的一个重要的理论模型，是分析发展中国家工业化以及城镇化进程的重要理论工具，当然，这一工具的运用也必须考虑到国家的发展战略、资源禀赋等各种实际情况，发展中国家实际的二元经济结构转化以及城镇化过程远比这一模型复杂。

## 2.2.3 人口推拉迁移理论

城镇化的过程总的来说是一个人口迁移的过程,关于人口迁移的理论,在 19 世纪就有著名人口学者 Ravenstein(拉文斯坦)提出的移民七法则,即:第一,多数移民只倾向于短途迁移,迁移目的地为吸引中心;第二,移民迁移至吸引中心,留下空隙,被来自较偏远区域的移民所填补,这种次第顺序流动一直涉及最偏远区域;第三,离散过程与吸引过程对应;第四,每次移民必有回流补偿;第五,长途移民的目标是向商业与工业中心大城市迁移;第六,农村居民较城镇居民的移民倾向更明显;第七,女性迁移倾向较男性明显。① 拉文斯坦的理论是基于 19 世纪英国的人口普查资料,与后来的发展中国家城镇化进程不一定相符。真正对后来发展中国家城镇化进程中的人口迁移最具解释力的理论应该是 Donald Borg(唐纳德·博格)的推拉理论和托达罗的人口流动模型。推拉理论最早是唐纳德·博格于 1961 年在世界人口大会提交的解释移民成因的论文中提出来的,该理论认为,在人口自由流动和市场经济的条件下,作为迁出地的农村和作为迁入地的城市都存在推力和拉力,在农村,有经济收入水平低下、生活条件艰难等推力,也有故乡情结、家人团聚等拉力,但推力占主导地位。在城市,有较高的经济收入、生活水平以及更好的文化氛围、发展机会等拉力,也有就业歧视、激烈的竞争、不同的生活习惯等推力,但拉力占主导地位,由于农村是推力大于拉力,城市是拉力大于推力,最终导致人口由农村向城市流动。② 推拉模型是对发展中国家城镇化影响最大的一个人口迁移理论,后来也被诸多学者所丰富,例如,E. S. Lee 在《移民人口学之理论》一文中,在博格理论的基础上,认为流出地和流入地实际上都既有拉力又有推力,同时又补充了第三个因素——中间障碍因素。中间障碍因素主要包括距离远近、物质障碍、语言文化的差异,以及移民本人对于这些因素的价值判断等。不过,虽然学者们举出了很多因素,但

---

① 方少勇. 拉文斯坦移民法则与我国人口的梯级迁移 [J]. 当代经济,2009 (3).
② 徐育才. 农村劳动力转移:从"推拉模型"到"三力模型"的设想 [J]. 学术研究,2006 (5).

从经济理性出发，基本上都认为，城乡经济收入差距是导致迁移的最主要原因。但是这一理论在解释一个现象上遇到了困难，那就是发展中国家的城市存在大量失业的情况下，农村人口仍然会向城市迁移。

为了解释这一现象，20世纪60年代末70年代初，美国著名经济学家Todaro（托达罗）提出了基于预期收入差距的人口流动模型。该模型认为，导致农村人口向城市的流动是预期收入差异，而不是现实的收入差异，只要城市的预期收益高于农村，那即便在城市存在大量失业的情况下，农村人口仍然会向城市转移，这种转移的结果实际上会导致城市更大的失业。这模型可以用两个方程表示：①

$$M = f(d), \quad f' > 0 \tag{2-1}$$

$$d = w\pi - R \tag{2-2}$$

其中，M表示迁移人口数量；d表示预期收入差距；w表示城市实际工资率；π表示城市就业率；R表示农村平均收入。方程（2-1）表示迁移人口数量是预期收入差距的正函数，也就是说，城乡预期差距越大，农村人口迁移到城市的动机就越强，相应地，流入城市的人口就越多。方程（2-2）则表示预期收入差距是城市的实际收入和新迁移者获得工作的概率的乘积减去农村的实际收入。这样，假如城乡之间实际工资比为10∶4，那么城市就业率为40%（即失业率为60%）才使城乡劳动力的流动达到均衡，这种迁移才会停止，也就是说，只要城市的失业率低于60%，这种迁移就会进行，这实际上就说明了，为什么在城市失业比较严重的情况下，农村劳动力还会不断迁入城市。所以，托达罗建议，发展城市只会带来严重的失业，发展中国家应该发展农村经济，走农村工业化的道路，限制发展高等教育。托达罗模型后来受到了很大的质疑，但他提出应该发展农村经济、缩小城乡收入差距的提法还是有明显的合理性，这一提法一定程度上与马克思主义城乡融合的观点具有相通之处。

另外，托达罗模型也可以与二元经济结构转化理论相结合，实际上也可以得出更加真实的发展中国家二元经济结构的转化模型。事实上，费景汉、拉尼斯修改后的二元经济结构转化模型，其中也暗含了两个假设：一

---

① 周天勇，胡锋. 托达罗人口流动模型的反思和改进[J]. 中国人口科学，2007（1）.

是离开农业的人都能在现代产业部门就业；二是从事工业的劳动力不再从事农业，也就是说，劳动力的转移是永久性转移。而事实上，这两个假设都是存在问题的。根据托达罗模型，第一个假设存在明显的问题，实际上很多离开农业、离开农村的劳动力在城市并不能实现就业，很多时候城市的劳动供给可能明显超过城市的劳动需求。因此，二元经济结构的转化有可能出现以下情形。

如图2-5所示，在现代产业部门劳动需求曲线为$N_2Q_2$的情况下，现代产业部门的劳动需求为$SQ_2$，但受预期收入的影响，实际离开农业到城市现代产业部门寻找工作的劳动力达到AL，AL > $SQ_2$，所以实际上部分离开农业的劳动力并不能在城市实现有效就业，处于失业或不充分就业状态。

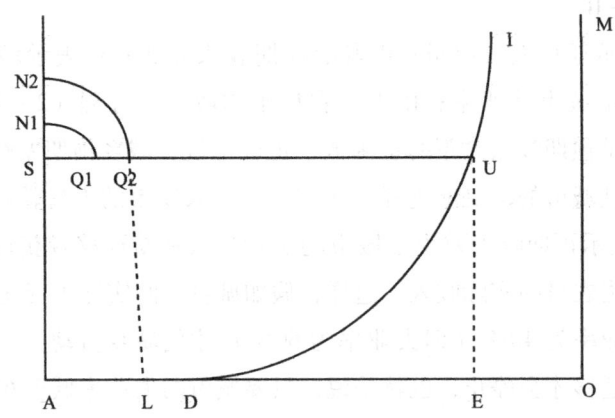

图2-5 城市劳动供给超过劳动需求情况下的二元经济结构的转化模型

当然，另一个假设实际上也存在问题，事实上很多农业劳动力并不会一次性永久转移，考虑到城市现代产业部门就业的不确定性和不稳定性，很多农村劳动力可能采取兼业方式转移。也就是二元经济结构的转化实际上存在两条路径，分别可以称为专业化转化路径和兼业化转化路径。专业化转化路径下劳动力采取的是一次性永久转移方式，转移到城市后不再回到农业，甚至不再回到农村，专门在城市从事现代产业部门的工作。而兼业化转化路径则采取的是多次循环往复转移的方式，转移到城市的劳动力家庭仍然保留土地，在农忙季节可能回到农村从事农业，或者是家庭分工，一部分成员依然从事农业。这样，部分劳动力实际上是工农兼业。由于存在兼业的因素，实际上城市现代产业部门的劳动力还多于真正离开农业的劳动力，因此，二元经济结构的转化有可能出现下列情形。

如图2-6所示，在现代产业部门劳动需求曲线为 $N_3Q_3$ 的情况下，现代产业部门的劳动需求为 $SQ_3$，转移到城市的劳动力充分满足了现代产业部门的需求，但部门劳动力实际上是工农兼业，真正离开农业的劳动力只有 AP，AP＜$SQ_3$。在这一情形下，一般不存在失业的问题。

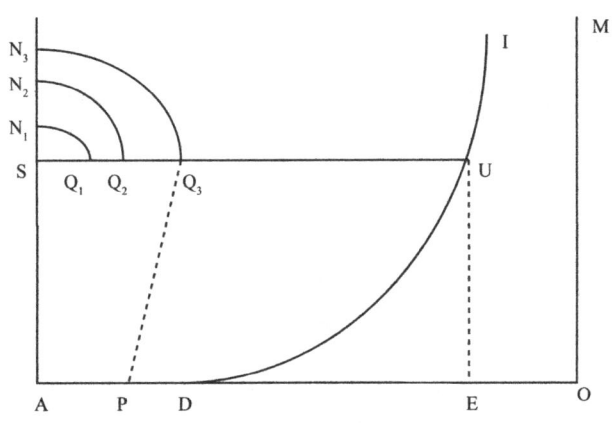

**图2-6　兼业化转化路径下二元经济结构的转化模型**

当然，现实中，很多发展中国家以上两种情况都可能存在，也就是说，既存在部分劳动力基于预期收益而轻易彻底离开农业导致其在城市失业的情况，也存在劳动力工农兼业的情况，关键是哪种劳动力更多一点，如果失业或不充分就业的劳动力更多，则总体上体现的是图2-5的情形，如果是兼业劳动力更多，则总体上体现的是图2-6的情形。

人口推拉迁移理论以及托达罗模型是分析城镇化过程常用的理论模型，这一理论与二元经济结构转化理论以及马克思的城乡关系理论相结合，可以成为分析发展中国家城镇化过程非常有力的理论工具。

## 2.3

### 理论小结

综观从马克思主义到西方的有关农业现代化与城镇化的理论，可以发现，发展中国家的农业现代化与城镇化是两个紧密相关又具有自身逻辑的过程，每一个过程都要综合考虑各个方面。就农业现代化而言，其发展道路包括两个彼此紧密相关的方面：一是农业经营体制，即是采取大规模农场经营、小规模家庭经营也是合作化方式经营等；二是农业技术现代化道路，既是采取劳动节约型的机械化技术为主的技术现代化道路也是采取土地节约型的生化、水利技术为主的技术现代化道路。当然，这两点是紧密相关的，农业经营体制的选择对于农业技术现代化道路会产生重大的影响。合适的农业经营体制会极大地推动农业技术现代化的进程，不合适的农业经营体制可能会对农业技术现代化道路的进程造成阻碍。反过来，农业技术现代化道路的选择也可能影响农业经营体制的演进。例如，采用生化技术优先的技术现代化道路，有可能使农业更倾向于小规模经营，采用机械技术优先的技术现代化路径有可能更快地推进规模化经营。

当然，影响一个国家农业现代化道路选择的因素也是多种多样的，综合以上各种理论，这些因素主要包括以下方面。

第一，资源禀赋。根据诱致性创新理论，一个土地相对于劳动力丰富的国家，会更倾向于采用劳动节约型的机械技术；一个劳动相对于土地丰富的国家，会更倾向于采用土地节约型的生化、水利技术。

第二，土地制度。土地制度与国家的根本制度相关，它会极大地影响农业经营体制，农业经营体制又会极大地影响农业技术现代化道路的选择。

第三，发展水平。一个国家的整体国民经济发展水平也会对农业现代化道路产生极大的影响，它可能会改变土地、劳动丰富程度的对比，也会改变一个国家对于农业功能的需求。在原始资源禀赋相同的情况下，经济发展水平低，现代产业部门所能吸收的劳动力有限，会提高劳动力的丰富程度；经济发展水平的提高，现代产业部门所能吸收的劳动力会相对增加，由此会使农业劳动力相对稀缺。同样，经济发展水平低，国家对于农业的功能需求主要为提供农产品、为工业发展提供资本积累的经济性功能和为低收入群体提供就业的社会保障功能；经济发展水平提高后，一般不再需要为工业发展提供资本积累，社会保障功能也可能弱化，但生态保护、文化传承等新的功能需求会增加。

第四,发展战略。发展中国家的整体经济发展战略大体上可以分为重工业优先发展的赶超战略和轻工业优先发展的比较优势战略两类。赶超战略下,由于是重工业优先,而重工业基本都是资本、技术密集性产业,资本有机构成普遍较高,工业的发展对劳动力的吸收较少,因而需要农业部门吸收更多的劳动力,农业更适合采用土地节约型的生化技术现代化道路。而在比较优势战略下,由于工业资本有机构成较低,工业对劳动力的吸收能力较强,农业更适合向劳动节约型的机械化技术转化。另外,发展战略也可能影响一个国家的工农关系、城乡关系的处理,这种工农关系、城乡关系的相关政策也会极大地影响一个国家农业现代化的进程。

第五,制度观念。制度包括一个国家的根本社会制度,也包括各个领域的具体体制,如经济体制、政治体制、社会保障体制等;观念包括人们的传统思想观念,也包括社会发展进程中形成的新的思想观念。制度和观念往往带有根本性质,对一个国家包括农业现代化在内的各个领域的发展进程都会产生重大的影响,特别是一些具体体制,例如,经济体制、土地制度、农业经营体制都会受其直接影响,因而其也会对农业现代化道路产生重大的影响,很大程度上会影响农业人力资本的培育,也会影响技术革新时集体行动的成本。同样,人们的思想观念也会在一定程度上影响农业现代化的发展,如果社会观念中农业从业人员天然地位低下,会极大地影响优质人力资本的进入,从而也会阻碍农业现代化的进程;如果没有这样的观念,则可能非常有利于农业人力资本的提升,由此也就会加快农业现代化的进程。

城镇化主要也包括三个方面,即人口城镇化道路、城镇产业发展道路和城镇空间发展道路,空间发展道路通常包括城市规模等级发展道路和地理空间发展道路。本书主要研究人口城镇化道路,但人口城镇化道路与城镇产业发展道路以及城镇空间发展道路具有密切的关系,故而对后两个方面也会适当地进行分析。人口城镇化总的来说就是农村人口向城市人口迁移的过程,这一过程的快慢,总的来说取决于城乡对于人口迁移的推拉力量。在影响农业现代化的五大因素中,有三个因素对于这种推拉力量会产生重大影响。

其一,发展水平。一国整体经济发展水平直接决定了城镇现代产业部门对于劳动力的吸纳能力，由此也就会直接影响城镇对于人口迁移的拉力。同样，经济发展水平也会体现在农业发展水平上，农业发展水平的高低将直接决定农村对于人口迁移的推力。

其二，发展战略。发展战略会直接影响一国城镇化的进程，采取赶超战略的国家，由于优先发展重工业，城镇对于劳动力吸纳能力有限，对于人口迁移的拉力会大幅缩小，有时政府为了防止城市人口过剩，甚至会采取一些措施限制人口的迁移，由此城镇可能会出现一种人为的推力；而采取比较优势战略的国家，相对而言城镇的拉力会比较大，一般情况下会加速城镇化的进程，政府为了保障城镇现代产业部门劳动力的供给，也会采取有利于人口迁移的政策。另外，发展战略也会对整体城乡关系的处理以及城镇化的空间发展道路产生重大的影响，在不平衡发展战略理念下，城镇化的空间布局更容易出现向大城市集中、向某些特定区域集中的特点，而平衡协调的发展战略理念则可能使城镇的空间布局更为合理，也更有利于城乡之间的融合。

其三，制度观念。制度观念会直接影响发展理念以及具体的体制、政策，故而也会在很大程度上影响城镇化的进程。当然，直接影响城镇化进程的往往是那些具体体制，如经济体制、社会体制。一般来说，计划经济体制以及与之相关的社会体制，往往会阻碍城镇化的进程，市场经济体制以及与之相关的社会体制，往往会促进城镇化的进程。另外，思想观念也会影响城镇化的进程，在城市人有天然优越感的观念下，往往会推进城镇化的进程，但也可能加大城乡之间的对立；在城乡人口地位平等的观念下，城镇化进程可能相对较慢，但也可能更为理性，更有利于城乡之间真正的融合。

这三大因素中，发展水平与发展战略对于城镇化的影响主要通过市场机制起作用，这种城镇化动力机制可称之为市场动力机制，由此产生的城镇化动能可称之为市场性动能；而制度观念对城镇化的影响，则主要通过政府的制度、政策起作用，这种城镇化的动力机制可称为政府动力机制，由此产生的城镇化动能可以称之为制度性动能。

对于农业现代化、城乡关系、城镇化的理论分析上，马克思主义理论与西方理论有一定的相通之处，但又各有侧重。对与农业现代化而言，马克思主义更侧重于从农业经营体制来探讨;西方理论则更侧重于从农业技术现代化道路路径来探讨。对于城乡关系以及城镇化的问题上,马克思主义理论更侧重于从生产方式演进的视角,探究城乡关系从分离到融合的历史变迁;西方理论则更侧重于从资源配置的视角,探究城乡结构从二元到一元的演进路径。应该说,两者视角不同,但都有可取之处,所以,综合来看,发展中国家的农业现代化与城镇化道路的分析,可以建立以下的逻辑框架,如图2-7所示。

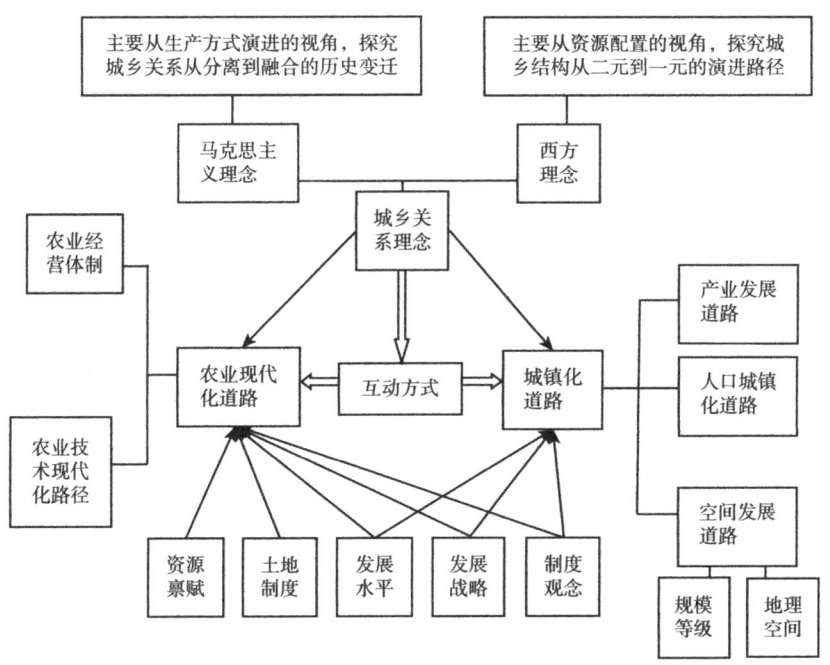

图2-7 发展中国家农业现代化与城镇化道路分析的逻辑框架

在这一逻辑框架中,农业现代化主要分析农业经营体制和农业技术现代化道路两个方面;城镇化主要分析城镇产业发展道路、人口城镇化道路和空间发展道路(包括城镇规模等级体系和城镇地理空间分布)三个方面,其中重点分析人口城镇化道路。农业现代化道路的影响因素主要包括资源禀赋、土地制度、发展水平、发展战略、制度观念五个方面;城镇化道路的影响因素则主要包括发展水平、发展战略、制度观念三个方面。当然,农业现代化与城镇化是两个紧密相关的内容,两者的互动方式很大程度上取决于该国的城乡关系理念,而在城乡关系理念的分析上,马克思主义理念与西方理念在视角上存在明显的区别,但都有可取之处,应该综合这两种理念进行分析。

中印两个国家是典型的发展中国家,所以这一逻辑框架也非常适合中印两国农业现代化与城镇化道路的比较分析。当然,发展战略、制度观念的内容总体上都由发展理念所决定,所以这些内容都将归入发展理念的分析之中。所以,本书的研究在总体上坚持绪论中所提出的基本思路框架,也就是在坚持三阶段比较分析的基础上,每一阶段的分析都是遵循这一逻辑框架,也就是都是先从基本的发展理念出发,再综合以上的各种影响因素,分析两国农业现代化和城镇化的推进过程,探讨每个阶段两者路径的异同、成就与不足。

# 第3章

# 初步探索阶段中印农业现代化与城镇化道路比较

根据三阶段分析的基本逻辑框架,初步探索阶段是中华人民共和国成立与印度独立以来农业现代化与城镇化的第一个阶段,这一阶段的时间跨度中国为1949年中华人民共和国成立后到1978年改革开放之前,印度为1947年独立之后到1990年拉奥政府大规模经济体制改革之前。这一阶段,中印两国都对农业现代化的技术路径和经营体制两个层面进行了探索,同时,在城镇化方面,两国也都有一定的起步,都取得了一定的成就,但也都存在明显的问题。

## 3.1 初步探索阶段中印基本发展理念比较

一个国家的具体发展道路取决于其基本的发展理念。当然,基本的发展理念与国情以及国家的战略目标具有极大的关系。在中华人民共和国成立与印度独立之初,中印两国在国情上具有极大的相似性,都有庞大的人口、广阔的国土空间,也都有悠久的文明、屈辱的近代历史以及落后的经济,正因如此,摆脱贫穷落后的经济面貌,迅速地推进国家的现代化,实现国家的真正自主发展,是这一阶段两国共同的战略目标。由于这种国情与战略目标的相似性,这一阶段两国的基本发展理念也具有明显的相似性,但也存在一定的区别。

## 3.1.1 两国都提出了社会主义的发展理念

中国的社会主义是深受苏联模式影响的社会主义,而印度的社会主义虽然在一定程度上也受到了苏联模式的影响,但本质上是一种中间道路。

中国是在马克思主义政党——中国共产党经过彻底革命后建立的国家,社会主义是革命时期就确立了的发展目标,虽然初期实行过一段时期的新民主主义,但很快就通过社会主义改造确立了社会主义制度。而中国的社会主义,一开始就是深受苏联模式影响的社会主义。这样的社会主义发展理念主要体现在两个方面:其一,在经济成分上,基本上是单一的公有制。在新中国成立初的新民主主义社会时期,中国本来也是一种多种所有制经济成分并存的局面,但是从1953年开始,经过三年左右时间的社会主义改造,最终确立了公有制的绝对主体地位,建立了社会主义的基本经济制度。在1956年我国的整个国民经济中,国营经济所占比重为32.2%,集体所有制经济所占比重为53.4%,公私合营经济占7.3%(这类经济成分后来基本都通过和平赎买的方式转化为国营经济),私营经济仅占0.1%,个体经济占7.1%。公有制(含国营经济、集体所有制经济和公私合营经济)所占比重达到93%。而在工业中,这一比重甚至高达98.8%。[①] 其二是在经济的宏观管理上,基本上都是计划调控的方式。这一阶段,中国的生产资料基本上实行的是计划分配,统一调拨,价格全部由政府来决定。消费资料虽然部分进入市场,但价格基本上是政府统一定价,也基本上不反映市场需求,因此也不是真正意义上的市场。

印度在1955年正式提出了构建社会主义类型社会的发展目标,[②] 但印度当时以 Nehru(尼赫鲁)为首的国大党人在独立斗争时期就推崇的介于资本主义与社会主义之间的中间道路。[③] 这一社会主义理念主要体现在两个方面。

(1)实行混合所有制,但强调公有制的制高点地位,对于私营经济实行了一定的限制。在确立社会主义社会的含义时,尼赫鲁就提出:"我不

---

① 苏星. 新中国经济史 [M]. 北京:中央党校出版社,1999:249.
②③ 林承节. 印度独立后的政治经济社会发展史 [M]. 北京:昆仑出版社,2003:31,151.

是在教条意义上使整个社会的利益受到监督,有很大的余地留给私人企业。"① 所以印度不仅让公有经济与私有经济共同存在,而且还明确划分了二者的经营领域。1948 年通过的《工业政策决议》就将二者的经营领域作了详细的划分。当时将印度工业分为四大部类。②

第一部类包括武器生产、原子能的生产和控制以及铁路运输的所有权和运营。这一部类完全由中央政府控制。

第二部类包括煤炭、钢铁、飞机制造、造船、电报、电话和收音机以外的无线电器材以及矿物油等。这些部门的新企业只能由国家承担。

第三部类由那些中央政府感到有必要进行计划和调节的基本的、重要的工业部门组成,其中包括盐、汽车、拖拉机、(牵引车)电气工程、重型机械、机床、重化工业品、化肥、电化学工业、有色金属、橡胶、电力和工业酒精、棉毛纺织、水泥、制糖、造纸和新闻纸、空运和海运、采矿以及与国防有关的工业。这类部门中私人可以参与,但国家必须起主导和控制作用。

第四部类包括所有上述企业以外的工业领域,这些领域向私营、个体和合作企业开放。

当然,后来基本上构成改革前印度工业政策基础的应该是 1956 年的《工业政策决议》,这部被称为"以《印度宪法》为政治蓝本而制定的一部经济宪法"③中,对公私经营的领域作了更为明确的界定,其中将工业部门分为三大部类。④

A 类是完全由政府负责的工业部门,基本上包括了 1948 年分类中的第一部类和第二部类。

B 类是那些逐步由国家所有并且通常由国家建立新企业的部门,基本上相当于 1948 年分类中的第三部类,这一类中私营企业可望成为国家力量的补充。

C 类是所有余下的工业部门,都留给私营部门。但国家还是要通过许可证的方式对它们的生产和分布进行管理。

---

① 林承节.印度独立后的政治经济社会发展史[M].北京:昆仑出版社,2003:151.
②③④ 鲁达尔·达特.K.P.M.桑达拉姆.印度经济(上)[M].雷启淮、李德昌、文富德、戴永红,等译.成都:四川大学出版社,1994:272,274,276.

后来的政策基本上是在 1956 年《工业政策决议》的基础上微调，混合经济的形式则一直保留下来。另外，印度的农业基本上属于私人部门。所以，在印度的经济总量中，私营经济一直占有较大的比重。

如表 3-1 所示，20 世纪 60~80 年代，印度农业、工业、运输、通讯和贸易产业中，私人部门都占有绝对的优势。社会和个人服务业中，私人部门也一直占 1/2 以上，金融和不动产业也只有到了 20 世纪 80 年代之后才略微低于 1/2。

表 3-1　　　　　印度私营部门在国内净产值中的份额　　　　　单位：%

| 年份 | 农业 | 工业 | 运输、通讯和贸易 | 金融和不动产 | 社会和个人服务 | 总计 |
| --- | --- | --- | --- | --- | --- | --- |
| 1960~1961 | 98.9 | 93.1 | 79.7 | 88.8 | 79.2 | 89.3 |
| 1970~1971 | 98.5 | 86.2 | 81.1 | 74.9 | 58.3 | 85 |
| 1982~1983 | 97.2 | 70.5 | 82.2 | 44.6 | 55.5 | 75.9 |

资料来源：《有关印度经济的基本统计》第 2 卷，1985 年 8 月。转引自鲁达尔·达特、K. P. M. 桑达拉姆. 印度经济（上）[M]. 雷启淮、李德昌、文富德、戴永红，等译，成都：四川大学出版社，1994：372。

（2）突出强调公平的发展理念。印度在第一个五年计划制订时就制定了四个长远目标：一是最大限度地增加生产以使国民收入和人均收入达到较高水平；二是实现充分就业；三是缩小收入和财富的不平等；四是建立一个以平等、公正和没有剥削为基础的社会主义社会。[①] 从这四大目标可以看出，印度独立之初就确立了经济增长与社会公平相结合的发展理念。尼赫鲁终其一生，都坚持了这样的发展理念。尼赫鲁去世后，两度执政的英迪拉·甘地虽在具体战略上有所调整，但将经济增长与社会公平相结合的发展理念从未放弃。1967 年，在其主导下国大党专门通过了公平取向的"10 点计划"，其中专门提到，要采取有效步骤，遏制垄断和经济权力的集中；要采取措施，保证整个社会最低限度的需要。[②] 至于 20 世纪 70 年代后期短暂执政的人民党政权，奉行的是甘地模式，这一模式的核心是强调政治经济权力的分散化，更加偏重实现社会公平，甚至为了实现社会公平

---

[①] 鲁达尔·达特. K. P. M. 桑达拉姆. 印度经济（上）[M]. 雷启淮、李德昌、文富德、戴永红，等译，成都：四川大学出版社，1994：232。
[②] 林承节. 印度独立后的政治经济社会发展史 [M]. 北京：昆仑出版社，2003：321，441。

在一定程度上忽视了经济增长。①

由此可以看出，中国的社会主义理念是当时一般意义的社会主义理念，印度的社会主义理念实为民主社会主义理念，本质上仍然属于资本主义的范畴。

## 3.1.2 两国都奉行赶超战略，但中国更为突出

中印两国在制定自身的发展战略时，由于都受到了苏联模式的影响，同时又都急于建立自身独立的工业体系，实现国家的自主发展，所以都不约而同地采取了赶超战略。两国的赶超战略理念主要体现在两个方面。

（1）强调重工业优先发展。重工业优先发展是苏联模式的一个重要特征，也是赶超战略的核心内容。中印两国为了迅速建立自身独立的工业体系，都把重工业放在优先发展的地位。中华人民共和国成立前夕中国人民政治协商会议发布的《共同纲领》中，就对新中国的工业发展做出了如下部署："应以有计划有步骤地恢复和发展重工业为重点，……以创立国家工业化的基础。"② 在国民经济基本恢复之后，依然明确提出优先发展重工业，认为这是实现社会主义国家工业化的中心环节。③ 在社会主义改造基本完成后，虽然提出要适当调整重工业和农业、轻工业的投资比例，农业、轻工业投资的比例要加重一点，但依然强调"重工业是我国建设的重点，必须优先发展生产资料的生产。"④ 实践中，从"一五"计划起就明确采取了重工业优先的发展战略。"一五"时期工业发展是以苏联援建的156个项目为核心，而这156个项目全部是重工业项目，这一时期重工业投资占工业总投资的88.8%，⑤ 在其后的三年"大跃进"时期（1958～1960

---

① 林承节.印度独立后的政治经济社会发展史[M].北京：昆仑出版社，2003：321，441.
② 中国社科院和中央档案馆.中华人民共和国经济档案资料选编（1949～1952，工业卷）[M].北京：中国物资出版社，1996：202.
③ 本社发展重工业是实现国家社会主义工业化的中心环节[N].人民日报，1954-03-03（1）.
④ 毛泽东思想基本著作选读[M].北京：人民出版社，2001：305.
⑤ 董辅礽.中华人民共和国经济史[M].北京：经济科学出版社，1999：300.

年）更是进一步强调发展重工业，重工业投资高达工业投资的89%①。后来虽曾在1962~1966年经济调整中有所改变，但"文革"之后又重新回到了优先发展重工业的轨道。这样做的结果是造成了国民经济的严重失调。1952~1978年，中国的基本建设投资中，重工业占51.3%，轻工业占5.9%，农业占11.4%，从而使1978年中国农轻重的比例变为27.8：31.1：41.1。②

　　印度同样明确提出了重工业优先发展的战略理念，尼赫鲁总理在印度独立后不久，就明确地提出："如果我们要工业化，头等重要的事情就是我们必须有制造机器的重工业。"③ 实践中，在第二个五年计划（1956~1961年）中，其设计师P. C. Mahalanobis（P. C. 马哈拉诺比斯）教授就明确提出了优先发展重工业的战略。在印度的"二五"和"三五"计划期间，印度政府对工矿业的投资中，80%左右用于发展重工业。④ 尼赫鲁去世后，夏斯特里（Shastri）和Indira Gandhi（英迪拉·甘地）等领导人虽然对于尼赫鲁战略有所调整，对农业、轻工业有所重视，但优先发展重工业的战略并没有放弃。在20世纪70年代后政府列出的核心工业中，仍然主要是钢铁、非铁金属、机械、石油化工等重工业。

　　当然，相对而言，中国在优先发展重工业理念上更为突出。中国在改革开放之前一直奉行而且坚定地执行了重工业优先的战略，而印度实际上从尼赫鲁去世之后就有所变化。另外，中国由于基本上是公有制为主体，工业基本上由国企来控制，其对国家战略的执行非常彻底，而印度一直是混合所有制经济，私有企业一直在工业中占有较大的比重，而私有企业主要发展的是轻工业，故其优先发展重工业的战略执行力度上远远不如中国。

　　（2）强调农业为工业发展服务。发展中国家赶超的核心是工业的赶

---

① 孙培钧. 中印经济发展比较研究 [M]. 北京：经济管理出版社，2007：79.
② 董辅礽. 中华人民共和国经济史 [M]. 北京：经济科学出版社，1999：8.
③ 1960年8月22日尼赫鲁就《第三个五年计划的大纲草案》在议会上的发言。转引自鲁达尔·达特，K. P. M. 桑达拉姆. 印度经济（上）[M]. 雷启淮、李德昌、文富德、戴永红，等译，成都：四川大学出版社，1994：252.
④ 巫宁耕. 战后发展中国家经济 [M]. 北京：北京大学出版社，1988：26. 转引自赵鸣歧. 印度之路——印度工业化道路探析 [M]. 上海：学林出版社，2005：157.

超,所以,在发展初期,农业为工业提供积累是普遍性的趋向,故而一般都强调农业为工业发展服务,这一点中印两国都很明显。尽管两国都意识到了农业发展的重要性,也都采取了一些制度变革、技术革命等措施推进农业的现代化,但从根本的发展理念上,实际上都是农业为工业发展服务。

中国农业为工业发展服务的理念主要体现在两个方面:第一,把农业作为工业资金积累的重要来源,这主要是利用工农产品的价格剪刀差,通过统购统销政策,使农业剩余向工业转移,这是中国工业化初创阶段农民为实现社会主义工业化做出的重大贡献。① 第二,利用农村解决城市工业有机构成提高所造成的就业问题,这主要是通过"知青下乡"的方式。"知青下乡"一方面提升了农村的知识文化水平,另一方面也解决了部分城市过剩劳动力的就业问题。据我国著名学者温铁军的估计,从1960年到1980年20年间,约有2000万城市过剩劳动力以"知识青年插队运动"到农村去,同时还有几乎相同规模的农村中学生作为"回乡青年"回到农村。②

印度也实行了相似的政策,首先,实行了内卷化的资本积累,在尼赫鲁时期,也采取了消极的农产品价格政策,③ 故意压低农产品价格,实际上也是为了创造工农产品的价格剪刀差,实现从农业部门到工业部门的"资源转移",推动工业化的快速发展,其实质很明显也是一种内卷化的资本积累。其次,同样有利用农业、农村解决城市工业化带来的就业问题的理念,例如,在尼赫鲁时期,农业技术上是想方设法挖掘传统农业技术的潜力,尽量利用"廉价的"劳动密集型农业技术,避免使用"昂贵的"资本密集的现代农业生产要素。④这种故意延缓农业现代化、机械化进程的做法,实际上也是为了防止农业技术进步挤出过多的农业人口,给城市的工业部门带来压力。

当然,相对而言,中国在农业为工业服务的理念上更为突出。首先,

---

① 中共中央党史研究室. 中国共产党历史,第二卷(1949~1978),上册 [M],北京:中共党史出版社,2011:214.

② 温铁军. 八次危机——中国的真实经验:1949~2009 [M]. 北京,东方出版社,2013:33.

③④ 王立新. 印度绿色革命的政治经济学:发展、停滞和转变 [M]. 北京:社会科学文献出版社,2011:56,117.

在改革开放之前,中国工农产品价格剪刀差一直存在;而印度只是在尼赫鲁时期实行了消极的农业价格政策,在夏斯特里执政后,农业价格政策就有所改变,英·甘地上台后,为了解决粮食安全问题,更是实行了积极的农业价格政策,故意提高农产品价格,刺激农场主进行农业生产,20世纪80年代后,印度虽然放弃了积极的农业价格政策,提出了合理的农业价格政策,但也没有再抑制农产品价格①。其次,中国实行了大规模的"知青下乡"运动,而印度从未采取这样的政策,其抑制农村人口向城市的流动主要是通过在农村发展乡村企业,增加农村的就业。

综合观之,无论是优先发展重工业还是在强调农业为工业服务上,中国都比印度更为突出,所以,就赶超战略理念的贯彻而言,中国显然比印度更为彻底。

## 3.2 中印土地制度改革与农业经营体制的初步探索比较

建立在基本发展理念的基础上,中印两国都对传统的农业制度进行变革,变革的核心内容是土地制度改革,在此基础上,两国对农业经营体制都进行了一定的探索。这种变革和探索存在一定的相似之处,但由于社会制度和发展理念上存在明显的差异,两国改革的具体方式和力度上存在明显的差别,两国在该阶段形成的农业经营体制也存在明显的不同。

### 3.2.1 变革前中印土地制度和农业经营体制概况

土地制度是农业中最重要的制度,基本的土地制度以及土地的实际占有状况决定一个国家的农业经营体制。中华人民共和国成立与印度独立之前,中印农村土地制度既有不同的一面也有相同的一面。不同的一面在于,中国早已完成了土地原始公有制向私有制转化的历程,而印度在英国殖民统治时代依然带有原始公有制的残余,相同的一面在于两国土地的实

---

① 王立新. 印度绿色革命的政治经济学:发展、停滞和转变[M]. 北京:社会科学文献出版社,2011:118.

际占有都不合理，在具体经营上都存在明显的封建剥削问题。

中华人民共和国成立前，中国是典型的土地私有制，土地基本归私人所有，且占有状况极不合理。占农村户数5%左右的地主占有耕地的40%～50%以上，占农村户数3%～5%的富农占有耕地的15%～20%，占农村户数90%的贫农、雇农、中农等总共仅占有耕地的20%～40%。① 在这样的土地占有状况下，中国虽有一定的自耕比重，但总体上以租佃经营、雇佣经营为主。在这样的经营方式下，占人口绝大多数的贫农、雇农饱受封建剥削，地主、富农收取的地租往往占农作物收成的50%左右，有的甚至高达80%。②

印度在独立之前实际上还没有完成原始公有制向私有制的转化，③ 其土地制度存在典型的公私二重性，即存在地权的分割性。土地的所有权、占有权和使用权在不同的人之间进行分割。独立之前，印度的土地所有权一般属于国家（即英印殖民当局）或村民公社，使用权属于耕种者（即农民），但占有权实际属于中间人，中间人制度是印度土地私有化未完成的主要表现，也是独立前印度土地制度最大的特色。具体来说，这种中间人制度主要有三类：Chaimindar（柴明达尔）、Mahalvar（马哈尔瓦尔）和Letval（莱特瓦尔）。其中，柴明达尔制是最主要的土地制度，在孟加拉、比哈尔、奥里萨、北方邦等地广泛实行。这种制度下，土地所有权实际属于英印殖民当局，土地由农民耕种，再由英印殖民当局在农村培养一个专门负责征收土地税的中间人阶层，即柴明达尔，由每个柴明达尔负责在其管辖的区域内征收土地税。这些柴明达尔由于具有永久或长期征收土地税的权力而成为土地的实际占有人，也就是农村的在外地主，这些在外地主还纷纷将土地转租给第二者，第二者再转租给第三者，层层转租，有的多达几十层，于是就产生了一个完善的中间人等级制度，这一制度下，农村地区实际上形成了四个与土地有关的阶层。第一层是柴明达尔；第二层是从柴明达尔那里租进土地并向柴明达尔缴纳地租的缴租地主；第三层是从

---

① 董志凯. 解放战争时期的土地改革 [M]. 北京：北京大学出版社，1987：3.
② 丛树海、张桁. 新中国经济发展史（1949～1998）[M]. 上海：上海财经大学出版社，1999：184.
③ 黄思骏. 印度土地制度研究 [M]. 北京：中国社会科学出版社，1998：3.

柴明达尔或缴租地主那里租进土地,并根据租佃法取得了永佃权的永佃农,第四层是从上述三个阶层中任何一个阶层租进土地,但没有永佃权的非永佃农。最终这种制度的全部重担都压在实际耕种的农民身上,其中主要是非永佃农身上。非永佃农的土地租金一般都在土地产出的 1/2 以上,部分高达 2/3。① 马哈尔瓦尔制稍有不同,在这一制度中,土地所有权属于农村公社,名义上村社土地归公社成员联合占有,村社成员共同负责土地税,由村长负责征收,村长在征收过程中提取 5% 的佣金。但后来村长也有向柴明达尔即中间人转化的倾向,也就是说村长也成为了土地的实际占有人,这一制度主要实行于中央省、联合省、旁遮普邦等地,相对而言,这一制度下农民所受剥削程度较轻。莱特瓦尔制则是一种土地由个体占有,由占有者直接向国家交付土地税的制度。在这一制度下,莱特只要交付评定的土地税,就享有永久的租佃权,也能够将土地转租,这样一来,通过转租之后,这些莱特又有向中间人转化的倾向,这一制度主要实行于马德拉斯省、孟买省、阿萨姆等地。这一制度下实际耕种的农民地租相对于柴明达尔制稍轻一点,但也达到 1/3~1/2。②

总之,尽管变革前两国在土地制度和经营体制上存在较大差别,但实际耕种的农民都承受了严重的剥削。改革这种剥削制度,减轻实际耕种的农民负担,以此来推进农业的发展,是两国实行土地制度和农业经营体制改革共同的目标。

### 3.2.2 中国土地制度改革与农业经营体制的初步探索

#### 3.2.2.1 中国的土地制度改革

中国的农村土地经营制度改革在改革开放之前已经进行了两次。

第一次改革就是一般所说的"土改"。这种改革事实上在中华人民共和国成立前的革命时期就一直在解放区进行,中华人民共和国成立之后就开始在全国推行。这次总的来说是一次以"耕者有其田"为宗旨的变革,

---

①② 黄思骏. 印度土地制度研究 [M]. 北京:中国社会科学出版社, 1998:223, 239.

其内容是将封建地主土地所有制转变为农民土地所有制,其基本的方式是没收封建地主的土地按人头平分给农民,在这场改革过程中,农民既获得了土地的使用权也获得了土地的所有权。土地改革运动从本质上讲并没有改变农村土地的私有制,只是私有的主体由地主变为农民。

第二次变革发生在社会主义改造时期,其核心内容是通过合作化的方式将农民引向集体所有制经营的道路,实现由两权私有向两权公有的变革,这应该是中国在这一阶段最主要的土地制度改革。实行这一次土地制度改革,对于当时的中国来讲应该说是必须的。首先,这是走社会主义道路的需要。因为马克思主义经典作家都认为社会主义国家在农业中必须实行集体所有制,所以以毛泽东同志为核心的党的第一代中央领导集体也认为,农业"个体所有制必须过渡到集体所有制,过渡到社会主义"。[1] 对于农业集体所有制的实现形式,由于当时的社会主义国家基本上都是实行集体农庄,中国自然也不能例外。其次,从推进中国农业现代化本身来说,合作化、集体化也是必须的。当时中国领导人对农业现代化的基本认识是合作化+机械化,合作化是机械化的前提。所以,将"农业和手工业由个体所有制转变为社会主义的集体所有制……必然使生产力大大地获得解放"。[2] 具体来说,当时的中国领导人认为,实行集体所有制,可以从以下两个方面推进中国的农业现代化。

其一,土地集体所有制有利于集中国家力量对农业进行投入,包括资金投入与钢铁、煤炭、石油、化肥、良种、农膜、生产工具等农用工业产品的投入。发展现代农业需要资金与技术的投入,以发展集约化生产。而农民土地个体所有制严重限制了生产规模,无力承担大量人力物力与财力的投入。这方面,毛泽东等人指出,工业生产的农业机械、化肥、现代运输工具等,"所有这些,只有在农业已经合作化的大规模经营的基础上,才有使用的可能,或者才能大量的使用"。[3]

其二,土地集体所有制有利于国家集中力量进行农田改造,加强农田水利灌溉设施的普及,对瘦田、薄田进行有效改造。正是建立在这些认识的基础上,在刚刚实行土改之后甚至在土改的过程中,以互助组、合作社

---

[1][2][3] 教育部社会科学研究与思想政治工作司组. 毛泽东思想基本著作选读[M]. 北京:人民出版社,2001:263,287,303.

等形式的土地使用权公有的变革就已经开始进行。从1953年过渡时期总路线提出之后,农村的合作化运动就迅速走向高潮,通过互助组、初级社、高级社等形式,经过3年左右的时间,基本上完成了农业的合作化。到1956年12月底,全国农村中各种合作社达到76万个,入社农户达到11783万户,占全国农户总数的96.3%。①

### 3.2.2.2 农产品流通制度改革

在进行合作化运动的同时,新中国在农产品流通体制上也进行了一场大改革,将农产品由市场交易改变为统购统销。这场改革从1953年开始。1953年10月的全国粮食会议上,为了从保证城市粮食的供应,中共中央做出了《关于实行粮食的计划收购与计划供应的决议》,其中提出,为了从根本上解决粮食问题,中央决定:(1)在农村向余粮户实行粮食计划收购(简称统购)。(2)对城市人民和农村缺粮户实行粮食计划供应(简称统销)。(3)由国家严格控制粮食市场,对私营粮食工商业进行严格管理,严禁私商自由经营粮食。(4)实行在中央统一管理下,由中央与地方分工负责粮食管理。根据这一决议,政务院于1953年11月23日正式颁布了《关于实行粮食的计划收购和计划供应的命令》和《粮食市场管理暂行办法》,规定生产粮食的农民按照国家规定的收购良种、收购价格和计划收购的分配数量,将余粮交售给国家,一切从事粮食经营和粮食加工的粮店、工厂,统一由粮食部门领导等。② 由此,粮食的统购统销政策正式形成。1953年底,对于食用油也做出了相似的规定,1954年9月,政务院又发布了《关于棉花计划收购的命令》,这样,逐步建立了覆盖所有主要农产品的统购统销制度。农业合作化实现之后,粮食的统购不再以农户为单位,而以社为单位,统购统销政策得到了更彻底地执行。

### 3.2.2.3 人民公社化运动与集体经营体制的最终形成

在合作化与农产品统购统销制度基本建立后,中国又发起了人民公社

---

① 国家统计局. 我国国民经济建设和人民生活 [M]. 北京:统计出版社,1958:184.
② 丛树海,张桁. 新中国经济发展史(1949~1998) [M]. 上海:上海财经大学出版社,1999:202-203.

化运动。这场运动于 1958 年开始。1958 年 8 月,在毛泽东的指示下,河南省诞生了中国第一个人民公社——七里营人民公社。随后,中共中央召开政治局扩大会议,通过了《关于在农村建立人民公社问题的决议》(以下简称《决议》),决定在全国建立农、林、牧、副、渔全面发展以及工、农、商、学、兵互相结合的人民公社,人民公社一般以一乡一社,一社一般两千户左右。[①] 虽然《决议》中提出人民公社仍实行集体所有制,但认为这种集体所有制中存在全民所有制的成分,这些全民所有制的成分不断增长,将最终取代集体所有制。从这个决议可以看出,当时认为人民公社的最终目标是全民所有制。但这一运动以及紧接着进行的"大跃进",造成了对中国农业生产极大的破坏,再加上严重的自然灾害,最终导致了一场大饥荒。在严重的灾荒面前,中国农业政策开始回调,1960 年,中共中央发出了《关于农村人民公社当前政策的紧急指示信》,即《农业十二条》,提出在农业生产经营上要实行公社、大队、生产小队三级所有,以生产小队(后改称生产队)为基础。1962 年中共八届十中全会正式通过了《农村人民公社工作条例修正草案》(简称《农业六十条》),其中明确规定,人民公社的基本核算单位是生产队。人民公社的组织可以是两级,即公社和生产队,也可以是三级,即公社、生产大队、生产队。[②] 自此之后,也就不再提出要把人民公社向全民所有制过渡,农业经营体制最终确立为"三级所有、队为基础"的集体所有、集体经营体制。

## 3.2.3 印度土地制度改革与农业经营体制的初步形成

### 3.2.3.1 印度土地制度改革

独立之后,印度政府也迅速进行了土地制度的改革,在 1949 年《国大党土改委员会报告》中就提出了关于土地改革的各项建议,这些建议包括:要全面改革国家的土地制度,取消国家和耕种者之间的各类中间人;

---

① 中共中央关于在农村建立人民公社问题的决议 [J]. 法学研究, 1958 (10).
② 中国社会科学院、中央档案馆编. 1958~1965 年中华人民共和国经济档案资料选编(农业卷)[M]. 北京: 中国财政经济出版社, 2011: 125.

实行耕者有其田，但禁止转租土地，寡妇、未成年者和其他没有劳动能力的人除外；佃农连续耕种土地6年以上可自动获得完全的永佃权；土地所有者可在一定时期内收回出租土地自耕，直到规定的最高限额为止，但只有那些参加最少量体力劳动与实际农业经营的人才算亲自耕种土地；佃农有权按地区土地法庭规定的合理价格购买土地，并应得到适当的财政机构的帮助；保护各类佃农免遭高额地租和非法收敛，立即阻止各种逐佃。①这一报告的建议实际上成为后来印度土地改革的基本原则和基本内容。根据这些建议，独立之后印度的土地制度改革主要包括三个方面。

(1) 废除中间人剥削制度，使实际耕种者直接和国家联系，同时给予中间人以适当的补偿。根据《国大党土改委员会报告》的精神，1949~1955年，印度各邦政府先后制定了废除柴明达尔等"中间人"的土改立法。这些立法主要包括两个方面的内容，一是如何处理柴明达尔的地权；二是如何处理柴明达尔底下的缴租地主和永佃农的地权。对于柴明达尔的地权，主要有两种做法：一是给予柴明达尔一定的补偿金，取消柴明达尔的税收征收权及其他与之相关的权力，征用他们多余的土地。据统计，印度全国给予柴明达尔的补偿金预定总额为41.34亿卢比，加上重建费和利息，补偿总额高达66.466亿卢比。当然，这笔钱并不是政府负担，而是由原柴明达尔的佃户负担的，因为佃户要想得到他耕种的土地，必须向政府高价购买，政府则用这笔收入的4/5用于补偿柴明达尔，1/5用于作为废除中间人的行政费。二是允许柴明达尔保留自留地，并以"自耕"的名义收回部分出租地而成为新地主。在这种方式下，只要原柴明达尔所占有的土地不超过最高限额，即可无偿获得这些土地的所有权，由此成为真正的地主。对于缴租地主和永佃户，政府先赋予他们实际上的土地所有权，按原有的租额向政府纳税，后在政府重新丈量土地后，另定赋额，一般稻田不超过产值的1/5，其他农田不超过1/10。不过，值得注意的是，在印度土改过程中，基本上把中间人等同于柴明达尔，对于其他形式的中间人基本上没有触及。②

(2) 进行租佃制改革，调整地租、保障佃农的租佃权和允许佃农购买

---

①② 黄思骏. 印度土地制度研究 [M]. 北京：中国社会科学出版社，1998：285, 290, 293.

土地。租佃制改革是柴明达尔制地区废除中间人制度的有机组成部分,更是莱特瓦尔制地区土改的中心内容。在废除中间人之后,为了切实减轻实际耕种者的负担,印度政府又明确地规定租金不应超过社会公正的标准,因此,在印度第一、第二个五年计划中建议,租金不应超过总收成的1/4或1/5。① 当然,在各邦土改立法时,有的规定高于这一数字,例如,安德拉邦规定水田为30%,旱地为25%;也有的低于这一数字,例如,古吉拉特邦规定为1/6。② 同时,为了防止废除中间人制度导致的大规模逐佃行为,在1949年《国大党土改委员会报告》中规定佃农连续耕种土地6年以上可自动获得完全的永佃权的基础上,国家计划委员会又在"二五"计划期间规定,要给予所有佃户充分的租期保障,中间人在以"自耕"的名义收回土地重新占有时,必须保障原来佃户最低面积的租佃权。也就是说,在任何情况下,佃户都不能交出持有的最低面积;③同时,佃农被赋予购买土地的权力,当然,这一点在实行柴明达尔制的地区,有的对身份进行了限制,例如,北方邦规定非永佃农没有购买土地的权利,西孟加拉邦规定分成农没有购买土地的权力,但莱特瓦尔制地区则规定不管是永佃农还是非永佃农都有购买土地的权力。④

(3) 规定土地持有的最高限额。为了保障无地、少地的农村劳动者最基本的土地需求,印度政府认为,"重新分配土地显得绝对必要"。⑤但印度重新分配土地的方式和中国不一样,不是将所有土地收归国有或集体所有,再重新分配,而是规定土地所有者持有土地的最高限额,将大土地者超出最高限额的土地收归公有,再重新分配给无地、少地的农村劳动者。为此,1949年《国大党土改委员会报告》中就提出了三个重要概念:经济持有地单位、基本持有地单位和最佳持有地单位。经济持有地单位能够对耕种者提供合理的生活水平和对至少有两头耕牛的中等家庭提供充分就业的土地面积,当然具体面积因各地的情况不同而有所差别。基本持有地单位是指面积低于经济持有地单位、需要以各种方式加以扶助的土地持有单位。最佳持有地单位为经济持有地单位的3倍,是土地的最高限额。不过

---

①③⑤ (印) 鲁达尔·达特, K. P. M. 桑达拉姆. 印度经济 (下) [M]. 雷启淮,李德昌,文富德,戴永红,等译,成都:四川大学出版社,1994:58-63.
②④ 黄思骏. 印度土地制度研究 [M]. 北京:中国社会科学出版社,1998:286-306.

当时并没有提出实行土地最高限额的具体政策，20世纪50年代末，废除中间人和租佃制度改革基本完成后，国大党则正式要求各邦对土地的最高限额进行立法，规定现有土地的最高限额和今后所得土地的最高限额，超过限额的剩余土地归"村会"，由无地农工组成的合作社经营管理。在此之后，各邦都开始制定相关立法，但是，在1972年之前，由于国大党没有形成国家指导路线，各邦基本上是自行其是，规定的最高限额差异很大。例如，喀拉拉邦现有土地的最高限额只有15英亩，旁遮普邦达到60英亩。今后，北方邦新的土地的最高限额只有12.5英亩，比哈尔、阿萨姆等邦达到30英亩。单位也没统一，有的邦以家庭为单位，有的邦以个人为单位。另外，各邦的立法中还规定了种种例外，如种植园，糖厂所有的甘蔗田、果园，奶场所有的放牛场、牧场，连成一片的大农场，经营好的农场，机械化的农场，投资多的农场，等等。[①]

由于限额高，例外多，又允许私下转移，因此，即便限额法完全实施，也得不到多少重新分配的土地。根据印度的《1976年国家农业委员会报告》，20世纪60年代各邦立法后，全印度范围内，也只交出了100万公顷的剩余土地，[②]这对于拥有14100万公顷净播种面积的印度来说，可以说是微不足道。

针对20世纪60年代最高限额立法几乎无效的状况，1972年政府在德里召开的各邦首席部长会议上，制定了"国家指导路线"，该指导路线主要包括如下内容：一是降低土地所有最高限额，一年至少保证两熟灌溉的最好土地，最高限额可在10~18英亩内变动；二是统一最高限额的使用单位，一律以家庭为单位，家庭以五口之家为标准；三是减少不受限额限制的例外规定；四是地主为了逃避土地限额立法而私下转移的土地无效。[③]根据这一指导路线，1972年下半年至1973年，各邦大都对原有土地所有最高限额法进行了修改，印度的土地最高限额改革由此也进入一个新的阶段。这一阶段虽在制度上有明显的改进，但从实际执行来看，依然无多大的起色。截至1986年12月，全印度宣布剩余的土地也只有7606131英亩（3078159公顷），真正分配的土地更只有4465960英亩（1807349公顷）。[④]

---

①②③ 黄思骏. 印度土地制度研究 [M]. 北京：中国社会科学出版社，1998：307-309.
④ 姜述贤. 独立以来印度农村土地关系的变化 [J]. 南亚研究季刊，1987（4）.

### 3.2.3.2 印度农业合作化运动

在开展土地改革的同时，印度也开展了农业合作化运动。在这方面，印度明显受到了中国的影响，20世纪50年代尼赫鲁曾两次派代表团来中国考察农业合作化运动。印度合作化运动中，建立的农业合作社大体上可以分为四类：信贷合作社、销售合作社、生产合作社和服务合作社。其中主要是信贷合作社和生产合作社。信贷合作是印度合作化运动的重要内容，20世纪50年代印度就提出了要在每一个村庄建立一个村评议会、一个合作社和一所学校的目标，这里合作社指的就是信贷合作社。这种信贷合作社主要是向农民提供短期贷款，把农民从高利贷的魔掌中解救出来。印度农村的这种信贷合作社主要是初级农业信贷社，通常由一个村庄的10人或更多人开始，每一股的价值极低，即使最贫困的农民也能成为其中的社员，合作社向村民提供的短期贷款期限通常是1年，利率极低。合作社的利润不能作为股息由股东分配，而是用于乡村的福利，如修筑水井或维修学校等。印度的初级信贷社发展很快，很快遍及全印，50%以上的农村成员是初级农业信贷社社员，信贷能力提高也比较明显（见表3-2）。除初级农业信贷社之外，印度还以县为单位建立了中心合作银行，甚至还以邦为单位建立了邦合作银行。这种合作信贷体系的建立，对于解决农民的信贷问题起到了重大的作用，打破了高利贷者在农村地区的垄断地位。这一体系建立之后，印度农民寻求贷款的60%以上由合作社提供，高利贷者提供的比例由70%降到37%以下。①

表3-2　　　　　　　印度初级农业信贷社的发展情况

| 项目 | 1950~1951年 | 1960~1961年 | 1989~1990年 |
| --- | --- | --- | --- |
| 合作社的数量（万个） | 10.5 | 21.0 | 8.9 |
| 本年度贷款额（亿卢比） | 2.3 | 20.0 | 479 |

资料来源：（印）鲁达尔·达特，K.P.M.桑达拉姆.印度经济［M］.雷启淮，李德昌，文富德，戴永红，等译.成都：四川大学出版社，1994：110.

---

① （印）鲁达尔·达特，K.P.M.桑达拉姆.印度经济（下）［M］.雷启淮，李德昌，文富德，戴永红，等译.成都：四川大学出版社，1994：109-119.

合作化运动的另一个重要方面是农业生产上的合作。印度建立的农业生产合作社主要有两种：一种是联合耕种社；另一种是集体耕种社。参加联合耕种社的社员有贫苦农户（包括无地农户）、中等农户和大农户，在这种合作社中土地仍归各自的农户所有，但将土地集中起来联合耕种，在分配中实行按劳分配和按红分配两种形式。即社员按日出工领取工资，再进行按劳分红和按土地分红，这种合作方式类似于中国的初级社。参加集体耕种社的则以无地农户为主，通常是在新开垦的荒地上安置无地农户而组织起来的，这类合作社的土地所有权既不属于农民，也不属于合作社，而是属于政府。入社之后，土地归合作社集体使用，分配上还是实行按劳分配和按红分配两种形式，这种合作方式与中国的高级社有点类似。不过，和信贷合作社的飞速发展不同，印度的生产合作社则一直只是在极小的范围内。联合耕种社在顶峰时只有5302个，社员人数达16.1万，集体耕种社在顶峰时只有4635个，社员人数达16.3万。[①] 20世纪70年代后，这两种生产合作社都呈下降趋势。

### 3.2.3.3 农产品流通体制变革

在农产品的流通体制上，独立后，印度并没有像中国一样采取统购统销政策，印度农产品的流通基本上还是通过市场，政府实际上对于农产品的流通体制进行了一定的变革，这种变革主要体现在两个方面。

（1）干预农产品的价格。为了达到政府特定的目标，印度政府并没有让农产品价格完全由市场需求决定，而是通过政府的行为有意地控制或引导农产品价格的走向。在尼赫鲁政府时期，政府为了降低工业化的成本，对农产品采取了"消极的价格政策"，主要通过管制自由市场的手段使政府更多地收购农产品，最终由政府来统一销售，同时从美国进口大量农产品，改变市场的供求结构，降低农产品价格。但在20世纪60年代初，由于农产品出现了短缺，为了解决粮食安全问题，夏斯特里和英·甘地政府完全放弃了"消极的价格政策"，改为"积极的价格政策"，政府通过高于自由市场价格的最低支持价格大量收购农产品刺激

---

① 黄思骏. 印度土地制度研究 [M]. 北京：中国社会科学出版社，1998：312.

农业生产；80 年代后，为了抑制农产品价格的过快上涨又改为了"合理的价格政策"。① 政府放弃以最低支持价格收购农产品，让农产品价格更多地由市场供求决定。

（2）建设农产品的规则市场和销售合作社，确保农民得到公平的农产品价格。独立之初，印度农产品的销售主要是卖给乡村高利贷者兼商人，少部分是通过"海特"（hat，即每周的农村市场）和城镇"曼地"（城镇市场）。卖给高利贷者实际上遭受了中间人的剥削，而"海特"和"曼地"又相对较远，农村的运输条件差，成本较高。为了改变这种局面，印度政府首先进行了规则市场建设。这样的市场通常建在离农产品生产地较近的地方，由政府、司法部门、商人、代理商和农民的代表组成的市场委员会来管理，由于管理规范，农民不会再受到中间人的剥削，基本上确保了公平的价格。这样的规则市场建设从"二五"计划就已经开始，到 1988 年全国农业规则市场超过 6050 个。除此之外，印度政府还推进了农产品销售合作社的建设。当然这也是印度合作化运动的一部分。这种销售合作社通常和信贷合作社相联系，或者结合成为多功能合作社，由合作社统一销售农民的产品，这对于农民得到公平的市场价格也起到了重要作用。到 20 世纪 80 年代，全印度建立了 5920 个以上的初级销售合作社，合作销售网络基本覆盖了全国。②

### 3.2.3.4 印度农业经营体制的初步形成

通过土地制度改革、合作化运动以及在流通领域进行的变革，印度初步形成了其基本的农业经营体制。正如其基本发展理念一样，印度的农业经营体制也显示出了明显的混合性。其经营的基本单位是建立在私有制基础上的小型家庭农场，但也存在一定的大中型家庭农场以及合作农场，个体经营、合作经营、租佃经营并存。农业的生产经营总体上由农户自主进行，但政府为了特定的目标，在生产、销售等各个环节上都有较深的介

---

① 王立新. 印度绿色革命的政治经济学：发展、停滞和转变 [M]. 北京：社会科学文献出版社，2011：118.
② （印）鲁达尔·达特，K. P. M. 桑达拉姆. 印度经济（下）[M]. 雷启淮，李德昌，文富德，戴永红，等译，成都：四川大学出版社，1994：147，151.

入。值得注意的是，虽然20世纪90年代印度在经济体制上进行了一场大规模的变革，但农业经营体制却没有太大的变动，所以，可以说，经过这些制度变革之后，印度的农业经营体制已经初步形成。

## 3.2.4 初步探索阶段中印土地制度变革与农业经营体制的异同

综观两国在这一时期农村的土地制度变革和农业经营体制的探索，可以发现两国在基本理念、改革内容上存在一定的相似之处，但改革的根本方向和改革的力度存在明显的差异，因而改革后所形成的农业经营体制存在极大的差别。

（1）两国的探索中都体现出了社会主义和赶超战略理念，在改革内容上存在明显的相似之处。社会主义和赶超理念是中印两国这一时期基本的发展理念，两国在农业制度变革中很明显都体现出了这两个基本的发展理念。正因为如此，两国在改革内容上具有明显的相似性。例如，两国的土地制度改革中，中国直接将地主土地没收，平均分配给农民，印度废除中间人制度，并提出土地的最高持有额的限制，都是为了保护贫苦农民的权利，都体现出了社会主义的公平理念。后来两国都进行了合作化运动，虽然两国合作化运动在内容上存在极大的差别，但从合作化运动本身来看，都体现了社会主义的集体化理念。另外，两国的改革中也都体现出了赶超战略中的农业为工业发展服务的理念。两国的土地制度改革，虽然是为了实现社会主义的公平理念，但同时也是为工业积累提供条件。中国通过两次土地制度改革，实现了农业的集体化经营，这样既保证了农业税的征收，又为工业提供积累创造了基本的制度环境。印度对中间人制度的废除，一方面当然是为了减轻实际耕种的农民的负担，另一方面实际上也是为征集农业剩余、实现农业剩余向工业的转移创造条件。印度政府在收购柴明达尔等中间人多余的土地后，并非无偿地将土地分配给佃农，而是由原佃农向政府赎买。印度政府支付给柴明达尔的补偿金并非"充分补偿"，而只是所谓的"公正和合理的补偿"，一部分以行政费的方式收归政府。另外，土改之后，农民不再向中间人缴费，改为向政府交税，这样，印度政府就最大限度地把农业剩余集中在自己手中。① 通过这样的途径，土改之后，印度政府仅田赋收入总额就几乎增加了1倍。据统计，1950～1951年，印度田赋收入只有4.96亿卢比，到1960～1961年就增至9.72亿卢比。② 另外，在流通体制上的改革更是体现了农业为工业服务的理念，中国通过统购统销制度，保证了农产品的长期低价，使工业化能够低成本地推进。印度虽允许自由市场一定程度上的存在，但政府对于农产品的价格以及市场本身，也都进行了一定程度的控制，这种控制也明显是为工业化提供积累服务。

（2）两国发展理念本身的差异，导致了两国明显不同的改革方向，最终形成了两种不同的经营体制。如前面所述，虽然两国这一阶段的基本发展理念都是社会主义和赶超战略理念，但在对这两种理念本身的认识上，中印两国是存在极大差异的，特别是在社会主义的认识上，两国存在根本性的不同。中国的社会主义理念是马克思主义的经典社会主义理念，在这种理念下，不仅要追求公平的价值目标，而且要通过建立单一的生产资料公有制来实现。而印度的社会主义理念只是一种民主社会主义理念，这种理念只是追求一种公平的价值目标，而在实现途径上却没有要求建立单一的公有制，工业中还有对公有制制高点地位的强调，农业中则根本没有提出公有制的目标，而只是使土地的分配相对公平。赶超战略理念的认识虽有相似之处，但中国的贯彻也更为彻底。正因为这种发展理念本身的差异，导致了两国在农业制度上两种明显不同的改革方向，中国将集体农庄作为改革的基本方向，最终也形成了"三级所有、队为基础"的集体经营体制。印度则一开始就提出了混合农业经营体制的理念。1949年《国大党土改委员会报告》中就提出了农业的经营方式应该分为四类：家庭农场、联户合作耕种、集体农庄、国营农场。③ 最终形成的农业经营体制，实际上也是这样一种混合经营体制，不过，由于印度合作化运动主要是在信贷领域，生产合作比较少，所以带公有制属性的联户合作耕种、集体农庄、国营农场比例都比较少，私有家庭农场占绝对主体地位。

---

① 王立新. 印度绿色革命的政治经济学：发展、停滞和转变 [M]. 北京：社会科学文献出版社，2011：53.
②③ 黄思骏. 印度土地制度研究 [M]. 北京：中国社会科学出版社，1998：286，316.

（3）两国改革及执行力度上也存在明显的差别，使两国在改革的效果上存在明显的差异。不仅改革的内容存在很大的区别，两国改革的力度也存在明显的差异。总的来说，中国的改革非常彻底，而印度的改革具有明显的妥协性和不彻底性。当然这与两国的执政党以及政治制度有很大的关系。中国共产党本身就是一个革命性极为彻底的政党，革命胜利后完全掌控到了中国经济社会的资源，所以政策的执行非常彻底。而印度的独立本身就是与原殖民者妥协的结果，独立后尽管国大党长期执政，但反对力量一直存在，一度还曾出现政党轮替，国大党内本身也不是铁板一块，所以有的政策本身就具有妥协性，例如，废除中间人制度时，仅仅废除了柴明达尔，而对于带有明显中间人性质的莱特等则没有相关规定。又如，关于土地最高限额的规定，不仅范围太大，1972年以前，安得拉邦的上下限为27~324英亩，拉贾斯坦邦为27~216英亩，[①]而且还提出了很多种例外的情况，那些大地主完全可以利用各种例外转移土地。另外，执行上，由于以地主、高利贷者和商人为代表的既得利益集团的抵制，作为弱势群体的贫农又没有强大的组织，所以极不彻底。因而土改的结果是，印度只是废除了中间人制度，而土地的占有依然严重不平等，见表3-3。

表3-3　1982年印度各种土地持有者户数及持有土地所占比重　　单位：%

| 项目 | 边际持有者 | 小持有者 | 半中持有者 | 中等持有者 | 大持有者 |
| --- | --- | --- | --- | --- | --- |
| 户数 | 62.38 | 16.58 | 12.16 | 7.22 | 1.61 |
| 土地持有 | 12.2 | 16.49 | 23.38 | 29.83 | 18.08 |

注：边际持有者土地持有少于1公顷，小持有者为1~2公顷，半中持有者为2~4公顷，中等持有者为4~10公顷，大持有者为10公顷以上。

资料来源：黄思骏．印度土地制度研究 [M]．北京：中国社会科学出版社，1998：322-323．

另外，租佃改革也存在明显的不彻底性，虽然有保障佃户租期以及固定租金的法令，但地主却利用各种制度的漏洞进行逐佃，结果反而使原来的佃户降到分成农的地位，处境更为糟糕。

正因为两国的改革及执行力度存在如此大的差异，两国改革的效果也

---

① （印）鲁达尔·达特，K. P. M. 桑达拉姆．印度经济（下）[M]．雷启淮，李德昌，文富德，戴永红，等译．成都：四川大学出版社，1994：68．

存在巨大的差异，中国通过这一阶段的改革彻底改变了封建土地制度，建立了社会主义的土地制度，尽管由于当时对社会主义的认识导致了农业经营体制过于单一，但为后来中国农业经营体制改革确立了基本的制度性基础。而印度的改革虽然也在一定程度上改善了贫苦农民的地位，并为后来印度农业资本主义的发展确立了一定的制度基础。但这种不彻底性导致改革的效果大打折扣，这也是导致印度农村封建剥削很难真正消除的根本原因。

## 3.3 中印农业技术现代化道路的初步探索比较

农业现代化的推进既需要通过制度改革构建合理的农业经营体制，也需要根据自身的资源禀赋、经济发展水平以及整个国民经济的发展战略制定合理的技术现代化路径。中华人民共和国成立与印度独立在通过土地改革等探索农业经营体制的同时，对于两国的农业技术现代化道路也进行了初步的探索。

### 3.3.1 资源禀赋约束下中印农业技术现代化道路的理论探讨

现代农业技术总的来说可以分为两类：一类是以提高劳动生产率为目标的"劳动节约型"技术，主要是机械化技术；另一类是以提高土地生产率为目标的"土地节约型"技术，这主要包括水利和生化技术。根据诱致性技术创新理论，一国农业技术现代化道路的选择取决于其资源禀赋，即劳动和土地的相对稀缺程度及其动态变化，另外也取决于这个国家整个国民经济的发展水平和发展战略。

从资源禀赋来看，中印两国总的来说都应该属于劳动力丰富和土地稀缺的国家。资料显示，1961年中国人均耕地面积为0.16公顷，印度为0.35公顷，而世界平均为0.37公顷。中国只相当于世界平均水平的43%，而后，由于中国人口增长率高于世界平均水平，到了20世纪70年代，这一比值甚至降到了40%以下①。当然，如果单从这一数据来看，印度比中国要明显好一些，人均耕地面积只是略低于世界平均水平。但除了耕地面积之外，其他与农业发展相关的资源禀赋上，中国又明显好于印度，例如，中国的草原面积到达2.6亿公顷，森林面积达到1.25亿公顷，而印度则分别只有0.12亿公顷和0.67亿公顷②，虽然中国人均草原面积也不足世界的60%，人均森林面积也不足世界的30%，③但印度在这些资源上则远远低于世界平均水平。所以，总的来说，中印两国都是人均农业资源明显低于世界平均水平的国家，再加上由于该时期中印两国工业化水平极低，农业人口占比都很高，中国在改革开放前农业人口占比达到80%左右，印度也达到70%左右④，都明显高于世界平均水平。因此，平均每个农业劳动力资源则更是远远低于世界平均水平。根据诱致性制度创新理论，中印两国明显都应该走"土地节约型"技术优先的道路。另外，在较低的经济发展水平下，中印两国都应该先考虑农业的经济功能，即先考虑粮食等基本农产品的供给问题，再加上当时两国都是采取的重工业优先发展的赶超战略，更应该优先考虑"土地节约型"技术。

### 3.3.2 中国关于农业技术现代化道路的初步探索⑤

在技术现代化道路上，这一时期中国采取的是生化、水利、机械技术全面推进的道路。生物技术主要是选育品种的问题，这一点实际上在中华人民共和国成立前就已经开始，20世纪40年代中国就育成了小麦杂交品种"碧蚂1号"，不过没有很好的推广，到1949年，推广面积只有300万亩，而农业合作化运动之后，只有几年时间，1956年就扩大到5500万亩，后来的新品种基本上都能迅速推广，例如，矮秆水稻品种——矮秆南特号

---

①③ 何传启.中国现代化报告2012——农业现代化研究[M].北京：北京大学出版社，2012：147-148.

② 孙培钧.中印经济发展比较研究[M].北京：经济管理出版社，2007：2.

④ （印）鲁达尔·达特，K. P. M. 桑达拉姆.印度经济（下）[M].雷启淮，李德昌，文富德，戴永红，等译.成都：四川大学出版社，1994：13.

⑤ 丛树海，张裪.新中国经济发展史（1949~1998）[M].上海：上海财经大学出版社，1999：210-257.

## 第3章 初步探索阶段中印农业现代化与城镇化道路比较

于1956年选育成功,1965年即在全国推广了160万公顷;1974年袁隆平的杂交水稻选育成功,1976年即开始在全国大规模推广。

化学技术方面,当时主要是肥料的使用问题,这方面,20世纪60年代以前中国政府即利用合作社组织大规模积累有机肥,20世纪60年代则开始大规模提升化肥生产能力,并利用集体经营体制大规模推广化肥的使用。到20世纪70年代末,中国亩施标准肥达到58.6斤,超过了世界平均水平。

水利建设方面,中国从20世纪50年代开始就十分重视水利建设,20世纪六七十年代更是掀起了水利建设的高潮,从而使中国农田的灌溉面积迅速增加,如表3-4所示。1978年,中国有效灌溉面积占耕地面积达45.2%,在发展中国家处于领先水平。

表3-4　　　　　　　　中国有效灌溉面积的增长

| 年份 | 1952 | 1957 | 1962 | 1978 |
| --- | --- | --- | --- | --- |
| 有效灌溉面积(千公顷) | 19959 | 27339 | 30545 | 44965 |

资料来源:国家统计局农村社会经济调查司.中国农村统计年鉴[M].北京:中国统计出版社,2014:37.

机械化方面,1959年毛泽东就明确提出,"农业的根本出路在于机械化",要求农业机械化"四年内小解决,七年内中解决,十年内大解决"。后来即大规模推进农业机械化,1966年和1971年两次召开全国机械化会议,在国家的大力推动下,中国的农业机械化运动还是取得了一定的成绩,当时农业机械的拥有量还是有明显的进步。如表3-5所示,这一时期,无论是农用机械的总动力还是各种农业机械的数量,都有明显的提高。

表3-5　　　　　　　　中国主要农业机械年末拥有量

| 年份 | 农用机械总动力<br>(亿瓦) | 大中型拖拉机<br>(台) | 小型拖拉机<br>(万台) | 联合收获机<br>(台) |
| --- | --- | --- | --- | --- |
| 1962 | 75.7 | 54938 | 0.1 | 5906 |
| 1965 | 109.9 | 72599 | 0.4 | 6704 |
| 1970 | 216.5 | 125498 | 7.8 | 8002 |
| 1978 | 1175.0 | 557358 | 137.3 | 18987 |

资料来源:国家统计局农村社会经济调查司.中国农村统计年鉴[M].北京:中国统计出版社,2014:30.

另外，值得注意的是，为了真正推广这些技术的应用，当时在农村还形成了"四级农业科学试验田"的农业科技推广组织体系。该体系包括县办农业科学研究所、公社办农业科学试验站、生产大队办农业科学试验队、生产队办农业科学实验小组。这对于中国农业人力资本的积累起到了至关重要的作用，使农民文化素质极端低下的情况下，绝大多数都掌握了基本的现代生化技术，使当时农业技术进步的成果能够迅速地推广应用。

### 3.3.3 印度的"第一次绿色革命"

这一时期，印度在农业技术现代化道路上也有了重大的进展，发动了著名的"第一次绿色革命"。

印度发动"第一次绿色革命"的起因是尼赫鲁农业发展战略的失败。在尼赫鲁时代，其真正的重心是发展工业，农业上采取的是"制度战略"，即期望通过土地制度的改革形成新的农业经营体制来提高农业生产效率，但在技术上，尼赫鲁的战略是挖掘传统农业技术的潜力，也就是在农业生产中尽量利用"廉价的"劳动密集型农业技术，而避免使用"昂贵的"资本密集的现代生产要素。在这一战略指导下，印度政府对农业的投入除了"一五"恢复国民经济时期有较高的投入（占公营部门总投入的15.2%）外，"二五""三五"计划时期都比较低（分别只占公营部门总投入的11.5%和12.7%），这种缺乏了现代农业生产要素投入的单纯制度改革战略实际效果非常有限。[①] 尽管印度这一时期粮食产量也有较大幅度的增长，粮食总产量由1949~1950年度的5500万吨增长到1964~1965年度的8900万吨，但这主要是由于国民经济秩序的恢复以及种植面积的增长，该时期印度粮食种植面积每年增长了1.4%，而粮食的单产提高实际上非常缓慢，1951~1965年，每公顷单产水稻只是由8公担增长到10公担，小麦只是由7公担增长到8公担。这直接导致60年代印度荒地开垦减少后粮食的增长缓慢，而且使农业生产非常容易受到天气的影响，因而导致粮食产量波动很大，例如，受季风影响，1965~1966年度就比1964~1965年度下降

---

① 王立新. 印度绿色革命的政治经济学：发展、停滞和转变 [M]. 北京：社会科学文献出版社，2011：48，57.

了1700万吨。这也使印度粮食一直在很大程度上依赖进口。1956年,印度政府就和美国政府达成了著名的480号公法,随后3年从美国进口小麦310万吨,大米19万吨,随后的十年中,印度从美国进口的粮食日益增多,20世纪60年代前期,形成了对美国粮食进口的严重依赖。①

为了改变这一状况,1964年尼赫鲁去世后,继任的夏斯特里政府迅速做出了改变,由尼赫鲁的"制度战略"改为"技术战略",紧接着1966年接任的英迪拉·甘地政府继承了"技术战略",在这一战略指导下,印度开启了一场大规模的农业技术革命,史称印度"第一次绿色革命"。这一技术革命先是从农业生产条件较好的旁遮普等西部邦和北方各邦开始,20世纪80年代后逐渐向全国推广。绿色革命的主要内容是改良品种、增加化肥、扩大灌溉以及推广农业机械等。从1965年开始,印度陆续引进了高产矮秆的墨西哥小麦和菲律宾国际水稻研究所培育的高产水稻品种,在此基础上,经过研究和改良,培育出适合本国条件的优良品种。高产品种的种植面积迅速扩大,从1966~1967年度到1982~1983年度,5种粮食作物高产品种的种植面积由189万公顷扩大到4768万公顷,16年间增加了24倍。② 同时,印度政府进行了大规模的水利工程建设,采用了大、中、小型工程相结合的方法,尤其重视管井的修建和利用,这使印度的灌溉面积也明显扩大,从1965~1966年度到1984~1985年度,总灌溉面积从3115万公顷增加到5854.6万公顷,在浇灌方式上也基本上由人工浇灌向动力浇灌转变。化肥使用量也在这一段时期明显增加,每公顷化肥施用量由1965~1966年度的5.1千克增加到1982~1983年度的44.7千克。③ 在生物化学技术革命进行的同时,印度也在大力提高农业的机械化水平,由于印度存在一定的大型农场和中型农场,所以很多的农业机械还是有明显的用武之地。在进行绿色革命之后,印度的农业机械化水平也有明显的提高,据统计,印度的农用拖拉机数目从1961年的3.14万台增加到1981年的52.32万台,印度的农用水泵拥有量从1961年的43万台增加到1981年的900万台。④

---

① (印)鲁达尔·达特,K.P.M.桑达拉姆.印度经济(下)[M].雷启淮,李德昌,文富德,戴永红,等译,成都:四川大学出版社,1994:6-165.
②④ 汪登伦.印度的农业政策与农业现代化略论[J].河北农业大学学报(农林教育版),2007,9(1).
③ 黄思骏.印度土地制度研究[M].北京:中国社会科学出版社,1998:338.

## 3.3.4 初步探索阶段中印农业技术现代化道路比较

根据资源禀赋和两国的整体国民经济发展战略，中印两国在这一阶段的农业技术现代化道路的选择总的来说都具有合理性，但也都存在一定的问题，两国农业发展的成就可以说各有千秋。

(1) 在农业技术现代化道路的战略选择上，印度更为合理。如前所述，中印两国都属于自然资源紧缺型国家，其中，中国更为紧缺，再加上当时两国的工业化水平极低，且都采取的是赶超战略，农业在当时既需要提高产量，也需要解决大部分劳动力的就业问题，所以两国很明显都应该采取土地节约型的技术，故重点都应该放在着力于提高土地生产率的生化和水利技术上，而劳动节约型的机械技术应该相对放慢。在这方面，两国技术道路的选择总的来说都是正确的。该阶段，两国农业技术革命的重点都在生化技术和水利技术，机械技术虽然也有推进，但一定程度机械化的推进更多考虑的是如何提高土地生产率，而不是为了替代劳动力，所以实际上都不是重点。不过，在战略选择上，印度更为明确。绿色革命之前的尼赫鲁政府明确提出，印度农业应该尽量使用廉价的劳动密集型技术；而绿色革命之后，印度尽管出现了农业是否应该尽快推进机械化的争论，但最终的决策仍是有选择的机械化。当时印度政府认为"无区别地对农业耕作机械化，将对我们的国家没有益处，它只能使农村失业问题更加恶化"[1]。而中国则没有这方面的明确认识，在20世纪50年代中期就提出了要在25年内（1956~1980年）实现农业机械化的战略设想，后来则一再召开全国农业机械化会议要求加快推进农业机械化。因此，从当时的理念而言，印度明显比中国要理性一些，决策也相对合理一些。另外，值得注意的是，尽管中国的农业机械化从拥有量来看取得了巨大的进展，但由于农业中推积了太多的劳动力，实际有效使用率并不高。20世纪70年代初，机耕面积面积只达到18%，机播面积仅占3%，机收面积仅占1%，由于农机使用的高成本，很多地方的农民甚至根本不

---

[1] (印) 鲁达尔·达特, K. P. M. 桑达拉姆. 印度经济 (下) [M]. 雷启淮, 李德昌, 文富德, 戴永红, 等译. 成都: 四川大学出版社, 1994: 48.

愿意使用农业机械。①

（2）在农业现代技术的普及上，中国做得更为成功。根据舒尔茨的改造传统农业的理论，传统向现代农业的转变既需要现代农业生产要素的投入，又需要具有现代技能的农民。② 也就是说，现代农业技术的普及，不仅取决于现代农业生产要素投入的增加，而且取决于农民人力资本的提高。而农民人力资本的提高，一般来说有两条基本的途径：一是农民一般性知识水平的提高。一般性知识水平的提高会提高农民学习现代技术的能力，因而非常有利于技术的普及。二是农民农业专业技术水平的提高，这将直接提高农民的现代技术水平。但从以下两个方面来看，中国做得都比印度更好。

其一，从一般性知识水平的提高来看，中国明显好于印度。中华人民共和国成立后非常重视教育的普及，农村人口的文化知识水平提高非常明显。而印度，尽管政府也非常重视教育，但由于种姓文化等落后习俗的影响，低种姓的底层农民并没有接受教育的积极性，再加上基层官员政策执行能力普遍较弱，所以，虽然起点相似，但到了20世纪70年代末80年代初，中国农村人口的一般性知识文化水平明显高于印度。1981～1982年，中国成年男性的识字率达到79%，成年女性的识字率达到51%，而印度分别只有55%和26%，③ 印度与中国存在明显差距，考虑到两国城市人口识字率都相对较高，两国农村人口这一差距更大。

其二，从农民专业技术水平的提高来看，中国也明显好于印度。农民专业技术水平的提高，主要取决于专业化的技术培训和国家组织化的推广。考虑到这一阶段两国经济发展都极低，且农民的普遍素质都不高，这一时期对一般农民进行大规模专业化的技术培训明显不现实，所以，主要还是依赖国家组织化的推广。而从这种推广来看，中国明显好于印度。由于中华人民共和国成立不久农业就走上了合作化、集体化道路，合作化经营的集体农场尽管当时影响了农民的劳动积极性，但对于技术的推广则是一个很好的载体。

---

① 丛树海，张桁. 新中国经济发展史（1949～1998）[M]. 上海：上海财经大学出版社，1999：247-248.

② （美）西奥多·W. 舒尔茨. 改造传统农业[M]. 梁小民，译，北京：商务印书馆，2006：126.

③ （印）鲁达尔·达特，K. P. M. 桑达拉姆. 印度经济（下）[M]. 雷启淮，李德昌，文富德，戴永红，等译，成都：四川大学出版社，1994：74.

另外，后来政府为了推广农业技术，还专门在基层建立了一套以"四级农业科学试验田"为核心的农业技术推广组织体系。相比之下，印度由于是私人家庭经营为主体的农业经营体系，虽然也曾学习中国，开展了农业合作化运动，但印度当时农业的合作化主要在信贷领域，这一阶段直接的耕种领域合作化水平极低，更没有建立如中国"四级农业科学试验田"那样的农业技术推广组织化体系，故而农业技术的推广更多靠的是农民个人的学习。这种学习则又依赖农民自身的知识水平，而这种知识水平往往只有那种较高种姓、家庭相对富裕的大中农才可能达到。故此，印度的农业技术革命很长一段时间内实际上都只是在印度大、中农之间普及，对占印度农民人口大多数的小农、边际农、佃农基本没有作用。根据印度学者 G. R. Senne（G. R. 赛尼）对绿色革命开展较早的旁遮普邦和北方邦的农场管理数据的分析，在绿色革命之前，印度农场规模与每英亩的收入之间是反比关系，即规模越大，单位面积产量越低；绿色革命之后，农产规模与每英亩收入之间是正比关系，即规模越大，单位面积产量越高。[①] 所以，可以发现，真正享受了绿色革命成果的是大、中农，对小农、边际农来说，绿色革命甚至还造成了负面的影响，导致他们与大、中农的生活水平差距不断拉大，对于佃农来说，绿色革命技术的推广，甚至还增加了其失佃的风险。

（3）两国的农业技术革命都取得了巨大的成就。两国这一阶段的农业技术革命都取得了巨大的成就。这种成就主要体现在粮食产量的提升上。由于种子的改良、化肥的增加以及水利的推进，这一时期中印两国粮食单位面积产值和总产量都获得了很大的增长，见表3-6、表3-7和表3-8。

表3-6　　中印1979~1981年现代农业生产要素的投入比较

| 国别 | 中国 | 印度 |
| --- | --- | --- |
| 灌溉地占作物用地的百分比（%） | 45.1 | 22.8 |
| 每公顷化肥消耗量（千克） | 149.4 | 34.5 |
| 每千名农业工人拥有拖拉机数量（台） | 2 | 2 |
| 每百公顷耕地拥有的拖拉机数量（台） | 76 | 24 |

资料来源：世界银行. 2004年世界发展指标 [M]. 北京：中国财政经济出版社，2005：120-125.

---

① （印）鲁达尔·达特，K. P. M. 桑达拉姆. 印度经济（下）[M]. 雷启淮，李德昌，文富德，戴永红，等译，成都：四川大学出版社，1994：86.

表3-7 中印两国部分农作物每公顷平均单产增长情况　　　　单位：%

| 作物名 | 国家 | 1951~1956年 | 1961~1965年 | 1987~1988年 |
|---|---|---|---|---|
| 水稻 | 中国 | 17 | 18 | 35 |
| 水稻 | 印度 | 8 | 10 | 17 |
| 小麦 | 中国 | 9 | 9 | 30 |
| 小麦 | 印度 | 7 | 8 | 20 |
| 皮棉 | 中国 | 160 | 250 | 764 |
| 皮棉 | 印度 | 90 | 120 | 202 |

资料来源：鲁达尔·达特，K. P. M. 桑达拉姆. 印度经济（下）［M］. 雷启淮，李德昌，文富德，戴永红，等译. 成都：四川大学出版社，1994：9.

表3-8　　　　中印主要农作物产量的增长情况　　　　单位：万吨

| 年份 | 国家 | 粮食总产量 | 稻谷 | 小麦 | 棉花 | 蔗糖 | 油料 | 黄麻 |
|---|---|---|---|---|---|---|---|---|
| 1949 | 中国 | 11318 | 4865 | 1381 | 44.5 | 264.22 | 256.44 | 3.69 |
| 1949 | 印度 | 5500 | 2400 | 600 | 51 | 5000 | 500 | N/A |
| 1964 | 中国 | 18088 | 8300 | 2084 | 166.4 | 1346.48 | 336.87 | 23.49 |
| 1964 | 印度 | 8840 | 3873 | 1208 | 91.17 | 12200 | 858 | 130.39 |
| 1970 | 中国 | 23995 | 10999 | 2918.5 | 227.9 | 155.31 | 377.19 | 28.07 |
| 1970 | 印度 | 10840 | 4220 | 2380 | 81.6 | 12640 | 960 | 105.4 |
| 1980 | 中国 | 32056 | 13991 | 5521 | 270.7 | 2281 | 521.8 | 54.9 |
| 1980 | 印度 | 129.6 | 5360 | 3630 | 119 | 15420 | 940 | 139.4 |
| 1990 | 中国 | 44624 | 18933 | 9823 | 450.8 | 5762 | 695.8 | 72.9 |
| 1990 | 印度 | 17640 | 7430 | 5510 | 166.6 | 2410 | 1860 | 156.4 |

资料来源：印度1949年、1964年数据见（印）鲁达尔·达特，K. P. M. 桑达拉姆. 印度经济（下）［M］. 雷启淮，李德昌，文富德，戴永红，等译. 成都：四川大学出版社，1994：11；1970年、1980年、1990年数据见 Economic Survey 2014~2015，A-24［DB/OL］. http：//www. indiabudget. gov. in/，其中的棉花、黄麻原数据单位是万包，为了便于比较，将数据换算成了万吨。中国数据见中华人民共和国统计局国家数据，国家统计局网站（http：//data. stats. gov. cn/easyquery. htm？cn = C01）。

从以上统计数据可以看出，由于现代生产要素的投入，中印两国在农作物特别是粮食的产量上获得了很大的增长，当然，就技术水平而言，中国的起点相对于印度有明显的优势，在这一阶段，中国也基本上保持了这一优势。所以，这一阶段无论是农作物单产还是总产量，中国一直有明显的优势。但在解决国内粮食安全问题上，印度在这一时期似乎更为成功。绿色革命之前，印度粮食一直对进口有极大的依赖。但在绿色革命之后，印度的粮食安全问题即明显缓解,进口逐步减少,1965年印度从美国进口粮食1000万吨,1975年即下降至200万吨。[①] 20世纪80年代后,印度就不再存在粮食短缺问题,相反,粮食储备日益增加,80年代期间储备粮食超过了3000万吨,[②] 这些粮食储备使印度能够从容应对某些年份由于气候问题导致的减产(如1987~1988年),并最终使印度由粮食进口国转变为粮食出口国。中国从一开始粮食的单产和总产量都明显高于印度,但在20世纪50年代末和60年代初由于政策的失误造成了一次严重的饥荒,以后一直还存在一定程度的饥饿问题。当然,中国在这一阶段未能很好地解决粮食问题,除了有农业技术革命带来的生产潜力由于劳动积极性问题未能充分发挥外,其实还有两个方面的原因:一是中国和印度不同,这一阶段基本上没有进口粮食,所以一旦由于天气或政策失误原因导致减产,后果都只能由自己承担;二是当时中国特别强调农业为工业服务的功能,为了保障城市工业的需要,国家从农村调拨了过多的粮食,因而导致了部分农村人口的饥饿状态。而实际上,如果仅从粮食的人均占有来看,如表3-9所示,中国自20世纪50年代中期开始即达到了300多千克,后来除了60年代初出现了一次较大幅度的下降,其他时间基本上保持了这一水平,这一数据明显高于印度,所以,如果粮食能够合理分配,除60年代初外,改革开放之前的中国也不应该存在饥饿问题。

表3-9　　　　　按人口平均的中国主要农产品产量　　　　单位:千克/人

| 年份 | 粮食 | 棉花 | 油料 | 糖料 |
|---|---|---|---|---|
| 1949 | 208.9 | 0.8 | 4.7 | 5.2 |
| 1952 | 288.1 | 2.3 | 7.4 | 13.4 |
| 1957 | 306.0 | 2.6 | 6.6 | 18.7 |
| 1962 | 231.9 | 1.1 | 3.0 | 5.7 |
| 1965 | 272.0 | 2.9 | 5.1 | 21.5 |
| 1970 | 293.2 | 2.8 | 4.6 | 19.0 |
| 1978 | 318.7 | 2.3 | 5.5 | 24.9 |

资料来源:国家统计局农村社会经济调查司.中国农村统计年鉴[M].北京:中国统计出版社,2014:10.

---

① 郭白晋.试论印度绿色革命和农业现代化[J].北方论丛,2015(6).
② (印)鲁达尔·达特,K.P.M.桑达拉姆.印度经济(下)[M].雷启淮,李德昌,文富德,戴永红,等译,成都:四川大学出版社,1994:168.

另外，值得注意的是，由于两国都是以土地节约型技术为重点，在技术水平提高的同时，两国的农业都解决了大量劳动力的就业问题，这给两国整体国民经济发展上采取的赶超战略的实现起到了极大的支撑作用。

## 3.4 初步探索阶段中印城镇化道路比较

城镇化是一个与农业现代化和工业化紧密相关的过程，中华人民共和国成立之前，由于两国的农业现代化和工业化水平都极低，所以两国的城镇化水平都不高。中华人民共和国成立之初城镇化率仅为10.64%，[1]不仅远远低于当时世界平均水平（28.9%），甚至还明显低于当时发展中国家平均水平（16.8%）[2]。印度在独立之前本身也较低，1941年为13.8%，但在独立之初印巴分治导致原来生活在巴基斯坦地区的1000多万印度教徒涌入印度城市，使印度的城镇化水平有了一个快速的提升，1951年达到17.4%，[3]使其在城镇化水平上略高于发展中国家平均水平。中华人民共和国成立与印度独立之后，两国在推进工业化与农业现代化过程中，城镇化也开始了新的发展。但总体而言，这一阶段两国的城镇化推进速度都比较缓慢，其中的原因，两国有相似的一面，但也存在一定的区别。

### 3.4.1 初步探索阶段中印城乡关系与城镇化的基本理念比较

据前所述，这一阶段，虽然具体的认识和实施的政策有所不同，但总体来说中印两国都采取了社会主义+赶超战略的发展理念。这样的理念在具体实施上有三大特征：一是都重视发展公有制；二是在工业发展中重工业优先；三是强调农业为工业发展服务。这样的发展理念很明显会造成对

---

[1] 中经网统计数据库［DB/OL］. http://192.168.30.82：91/page/Default.aspx.
[2] 1991年美国人口咨询局《1991年世界人口数据表》，参见尹文耀. 中印人口城镇化比较研究［J］. 经济评论，1993（4）.
[3] （印）鲁达尔·达特，K.P.M.桑达拉姆. 印度经济（下）［M］. 雷启淮，李德昌，文富德，戴永红，等译，成都：四川大学出版社，1994：101.

城镇化的天然抑制。因为城镇化说到底是一个农村农业劳动力向城镇工业转移的过程，这一过程的进展取决于城镇的拉力作用，而城镇的拉力主要取决于其吸纳转移人口就业的能力，但中印两国这一时期的发展理念明显会造成其城镇工业吸纳农村就业能力的严重不足。首先，无论是中国的公有制全面控制的工业化道路还是印度的公有制主导的工业化道路，都可能严重影响城镇对于转移人口的吸纳能力。因为公有制本就就存在大型化倾向，大型化的企业相对就业容量往往低于中小型企业。另外，对公有制的过分强调还会极大地挤压转移人口通过自主创业等灵活就业的空间，在这方面，中国最为明显，公有制全面控制下，几乎不存在农业人口通过到城市自主创业完成城镇化的可能，印度相对较好，但同样存在一定的挤压。其次，重工业优先的战略理念同样会降低城镇就业吸纳能力。重工业的资本有机构成往往较高，一般属于资本密集型企业，这类企业对于劳动力的需求相对较少，故而，这一时期中印工业就业人口的增长明显低于工业规模的增长。1952年中国工业产值占经济总量的比重为20.8%，1965年上升至35.1%，1978年更升至47.7%，可以说增长极为迅速，但相应的工业部门劳动力就业占全国劳动力的比重分别为：1952年7.4%，1965年8%，1978年17.3%。[①] 可以说工业部门就业所占比重远远低于工业部门产值所占比重。印度情况略好，其工业所占比重从1950～1951年度的15.5%增长到1970～1971年度的21.2%，1980～1981年度达到23.0%，其相应的就业所占比重分别为10.7%、11.2%、13.5%。[②]

在工业部门就业吸纳能力明显不足的情况下，农业为工业发展服务实际上也就演变为农村为城市发展服务，而与一般国家工业化进程不同的是，这种农村为城市发展服务不是农村为工业提供必要的农产品和劳动力，而是农村为城市发展提供农产品和消化劳动力，防止劳动力过快进入城市。正是在这样的战略指导下，这一阶段，中印两国都没有采取积极推进城镇化的理念，中国这一时期采取了城乡分治的城镇化理念，印度也采取了消极的城镇化理念。

---

① 中经网统计数据库 [DB/OL]. http: //192.168.30.82: 91/page/Default. aspx.
② （印）鲁达尔·达特, K. P. M. 桑达拉姆. 印度经济（上）[M]. 雷启淮, 李德昌, 文富德, 戴永红, 等译, 成都: 四川大学出版社, 1994: 70, 143.

### 第3章 初步探索阶段中印农业现代化与城镇化道路比较

中国的城乡分治理念基本内容是以户籍管理的方式将国民分成农业户口和非农户口，农业户口基本上都在农村，在城市的都是非农户口，在此基础上将两种户口的人在粮食供应、社会保障、基本公共服务等方面采取两套几乎截然不同的管理系统，对城市人口和农村人口进行分开管理，同时严格限制农村人口向城市转移。中国这种城乡分治的二元户籍制度，最早起源是中华人民共和国成立前夕中国共产党在东北解放区为了管理城市而采取的《关于户口暂行管理办法》，当时其实主要是为了管理那些特殊人口，即那些小偷小摸、卖淫嫖娼、贩毒吸毒以及国民党的旧人员等那些社会性嫌犯和政治性嫌犯。但在1953年实行粮食统购统销制度后，由于明确规定了城市人的粮食等生活必需品由国家统销、计划供应，农民的粮食被国家严格控制，于是逐渐演变成一种城乡的二元分配制度。1955年，国务院下达了《关于建立经常户口登记制度的指示》，明确规定了中国城市、集镇、乡村都要建立户口登记制度。1958年1月，全国人大常委会正式通过了《中华人民共和国户口登记条例》，第一次明确将中国城乡居民分为非农户口和农业户口两种户籍，使中国二元户籍制度正式建立。1964年8月，《公安部关于处理户口迁移的规定（草案）》出台，其中明确提出了对于户口迁移的两个"严加限制"，即对于从农村前往城市、集镇的要严加限制，对于从集镇迁往城市的要严加限制。[①] 这种二元户籍制度再加上严格限制城乡人口的迁徙，使中国城乡分治彻底制度化，在这一制度下，中国不仅没有积极推进农村劳动力向城市转移，相反，还想方设法限制这种转移，自然也就极大地影响了中国的城镇化进程。

印度在这一阶段尽管没有向中国一样采取城乡分治的制度，但也没有积极推进城镇化进程，总体上采取的是消极城镇化的理念。这一理念最早与独立之前甘地的发展理念相关。在甘地的发展战略理念中，基本的目标是最大限度地实现村的自给自足，[②] 故而必须将农业和家庭手工业放在最重要的地位，他认为，"电力、炼铁、机械制造等工业与乡村工业并存，然而，依赖关系应该颠倒过来。迄今为止，实行工业化的计划从来都要摧

---

① 白阳．邹伟．中国户籍制度改革历史回眸［EB/OL］．http：//legal.people.com.cn/n/2014/0731/c188502-25376269.html．

② 杨文武．印度经济发展模式研究［M］．北京：时事出版社，2013：18-275．

毁乡村和乡村工业",但在未来印度的工业化中,"将推动乡村及其手工业的发展"。甘地虽然还没来得及实践其发展理念就遇刺身亡,但其重视乡村发展的理念还是对后来的发展战略理念具有一定的影响。尼赫鲁发展战略理念中重视重工业的发展,一定程度上忽视了农业的发展,但他依然是想在城市和农村之间寻求一种平衡,故而在重视大城市重工业发展的同时非常重视农村的手工业的发展。在全面体现尼赫鲁的重工业优先发展战略中,也专门提出了鼓励乡村小型工业企业、家庭手工业的政策,[①] 其实质是期望乡村工业的发展吸收农村劳动力,防止农村劳动力过快地向城市转移。尼赫鲁之后的领导人,则基本上在坚持尼赫鲁基本发展理念的同时适当地加入了甘地模式的理念,积极发展乡村工业,特别是农村的家庭手工业,甚至提出,"凡是家庭手工业能生产的,大中型工业不得生产;小型工业能生产的,不应向大型工业开放",[②] 故而都没有积极推进农村人口向城镇转移。

## 3.4.2 城乡分治理念指导下中国城镇化的曲折发展

任何国家城镇化的过程都是市场动力机制和政府动力机制相结合的结果,但在城乡分治的理念下,这一阶段在中国起主要作用的明显是政府动力机制。这是因为,从市场动力机制来看,一个国家城镇化的动能取决于其二元经济结构转化过程中城市的拉力和农村的推力。从城市工业化的拉力来看,如图 3-1 所示,尽管当时中国城市工业化获得了很大的进展($N_1^c N_2^c$),但由于这一阶段采取的是重工业优先的赶超战略,工业的资本有机构成非常之高,工业扩张对劳动力的需求增加($Q_1^c Q_2^c$)有限,由此城市的拉力实际上非常有限,至于农村的推力则本身就受到了政府的制度约束,因而导致市场性动能不强,所以市场动力机制发挥作用有限。

图 3-1 中各点和线的内涵与费景汉、拉尼斯模型基本一样,假设 $N_1^c Q_1^c$ 为中国国民经济基本恢复时工业化对劳动力的需求曲线,$N_2^c Q_2^c$ 为中国该阶

---

[①] (印)鲁达尔·达特,K. P. M. 桑达拉姆. 印度经济(上)[M]. 雷启淮,李德昌,文富德,戴永红,等译,成都:四川大学出版社,1994:265.

[②] 何承金,文富德. 印度城镇化状况、问题和对策[J]. 西北人口,1987(3).

第3章 初步探索阶段中印农业现代化与城镇化道路比较

段工业化扩张时对劳动力的需求曲线。根据这一曲线,这一阶段中国城市现代产业部门增加的投资为 $N_1^c N_2^c$,工业部门增加的劳动力需求为 $Q_1^c Q_2^c$,相应转移的劳动力为 $L_1^c L_2^c$。在没有严格限制人口流动的情况下,向城市转移的人口可能超过工业化的需求,但在严格限制人口流动之后,城市多余的劳动力重新回到农村,所以最终两者基本相等,即 $L_1^c L_2^c = Q_1^c Q_2^c$。因为这一阶段农村剩余劳动力并没有转移完毕,所以暂时不考虑短缺点(D)和商业化点(E)的移动情况。

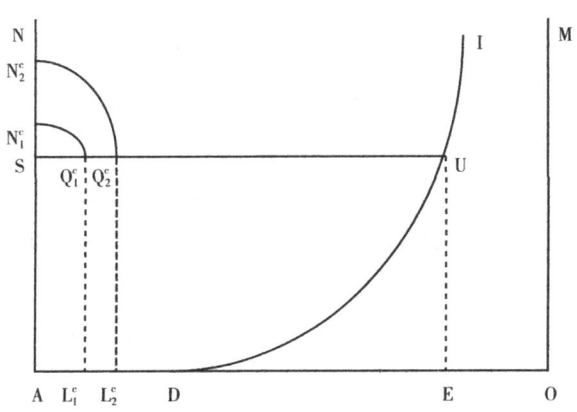

图 3-1 初步探索阶段中国二元经济结构转化

另外,政府动力机制发挥了相当大的作用,因为在城乡分治的理念下,这一阶段政府的相关政策使城乡出现了一些特殊的拉力和推力。正因为如此,这一阶段中国人口的迁移出现了推拉模型中一种非常特殊的情形。其特殊性在于,这一阶段中国城镇化过程中,城市的拉力除了城市工业化所带来的较高收入、更好的发展机会等拉力因素之外,还有一种优先的分配制度所带来的制度性拉力,这种拉力甚至远远超过城市工业化所带来的正常拉力;城市的推力中,一般推拉理论中所认为的那些生活成本、生活习惯因素几乎可以忽略不计,国家对于人口流动的限制所带来的制度性推力成为最主要的因素。同样,农村拉力中,故乡情结、家人团聚等一般性拉力也不占主导地位,真正占主导地位的是国家对于人口流动的限制所造成的制度性拉力。至于农村贫困所带来的市场性推力,其能否发挥作用本身就取决于国家对于人口迁移的限制力度。对人口迁移的限制力度不大时，工业化本身的拉力与不同的分配制度下城市制度性拉力以及农村贫困所带来的推力相结合可能导致城镇化动能过强而造成过度城镇化，当国家对人口迁移的限制力度过大时，农村的推力就已不复存在，城市的制度性推力与农村的制度性拉力就可能大大抵消城市工业化的正常拉力作用而使城镇化的动能大大减弱，一定情况下甚至可能出现逆城镇化现象。所以，这一阶段中国的城镇化进程出现了一波三折的曲折发展过程。

20世纪50年代，一方面由于"一五"计划的成功以及后期的"大跃进"，中国的工业化取得了巨大的进展，从国民经济基本恢复后的1952~1960年，工业增加值从141.1亿元增长到652.6亿元，工业所占经济比重从20.8%上升至44.4%，① 这种工业化的快速推进本身就使城镇具备了巨大的拉力，也就是造成了城镇化巨大的市场性动能；另一方面由于统购统销政策在20世纪50年代中期基本形成，造成了城市人口在社会分配中的巨大优势，而此时对于农村人口向城市的迁移尚未采取严格的限制政策，于是又造成了中国城镇化的巨大制度性动能。这两种动能结合的结果，使这十年中城镇化以超快速度推进。十年之中，城镇人口增加了1倍以上，由6169万人增长至13076万人，城镇化率由11.18%上升至19.75%。这样的超快速度显然不是经济社会正常发展的结果，城市人口的这种快速增加也明显超出了政府的管理能力，显然是一种过度的城镇化。于是，当20世纪60年代初经济困境出现、中国被迫收缩工业化战线时，政府迅速采取了严格控制城镇化的政策，不仅严格限制农村人口、集镇人口向城市迁移，而且还动员一大批城市知识青年下乡，将农村作为消化城市工业收缩后挤出的劳动力的基地。事实上也就是采取了逆城镇化的政策。于是，工业化本身带来的市场性动能与二元户籍制度带来的制度性动能都转为负数，因而20世纪60年代，中国出现了特有的逆城镇化现象，城镇化率从1960年的19.75%下降到1965年的17.98%、1970年的17.38%。但在20世纪70年代后，由于工业化再次加速，工业经济总量在1971年达到了1029.9亿元，首次突破1000亿元大关，之后持续攀升，1975年达到1378.7亿元，1978年达到1755.2亿元，工业所占经济比重也再次上升至

---

① 中经网统计数据库 [DB/OL]. http://192.168.30.82:91/page/Default.aspx.

40%以上，1971年为41.9%，1975年为45.4%，1978年为47.7%，工业化所带来的市场性动能再次提升。尽管严格控制的二元户籍制度所带来的制度性动能依然为负数，但最终两者的合力还是实现了由负转正，从1975年开始，中国的城镇化再次获得了缓慢的提升。1974年中国的城镇化率曾降至20世纪60年代以来的最低点17.16%，1978年升至17.92%[①]。

当然，同样值得重视的是，在政府严格控制人口流动之后，中国的城镇化基本上都已经处于政府的计划管理之下，这种计划管理下的城镇化导致了三个特征：一是迁移人口的精英化。在政府严格控制城镇化的背景下，只有极少数农村精英有向城市迁移的可能，农村普通人基本上没有迁移的机会，这实际上也就使中国城镇化过程中很难出现一般发展中国家基本上都会出现的大规模贫民窟现象。二是城市的规模结构相对合理，避免了过度集中在大城市、特大城市的现象。正因为如此，在20世纪60年代后，中国城市的首位度有明显的下降。1961年为1.66077，1970年下降至1.5749，1980年进一步下降至1.3157。前1/10的城市人口占城市总人口比重由51.25%下降到45.89%[②]。三是城市的地理空间分布也相对比较合理。在国家的统一规划下，当时中国的城市并没有集中于东部那些条件相对较好的特定区域，西部地区的城市通过三线建设的方式也得到了较好的发展。

## 3.4.3 消极城镇化理念指引下印度城镇化的缓慢推进

虽然没有像中国一样严格限制农村人口向城市迁移，但一方面印度政府本身采取的就是消极城镇化的战略，另一方面当时印度的工业化战略、农业现代化战略也不利于城镇化的推进。如前所述，印度采取的也是重工业优先的发展战略，同时，在农业现代化的道路上，采取的也是生化技术优先的发展道路，重工业优先使城市工业就业潜力非常有限，生化技术优先的农业现代化战略自然也使农业剩余劳动力的增加有限。所以，从二元经济结构的转化来看，实际上这一时期城镇现代产业部门的拉力也是不足的，如

---

① 中经网统计数据库 [DB/OL]. http://192.168.30.82:91/page/Default.aspx.
② 尹文耀. 中印人口城镇化比较研究 [J]. 经济评论, 1993 (4).

图3-2所示。从工业的扩张来看，印度这一阶段扩张的幅度（$N_1^iN_2^i$）也比较大，但资本有机构成也比较大，所以对劳动力的需求增加（$Q_1^iQ_2^i$）也有限。当然，和中国相比，工业的扩张幅度和资本的有机构成都要小一些，所以劳动力需求增加基本差不多。

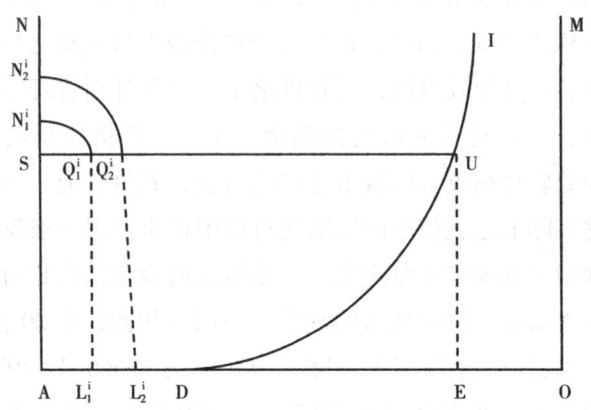

**图3-2 初步探索阶段印度二元经济结构的转化**

图3-2中，假设$N_1^iQ_1^i$为印度独立时工业化对劳动力的需求曲线，$N_2^iQ_2^i$为该阶段印度工业化扩张时对劳动力的需求曲线。根据这一曲线，这一阶段印度城市现代产业部门增加的投资为$N_1^iN_2^i$，现代产业部门增加的劳动力需求为$Q_1^iQ_2^i$，但向城市转移的劳动力为$L_1^iL_2^i$，$L_1^iL_2^i > Q_1^iQ_2^i$，因为受农村贫困的推力作用，实际转移到城市的劳动力超过了工业化的需求，多余的劳动力部分会进入城市贫民窟。这一阶段印度农村的剩余劳动力同样未转移完毕，所以同样不考虑短缺点（D）和商业化点（E）的移动情况。

另外，印度从一开始就注重乡村工业的发展，而在乡村工业就业的农业剩余劳动力并不需要离开农村。故而，仅从经济发展产生的推拉力量而言，应该说，无论是城市工业发展产生的拉力还是农业发展产生的推力都非常有限，所以这一阶段印度城镇化的市场性动能也是明显不足的。其实，这一时期印度城镇化的动能主要不是来自工业的发展和农业的技术进步，而是农村土地改革的不彻底导致了大批无地农民存在，这些无地农民由于在农村基本上没有改变命运的希望，只好迁移至大城市碰碰运气。但这些人却往往素质极其低下，缺乏在城市就业所需的基本能力，于是很大一部分后来又被迫重新回到农村,还有一部分则进入了城市的贫民窟。正因为如此,这一阶段印度的城镇化有如下几个特点。

(1) 城镇化的推进非常缓慢。1951年、1961年、1971年、1981年印度城镇化率分别为17.4%、18.3%、20.3%、23.7%。[①] 独立之初印度的城镇化水平还略高于发展中国家平均水平,但到了20世纪80年代初,印度的城镇化率却明显低于发展中国家的平均水平(30.1%[②])。另外,值得注意的是,印度城市人口的增长,主要是来自城市人口的自然增长,来自农村的移民比例相对较低,见表3-10。

表3-10　　　　　　印度城市人口增长的来源情况　　　　　　单位:万人

| 项目 | 1961~1970年 | 1971~1980年 | 1981~1990年 |
| --- | --- | --- | --- |
| 城市边界扩大与新城镇增长 | 1700 | 2900 | 1700 |
| 农村移民 | 1900 | 2000 | 2200 |
| 城市人口自然增长 | 6500 | 5100 | 6100 |

资料来源:NSSO and census migration date;Mitra and Murayama,"rural to urban Migration:A District-level Analysis";Mckinsey global institute analysis. 转引自:熊杰. 试论种姓制度对印度城镇化进程的影响 [J]. 社科纵横,2012 (4).

(2) 城镇化过程伴随着大规模的贫民窟现象。与中国该时期迁移的人口不同,印度这一时期迁移人口很大部分都是农村的贫困人口,这些人素质极其低下,本身就不具备从事城市正规工作的能力,再加上城市本身也没有创造出太多的正规就业岗位,故而,这一阶段,印度的农村迁移人口绝大多数在城市属于非正规就业,包括正规部门的临时聘用人员、小型经济体就业、自我雇佣式就业等,和正规部门的就业相比,他们的收入水平明显较低,且极不稳定,因而也就很难买或租得起正规的住房,故基本上都只能入住贫民窟。所以,印度城镇化过程造成了严重的贫民窟化现象。

(3) 城镇化过程中,中等城市发展缓慢,大城市发展迅速,城市的规模结构不合理。由于印度没有对农村人口的迁移进行计划性管理,而印度重点发展的工业又是重工业和手工业,重工业主要在大城市,这使大城市

---

① (印)鲁达尔·达特,K. P. M. 桑达拉姆. 印度经济(上)[M]. 雷启淮,李德昌,文富德,戴永红,等译,成都:四川大学出版社,1994:101.
② 尹文耀. 中印人口城镇化比较研究 [J]. 经济评论,1993 (4).

会相应地产生较多的非正规就业岗位,手工业主要集中在农村或小镇,因而中小城市的就业吸纳能力自然也就非常有限。所以,这一时期印度的大城市发展相对较快,而中小城市发展相对较慢。

从表3-11可以看出,印度人口日益倾向于向10万人以上人口大城市集中,而在10万人以上人口的大城市中,又主要集中在一些百万以上人口的大城市,据印度人口普查,1971年,印度百万以上人口的大城市只有9个,到1981年达到12个,1991年达到23个,其中最大城市孟买在1991年总人口达到了1260万人。① 这一时期印度城市人口的集中度明显高于中国。1980年中国1/3的非农人口集中在10.94个城市,而印度集中在7.76个城市。另外,20世纪80年代初印度人口的城市首位度达到1.6878,② 也高于同期中国的1.3157。值得注意的是,印度人口在1万人左右的小城镇在20世纪70年代后开始稳定地发展,这应该与其重视乡村工业的发展有关。

表3-11 1951~1981年印度各级城市在城市总人口中所占比重　　单位:%

| 年份 | Ⅰ(10万人以上) | Ⅱ(5万~10万人) | Ⅲ(2万~5万人) | Ⅳ(1万~2万人) | Ⅴ(0.5万~1万人) | Ⅵ(0.5万人以下) |
|---|---|---|---|---|---|---|
| 1951 | 44.3 | 10.3 | 15.8 | 13.8 | 13.0 | 3.1 |
| 1961 | 50.8 | 11.0 | 17.4 | 13.0 | 7.0 | 0.8 |
| 1971 | 56.2 | 11.2 | 16.3 | 11.2 | 4.6 | 0.5 |
| 1981 | 60.4 | 11.7 | 14.4 | 9.5 | 3.6 | 0.5 |

资料来源:1981年印度人口普查第1集——印度,1981年2号文件。转引自(印)鲁达尔·达特,K.P.M.桑达拉姆.《印度经济》上册[M].雷启淮,李德昌,文富德,戴永红,等译,成都:四川大学出版社,1994:103.

(4)印度城市的空间布局基本上是延续历史,没有明显的变化。历史上,印度的各大城市基本上就分布于各个不同的方位,孟买位于印度西南,德里位于西北,加尔各答位于东北,钦奈位于东南,这一段时期也基本没有改变。

---

① (印)鲁达尔·达特,K.P.M.桑达拉姆.印度经济(上)[M].雷启淮,李德昌,文富德,戴永红,等译,成都:四川大学出版社,1994:104.
② 尹文耀.中印人口城镇化比较研究[J].经济评论,1993(4).

## 第3章 初步探索阶段中印农业现代化与城镇化道路比较

综合来看,初步探索阶段中印的农业现代化和城镇化都取得了一定的成绩,但也都存在一定的问题,中国在农业现代化的技术积累方面更为出色,但过分地强调农村支持城市导致农村一度出现了饥饿的问题。印度的第一次绿色革命取得了明显的成就,基本上解决了粮食安全问题,但在农村人力资本积累方面明显不如中国,再加上土地改革的不彻底,绿色革命的成果主要惠及大、中农,所以农村的贫困问题并没有因绿色革命而真正改变。从城镇化来看,这一时期两国都没有积极推进城镇化进程,总体城镇化进程都非常缓慢。在城镇化过程中,中国的市场动力机制所起作用非常有限,政府动力机制是这一时期主导的动力机制,由此也使这一时期中国的城镇化出现了一波三折的历史过程。但也由于政府的作用,这一时期中国城镇化的空间发展道路相对比较合理,城市人口没有过分地向大城市集中,中等规模的城市出现了较好的发展,同时,城市的地理布局也相对比较合理。印度政府这一时期也没有主动积极推进城镇化,但也没有如中国一样强行阻止农村人口向城市的迁移,所以起作用的主要还是市场动力机制,但由于发展战略及经济发展水平的原因,市场性动能也非常有限,印度的城镇化进展同样缓慢,只是相对比较平稳,没有出现中国那样一波三折的现象。不过,由于这种城镇化的力量主要是来自农村无地、少地农民的贫困带来的推力,故很多时候是把农村的贫困转移到了城市,所以导致了较严重的城市贫困现象。另外,从空间发展道路来看,地理空间布局基本上是延续历史,但规模等级结构上不如中国合理,出现了城市人口向大城市集中的现象,中等城市发展相对缓慢,不过印度注重乡村工业发展的理念使小城镇获得了一定的发展,这在一定程度上契合了马克思的城乡融合思想。

# 第4章

# 体制改革阶段中印农业现代化与城镇化道路比较

20世纪70年代末,在一场思想解放运动的指引下,中国开启了以市场化、全球化为核心内容的改革开放。20世纪90年代初,在一场国际收支危机的压力下,印度也开启了以"四化"即自由化、市场化、全球化、私有化为核心内容的改革。由此两国的经济社会发展先后进入了一个新的阶段,即体制改革阶段。与前一阶段相比,这一阶段两国的国民经济社会发展理念实现了重大的转变,由此两国的农业现代化与城镇化道路也发生了转变,当然,由于改革的方向和力度存在明显的差异,两国农业现代化与城镇化道路在转变程度上也存在很大的差别。

## 4.1 中印发展理念的转变比较

初步探索阶段中印两国的发展理念集中体现在社会主义的价值内核和重工业优先的赶超战略两个方面,但在经济体制改革之后,两国无论是对于社会主义的价值内核还是重工业优先的赶超战略都进行了重新思考,最终在这两个方面都进行了重大的转变。由于都是将市场化、全球化作为改革的核心内容,所以两国在这两个方面的转变都存在明显的共同之处,但也不可否认,由于两国在社会根本制度和阶段性的战略目标上存在明显的区别,这种转变中也存在明显的不同。

## 4.1.1 中印两国对于社会主义发展理念的重新认识比较

在进行市场化改革之后,尽管中印两国都没有放弃社会主义的旗帜,中国仍然明确坚持走社会主义道路,印度也依然坚持"社会主义类型国家"的基本定位,但在对社会主义发展理念本身的认识上,两国都发生了重大的转变,这种转变,既体现在对基本经济制度也就是所有制结构的认识上,也体现在对经济社会发展核心价值理念的追求上。

### 4.1.1.1 中印两国对于基本经济制度的重新认识比较

各种所有制在国民经济中的定位,是一个国家基本经济制度的核心内容。在初步探索阶段,中印两国实际上都将公有制作为社会主义性质的基本体现,所以中国基本上建立了全面公有化的经济体制,印度也将公有制置于"制高点"的地位。但在新的历史阶段,为了市场化、自由化改革的顺利推进,两国对于各种所有制经济成分的地位进行了重新认识,在这种重新认识中,两国都提出了要让多种所有制共同发展、有序竞争。

中国在改革开放之后迅速赋予了非公有制经济的合法性地位,在1982年中共十二大报告中,中共中央就明确提出,非公有制经济是"公有制经济的必要的、有益的补充"[1]。在此之后,中国迅速重建了非公有制经济,在明确了市场化改革目标之后,又立即提出了"国家要为各种所有制经济平等参与市场竞争创造条件""形成统一、开放、竞争、有序的大市场"[2]。非公有制经济的地位也随着经济体制改革的逐渐深入而不断提高。1997年中共十五大上,非公有制就由公有制经济的补充地位上升到"我国社会主义市场经济的重要组成部分"[3],而2003年的中共十六届三中全会则正式

---

[1] 胡耀邦. 全面开创社会主义现代化建设的新局面——在中国共产党第十二次全国代表大会上的报告 [EB/OL]. http://cpc.people.com.cn/GB/64162/64168/64565/65448/4526430.html.

[2] 中国共产党第十四届中央委员会第三次全体会议公报 [EB/OL]. http://cpc.people.com.cn/GB/64162/64168/64567/65396/4441763.html.

[3] 高举邓小平理论伟大旗帜,把建设有中国特色社会主义事业全面推向二十一世纪. 江泽民在中国共产党第十五次全国代表大会上的报告 [EB/OL]. http://cpc.people.com.cn/GB/64162/64168/64568/65445/4526285.html.

明确了"以公有制为主体、多种所有制经济共同发展的基本经济制度"。①

至于印度,由于其改革一开始就受到了新自由主义的影响,又存在一定的国际压力,减少政府对私人经济活动的管制以及政府对经济活动的直接干预、实现经济的自由化是改革最为重要的内容。为此,Rao(拉奥)明确提出,经济改革就是为了结束"监督机制"、官僚的繁文缛节和其他控制制度的"瓶颈"。② 在所有制结构方面,在坚持原有的混合所有制的基础上,拉奥放松对私营经济的种种限制,扩大私营企业经营的领域,同时还强调,市场机制和效益取向原则同样适用于公营企业。他认为印度的公营企业"享受国家的惠顾时间太长了",到了迎接国内外挑战、保证资源有效利用的时候了。③ 由此,可以发现,印度经济体制改革的目标也是让公营经济与私营经济共同发展,进行平等有序的市场竞争。

当然,尽管两国都认为必须让多种所有制共同发展、平等竞争,但由于两国所认同的社会主义本身就存在明显的区别,所以改革之后两国在基本经济制度的认识上还是存在明显的不同,最大的不同就在于对公有制经济的定位上。

中国尽管从改革开始就承认了非公有制经济的合法性并一再提高其地位,但公有制的主体地位从未改变。在改革之初提出,"生产资料公有制是我国经济的基本制度,决不允许破坏"。④ 在确立市场经济的转型目标之后,依然坚持"必须坚持以公有制为主体、多种经济成分共同发展的方针"⑤,21世纪以来,尽管非公有制已经在国民经济的发展中占有非常重要的地位,但仍然把"坚持和完善公有制为主体、多种所有制经济共同发展的基本经济制度"⑥ 作为经济建设的基本纲领。反观印度,却从改革一

---

① 中共中央关于完善社会主义市场经济体制若干问题的决定(全文)[EB/OL]. http://cpc.people.com.cn/GB/64162/64168/64569/65411/4429165.html.

② PM defends entry of MNCs [N]. Financial Express, 1994-07-14.

③ Manmohan Singh. No Protection Domestic Industy [N]. financial Express, 1994-07-14.

④ 胡耀邦. 全面开创社会主义现代化建设的新局面——在中国共产党第十二次全国代表大会上的报告[EB/OL]. http://cpc.people.com.cn/GB/64162/64168/64565/65448/4526430.html.

⑤ 中国共产党第十四届中央委员会第三次全体会议公报[EB/OL]. http://cpc.people.com.cn/GB/64162/64168/64567/65396/4441763.html.

⑥ 胡锦涛在中国共产党第十七次全国代表大会上的报告(全文)[EB/OL]. http://cpc.people.com.cn/GB/64162/64168/106155/106156/6430009.html.

开始就取消了公有制经济的制高点地位。Manmohan Singh（曼·辛格）在1991~1992年度财政预算讲话中就提出："我们正在重新考虑所有的问题。我们不再认为公营部门应该控制国民经济的制高点。""我们不得不让私营企业进入公营企业经营的经济领域，以开始从这些部门回收过去的公营部门投资。"① 因此，可以这样说，体制改革之后，在中国，公有制依然具有维护基本社会性质的作用；在印度，公有制已经失去了维护社会性质的功能，而仅仅只是一种经济发展的形式。

### 4.1.1.2 中印两国对于经济社会发展的阶段性价值理念的选择比较

经济社会发展价值理念主要是处理好效率与公平的关系。应该说，作为现代国家，一般来说都是追求公平与效率的结合，关键是何者更为重要的问题，对于社会主义国家而言，公平应该置于更为重要的地位。但在经济体制改革之后，两国都把效率置于更为重要的地位，强调的都是促进生产力的发展、创造更多的社会财富。

中国在改革开放之初就提出经济改革的基本任务是"建立起具有中国特色的、充满生机和活力的社会主义经济体制，促进社会生产力的发展"。② 1992年中共十四大上正式确立"经济体制改革的目标是建立社会主义市场经济体制"时，也明确提出是为了"利于进一步解放和发展生产力"。③ 20世纪90年代印度改革之初，拉奥政府也明确提出，政府的关键经济目标是恢复持续的高增长。④ 而拉奥政府经济改革方案的主要设计者，当时的财政部长曼·辛格也提出："政府应该把创造财富放在至高无上的重要地位。"⑤

---

① Misra A. India: Fifty Years of Democracy and Development [J]. Common Wealth & Comparative Politics, 1999 (2): 119-120.

② 中共中央关于经济体制改革的决定 [EB/OL]. http://cpc.people.com.cn/GB/64162/64168/64565/65378/4429522.html.

③ 加快改革开放和现代化建设步伐，夺取有中国特色社会主义事业的更大胜利. 江泽民在中国共产党第十四次全国代表大会上的报告 [EB/OL]. http://cpc.people.com.cn/GB/64162/64168/64567/65446/4526308.html.

④ 张淑兰. 印度拉奥政府经济改革研究 [M]. 北京：新华出版社，2003：51.

⑤ Manmohan. Singh, Reforms Vital for Unity [N]. The Hindu, 1994-10-22.

为了加快经济的发展和提升经济发展的效率,在确立市场经济的改革方向之后,中国在收入分配问题上,专门提出了"效率优先、兼顾公平"的理念。例如,在中共十四届三中全会上通过的《中共中央关于建立社会主义市场经济若干问题的决定》中明确提出,"建立以按劳分配为主体,效率优先、兼顾公平的收入分配制度"。① 这样的理念一直坚持到 21 世纪,在 2002 年中共十六大报告上,在论述分配制度时,依然坚持"效率优先、兼顾公平"。② 但是,印度改革之后,历届政府都没提出类似的理念,相反一直强调加快经济发展的同时一定要重视社会的公平,经济改革必须具有"人的面孔"。例如,拉奥政府在经济改革一开始就提出,印度的经济改革必须是具有"人的面孔"的变革计划,政府没有权力因为某人的建议而使 1000 万人丢掉工作。创造财富是重要的,但更重要的是财富的平等分配,经济发展长期不平衡会导致社会冲突的加剧,我们的计划应该是共同繁荣。③ 而 1998 年 3 月上台的瓦杰帕伊政府更是在施政纲领中将原来那种"以生产为导向的增长"改变为"以就业为导向的增长。"强调要"尽全力使国家的发展具有人的面孔,以消灭贫困为最终目标",新政府要"考虑到每一个公民的工作权利,新政府的主要突击点是消灭失业。"④

## 4.1.2 中印国民经济发展战略的转变比较

在整体国民经济的发展战略方面,改革之后,中印也进行了重大的转变,这种转变同样有明显的相同之处,但也存在一定的区别。

两国在发展战略转变上最大的相同之处是都放弃了前一阶段的赶超战略,转向了比较优势战略。这种转变主要体现在两个方面。

其一,两国都放弃了重工业优先的发展战略。前一阶段赶超战略的核

---

① 中国共产党第十四届中央委员会第三次全体会议公报 [EB/OL]. http://cpc.people.com.cn/GB/64162/64168/64567/65396/4441763.html.

② 江泽民. 全面建设小康社会,开创中国特色社会主义事业新局面——在中国共产党第十六次全国代表大会上的报告 [EB/OL]. http://cpc.people.com.cn/GB/64162/64168/64569/65444/4429125.html.

③ PM, India May be Denied Technology [J]. The Times of India, 1994-01-04.

④ 一之. 印度人民党领导的新政府施政纲领 [J]. 南亚研究季刊, 1998 (2).

## 第4章 体制改革阶段中印农业现代化与城镇化道路比较

心,是重工业优先、农业为工业发展服务。进入新的历史阶段后,虽然工业发展优先、农业为工业服务在一定程度上仍然存在,只是方式有了明显的变化,但重工业优先的战略则有根本性的改变。中国自从改革开放之后就迅速改变了以往重工业优先的发展战略,而将发展的重心转向了自身具有比较优势的轻工业。中国政府在1981年就决定大力发展自行车、缝纫机、钟表、电视机、收音机、录音机、洗衣机、照相机、电风扇和电度表等12种日用机电产品的生产。自此之后,大力发展消费品工业(轻工业)就成了中国产业政策的重点。与此同时,为了给轻工业的发展创造更好的条件,提升中国产品的比较优势,政府也非常重视基础设施的建设。可以说,在改革开放的前20年,中国工业发展的重点都是轻工业和基础设施。例如,中共十三大报告中就明确提出,"在大力发展消费品工业的同时,充分重视基础工业和基础设施"。[①] 而1989年的《国务院关于当前产业政策要点的决定》中也把轻工和纺织业、基础设施和基础工业、机械和电子工业与高技术产业并列为重点支持的产业。[②]

  印度发展战略的转变,实际上始于20世纪80年代Rajiv Gandhi(拉吉夫·甘地)执政时期。在拉吉夫政府1985年制定的"七五"计划中,就对工业部门的发展提出了如下的目标:(1)确保必需品和日用消费品的供给货源充足、价格合理、质量合格;(2)通过结构调整、劳动生产率提高和技术升级来最大限度地利用现有设备能力;(3)集中力量发展有广大国内市场的工业和有出口潜力、能够在世界领先的工业;(4)引进发展潜力大的又为我们迫切所需的"朝阳"工业;(5)制定一项综合政策,以便在战略上能达到自力更生,在人力方面为熟练工和受教育者开拓就业之路。[③] 根据这一目标,拉吉夫·甘地政府明显改变了以往的重工业优先发展的战略,而把工业发展重点转向了以下产业:(1)消费品工业;(2)能源、交通等基础设施产业;(3)电子、计算机和软件产业为代表的朝阳产业。其

---

[①] 赵紫阳. 沿着有中国特色的社会主义道路前进——在中国共产党第十三次全国代表大会上的报告 [EB/OL]. http://cpc.people.com.cn/GB/64162/64168/64566/65447/4526368.html.

[②] 国务院关于当前产业政策要点的决定 [EB/OL]. http://www.gov.cn/zhengce/content/2011-09/07/content_1453.htm.

[③] (印)鲁达尔·达特, K.P.M. 桑达拉姆. 印度经济(下)[M]. 雷启淮,李德昌,文富德,戴永红,等译,成都:四川大学出版社,1994:258.

中，消费品工业和电子产业被认为是印度具有比较优势的产业，能源交通则是发展工业必须的基础设施。拉奥政府在工业发展战略上，基本上是拉吉夫政府的延续，只是比拉吉夫政府更加重视自身具有比较优势的软件产业，Vajpayee（瓦杰帕伊）政府则是更进一步重视软件产业。

由此可以看出，两国在工业发展的战略上，改革之后具有明显的共同性，都将重心转向了自身具有比较优势的产业，只是由于国情的不同，各自在比较优势产业的选择上具有重大的区别。中国由于改革之初工业基础本身就较好，再加上国民基础教育良好等因素，更适合发展制造业，特别是轻工制造业，所以，改革之后将主导产业确定为制造业。而印度改革之初工业基础本身就不如中国，服务业则相对更具优势，再加上高等教育发展相对较好，且英语又是印度的官方语言，在以英语为通用语言的软件产业上更有发展优势，所以从20世纪80年代开始就将软件业作为主导产业。

其二，两国都采取了出口导向战略。两国在对外经济关系上，都由进口替代战略转向了出口导向战略，积极融入全球化，在全球的舞台上拓展自身具有比较优势的产业产品的市场。为此，中印两国的对外经济战略也发生了巨大的转变。中国在1978年十一届三中全会之后，就明确了对外开放的方针，并实行出口导向政策。在中共十二大报告中就提出了"实行对外开放，按照平等互利的原则扩大对外经济技术交流，是我国坚定不移的战略方针。我们要促进国内产品进入国际市场，大力扩展对外贸易。要尽可能地多利用一些可以利用的外国资金进行建设"。① 印度在1991年拉奥政府开启经济转型之后，也明确提出要"努力把印度从一个管制约束的内向型经济转变为实行市场需要的外向型经济"。②

当然，在体制改革阶段，尽管两国为加快经济的增长总体上都采取了比较优势战略，但在这种战略的具体实施上，两国还是存在明显的区别，其中最大的区别就在于中国为了实现阶段性的目标采取了诸多过渡性政策。例如，中国在这一阶段明确提出了不平衡发展的战略理念，包括地区之间的不平衡发展、城乡之间的不平衡发展。但这种不平衡发展一开始就

---

① 胡耀邦．全面开创社会主义现代化建设的新局面——在中国共产党第十二次全国代表大会上的报告［EB/OL］．http：//cpc.people.com.cn/GB/64162/64168/64565/65448/4526430.html.
② *Time of India*, March 1, 1992.

不是中国经济社会发展的长远目标,而只是为了增强比较优势而暂时性采取的发展战略。例如,改革开放一开始就提出了允许少部分地区先富起来,但同时又提出了"两个大局"思想,即在改革开放初期,"沿海地区要加快对外开放""率先发展起来""内地要顾全这个大局""发展到一定时候,又要求沿海地区拿出更多力量来帮助内地发展,这也是一个大局,那时沿海要服从这个大局"。① 城乡之间的不平衡发展,也只是一时的战略,在 21 世纪之后,很快就提出了"城乡统筹"的发展理念。而印度则自始至终没有明确提出这样的过渡性政策。

## 4.2 体制改革阶段中印农业现代化道路的调整比较

进入改革阶段之后,中印在农业现代化道路上也开始了调整,这种调整包括农业经营体制的改革,也包括农业技术现代化道路的调整。

### 4.2.1 中印农业经营体制改革比较

开启市场化、全球化的经济体制改革之后,中国在农业经营体制上进行了一次根本性的变革,印度也进行了一定的改革。

#### 4.2.1.1 中国农业经营体制改革

中国的改革开放始自农业,在这一阶段,中国农业的经营体制进行了一场根本性大改革。这场改革主要分为两个方面。

(1) 农业生产经营体制改革。初步探索阶段中国形成的农地集体经营体制,实际上从 20 世纪 60 年代开始,就出现了要求改革这种体制的声音甚至实践。只是在实行严格计划经济的情况下,这种声音和实践最终都被打压。但 1978 年安徽省凤阳县小岗村开启的包产到户的改革实践却最终获得了领导人的认可,并在 1982 年的中央一号文件《全国农村工作会议纪

---

① 邓小平文选(第三卷)[M]. 北京:人民出版社,1993:278.

要》中得以正式确认，由此引发了 20 世纪 80 年代初中国经营体制的大改革，这场改革之后，中国迅速确立了土地集体所有、农户家庭经营的家庭联产承包责任制。1983 年，全国实行家庭联产承包责任制的村达到 97% 以上。① 家庭联产承包责任制保留了集体经济的内核，土地仍归集体所有，但农业的经营权又赋予了农户，很好地调动了农户的积极性。当然，值得注意的是，从一开始，中国就没有将其作为农业经营体制的终极形式，而只是将其作为中国农业现代化进程中必经的一个阶段。这方面，邓小平同志曾明确提出，"中国社会主义农业的改革和发展，从长远的观点看，要有两个飞跃。第一个飞跃，是废除人民公社，实行家庭联产承包为主的责任制。这是一个很大的前进，要长期坚持不变。第二个飞跃，是适应科学种田和生产社会化的需要，发展适度规模经营，发展集体经济。这是又一个很大的前进，当然这是一个长期的过程。"② 从这段话可以看出，中共中央一开始就认为，中国农业最终还是要实行规模经营。

（2）农产品市场及与此相关的农产品补贴的改革。改革开放以前，中国农产品流通实行的是统购统销制度，不存在真正的市场，而在家庭联产承包责任制实施后，由于整个经济体制开始向市场化改革，再加上改革之初粮食产量获得了超常规增长，结束农产品的统购统销制度，建立真正的农产品市场也就开始列入改革议程。改革统购统销制度始于 1985 年，在该年的中共中央一号文件《关于进一步活跃农村经济的十项政策》中，首先提出，从该年起，"除个别品种外，国家不再向农民下达农产品统购派购任务，按照不同情况，分别实行合同定购和市场收购。"③ 也就是说，从这时起，中国农产品的收购就实行了按计划价格订购和按市场价格议购的双轨制。后来这方面的改革就围绕取消双轨制、建立完全的农产品市场来进行。1992 年曾放开粮食购销市场，但由于 1993 年底粮食价格的暴涨，1994 年后只好又加强了国家订购，同时对订购粮的收购价格给予价外补贴，1996 年后又出现了粮价下跌和农民卖粮难的问题，于是政府又制定了

---

① 董辅礽. 中华人民共和国经济史（下卷）[M]. 北京：经济科学出版社，1999：56.
② 邓小平文选（第三卷）[M]. 北京：人民出版社，1993：355.
③ 人民出版社. 中共中央国务院关于"三农"工作的一号文件汇编 [M]. 人民出版社，2014：56.

按保护价敞开收购粮食的政策,其结果是造成了国家粮食企业的巨额亏损。如此多次反复之后,最终在 2003 年 10 月中共十六届三中全会才基本上完成了这次改革,在这次全会上通过的《中共中央关于完善社会主义市场经济体制若干问题的决定》中提出了要"完善农产品市场体系,放开粮食收购市场,把通过流通环节的间接补贴改为对农民的直接补贴"。① 由此,真正市场化的农产品流通体制基本建立。当然,后来为了保护农民的利益,国家也对粮食实行了保护价收购,但总的来说农产品的市场化流通体制还是日益完善。

#### 4.2.1.2 印度农业经营体制改革

中国的经济体制改革始自农业,而印度的经济体制改革最初则与农业几乎没有太大的关系。拉奥政府开启"四化"改革时,最初基本上都在工业领域,农业不仅不是重点考虑的对象,相反一定程度上还要为工业的发展让路。所以,在改革之初,拉奥政府不仅没有对农业上进行重大的改革或财政上的支持,相反还削减了农业基础设施建设资金,取消了诸多涉农补贴,如化肥价格补贴、食品补贴和出口现金补贴等。② 但在工业领域的市场化改革取得一定进展时,给农业领域的市场化改革还是造成了一定的外部压力,所以从拉奥政府的后期开始,印度农业经营体制还是进行了一定的改革。这种改革主要是在农产品对外贸易领域,这主要是由于关贸总协定(1996 年后改为世界贸易组织)乌拉圭回合谈判中提出了对农业贸易领域的要求,这些要求涉及印度的实际上也不多,主要是要求逐步取消农产品进口的限制。应此要求,印度 1994 年以后逐渐放开了小麦、油菜籽等曾经受到高度保护的农产品的进口。③

真正对于印度农业经营体制进行了实质性改革的是瓦杰帕伊政府。1998 年,再次上台后的瓦杰帕伊政府设立了政府高级委员会专门探讨印度的农业改革问题;2000 年公布了印度国民期待已久的国家农业政策,其

---

① 中共中央关于完善社会主义市场经济体制若干问题的决定(全文)[EB/OL]. http://cpc.people.com.cn/GB/64162/64168/64569/65411/4429165.html.
② 吴永年. 印度的第二次绿色革命 [J]. 南亚研究, 2006 (2).
③ (印) A. 古拉蒂, 樊胜根. 巨龙与大象: 中国和印度农业农村改革的比较研究 [M]. 北京: 科学出版社, 2009: 27.

中，对于印度农业经营体制进行了如下几个方面的变革。其一，废除印度农产品地区流动之间的限制，建立统一的国内农产品市场，同时取消私人投资农产品储存、贸易、运输的限制，使印度农产品贸易真正走向市场化；其二，取消印度企业投资农产品加工活动的许可证要求和工厂规模限制；其三，提高对农业增长有长远影响的公共开支，包括灌溉、农村电气化和农村道路方面的政府投资，同时，鼓励私营部门在农业多样性、市场基础设施、农村电力等方面的投资。①

综合来看，这一阶段印度在农业经营体制的改革主要是市场体系建设方面取得了一定进展，在农业投资方面则有明显的弱化，农业投资占GDP的百分比从1990～1991年度的1.92%下降到了2001～2002年度的1.24%，直到瓦杰帕伊的国家农业政策实施后才略有回升，2002～2003年度提高到1.27%，2003～2004年度提高到1.31%。②

### 4.2.1.3 体制改革阶段中印农业经营体制比较

从改革的力度来说，这一阶段中印两国在农业领域的改革不可同日而语。中国农业虽然维持了公有制的内核（农地所有权仍归集体），但无论是农业生产经营体制还是农产品流通体制上都可以说是发生了根本性的变革，而印度的改革基本上限制在农产品流通体制领域，而且流通体制也只是放松限制，所以实际上改革的力度极小。但是，由于改革前两国的农业经营体制存在根本性的区别，经过不同程度的改革后，原来迥异的农业制度反而出现了趋同的倾向。

首先，两国的农业生产经营模式极为接近，都是以分散的小型家庭经营为主。中国第一次农业普查资料显示，1996年中国平均每个农户的经营规模只有6.26亩，经营规模在9亩以下的农户占农户总数的83.4%，而经营规模在30亩以上的农户仅占1.9%。③ 同样，据印度统计局资料，1995～1996年，印度农业经营面积在1公顷以下的边际农户占61.6%，经

---

① （印）A. 古拉蒂, 樊胜根. 巨龙与大象：中国和印度农业农村改革的比较研究 [M]. 北京：科学出版社, 2009：29.

② Economic Survey 2004～2005 [EB/OL]. http://www.indiabudget.nic.in.

③ 张秀生, 陈先勇, 王军民. 中国农村经济改革与发展 [M]. 武汉：武汉大学出版社, 2005：152.

## 第4章 体制改革阶段中印农业现代化与城镇化道路比较

营面积在1~2公顷的小农户占18.7%,经营面积在2~4公顷的中小型农户占12.3%,经营面积在4~10公顷的中型农户占6.1%,经营面积在10公顷以上的大型农户仅占1.2%。① 可见,印度的农业也明显是以小规模家庭经营为主。

其次,在进行农产品流通体制改革后,两国也都基本上建立了统一的国内农产品市场体系。经过不同程度的改革之后,中印两国在农产品流通领域的市场化都取得了明显的进展,到21世纪初,基本上都建立了统一的国内农产品市场体系。

但是,两国也存在一些明显的不同之处。

首先,中国农业的经营规模比印度更小,而且更为平均。由于中国人均耕地少于印度,而改革之初中国农业人口比重又高于印度,所以户均规模小于印度是必然的。另外,中国的实施家庭联产承包责任制后,土地承包权完全实行的是按农业人口平均分配,并进行好次搭配,故土地的占有是极为平均的;而印度虽从独立后就开始进行土地改革,但一方面其土地改革并不是按人口均分土地,另一方面是这一政策执行本身就不彻底,所以印度土地的占有是不平均的,虽然绝大多数印度农户经营规模很小,但仍有少量的农户占有较大的土地,例如,占印度农业人口1.2%的大土地占有者每户占有土地在10公顷以上,占印度农业人口6.1%的中等占有者每户占有土地也在4~10公顷。

其次,印度土地的流转比中国相对灵活,中国农地的社会保障功能更为突出。这是最为重要的方面,中国实行家庭联产承包责任制后,土地所有权仍然是公有制,农民虽可以通过一定的途径流转土地承包经营权,但绝对不能买卖土地。而印度实行的是土地私有制,土地可以买卖。也就是说,印度农村土地的流转比中国相对灵活,但中国的土地制度对于农民的就业起到了更好的保障作用,除了被征地之外,中国农民都不会失去土地。也就是说,中国基本上不存在无地农民,印度则一直存在一定量的无地农民。

最后,中国农业生产的组织化明显弱化,印度则有所加强。在农业生产的组织化方面,则出现了与改革前相反的态势。中国在经济体制改革

---

① (印) A. 古拉蒂, 樊胜根. 巨龙与大象:中国和印度农业农村改革的比较研究 [M]. 北京:科学出版社, 2009: 57.

后，出现了明显的去组织化现象，原有的集体生产组织基本解体，新的生产组织又没有建立，所以农业生产经营的组织化严重弱化，特别是农业合作化明显弱化。但相反的是，印度农业生产经营的组织化却较以前有一定的强化趋势，特别是合作化运动有明显的发展。虽然改革后也没有出台专门支持农业合作社的政策，但原有的支持政策一直维持，20世纪80年代后这些支持政策还有所加强，再加上某些农业生产本身就有合作的需求，特别是一些农副产品的生产经营，所以在20世纪80年代后，印度农业合作社化运动还有明显的发展。当然这种发展主要体现在那些农副产品的专业合作社，包括奶业合作社、渔业合作社、糖业合作社等。到21世纪初，印度的制糖合作社占据的市场份额超过了58%，印度的奶业合作社则实现了生产的联盟，成为全球最大的牛奶生产机构。①

## 4.2.2 中印农业技术现代化道路的转变比较

经济体制改革之后，中印两国的农业技术现代化道路也进行了一定的调整，当然，相对而言，由于中国的农业生产经营体制发生了根本性的变革，而这种强制性的制度创新自然导致了技术创新路径的变化，所以中国在技术现代化道路上调整幅度较大，而印度由于农业生产经营体制没有发生大的变化，所以技术道路变化也不大，其主要的变化在于绿色革命的深化。

### 4.2.2.1 中国农业技术现代化道路的转变

在实行家庭联产承包责任制后，由于农业经营的主体转变为小规模经营的农户，中国农业技术现代化道路发生了重大的变化，由生化、水利、机械技术全面推进基本上转变为生化技术单向推进。当时邓小平等人提出的是"科技兴农"，但当时的科技基本上就是生化技术，也就是品种的选育和化肥的使用，经过20世纪最后二十年的推广，中国的水稻品种基本上实现了良种化，小麦、玉米等也基本上使用了新品种。在化肥的使用上，在改革开放前本就已经达到高水平的基础上，又实现了较大幅度的增长。

---

① 肖军. 农业合作社运动对印度农业发展的影响 [J]. 农业考古, 2015 (6).

1979 年中国化肥施用总量为 1086.3 万吨,2000 年达到 4146.4 万吨,① 几乎翻了两番,单位耕地使用化肥量也是大幅度增长。但在机械技术上,由于小规模的家庭经营对于机械化的需求不大,政府也暂时性地放弃了机械化的目标。另外,在水利上,由于实行家庭经营后已经缺乏了集体经济时代的动员能力,农业的组织化大大弱化,所以在这一阶段,新修的农业灌溉工程并不多,相反部分原有的农业灌溉设施甚至还由于年久失修而导致功能弱化,实际上中国农业灌溉水平在改革之后至 21 世纪之前,没有明显的提高。

#### 4.2.2.2 印度绿色革命的深化

体制改革阶段,农业其实一直不是印度政府改革的重点,始终处于兼顾的地位,在农业经营体制没有大的变动,政府又不是非常重视的情况下,印度农业的技术现代化道路实际上也没有大的变动,只有微调,这种微调主要体现在绿色革命的深化。印度的绿色革命最初只是在灌溉条件相对较好的西北部的旁遮普邦和北方邦进行,20 世纪 80 年代后逐渐向东部地区的恒河下游和恒河三角洲地区延伸。这一地区以前农业增长缓慢,主要原因在于缺乏必要的灌溉设施。故而印度政府以水利工程为先导,同时进行品种改良。20 世纪 80 年代末至拉奥政府改革之后,这种改革灌溉条件为核心的技术革命开始向占全国耕地面积 70% 以上的干旱、半干旱地区扩散,② 通过了印度水域综合发展计划,由此极大地提高了印度灌溉水平,在水利技术的带动下,品种的改良也开始在全印度推广。

### 4.2.3 体制改革阶段中印农业农村发展的成就与问题

由于经济体制的改革与技术现代化道路的调整,这一阶段两国农业农村的发展都取得了一定的成就,但也都存在一定的问题。

(1) 两国的农业技术现代化水平都取得了一定的提升,但中国基本上体现在生化技术领域,印度则相对比较全面。从表 4-1 可以看出,总体而言,两国这一时期的农业现代化水平都有一定的提高,但中国的提高主要

---

① 国家统计局. 中国农村统计年鉴 [M]. 北京:中国统计出版社,2014:37.
② 郭白晋. 试论印度绿色革命和农业现代化 [J]. 北方论丛,2015 (6).

体现在生化技术领域,而印度相对全面,机械技术、水利技术也都有明显的提高。这应该说与两国的农业经营体制相关。中国在实行家庭联产承包责任制改革之后,对于农业机械的需求大幅减弱,所以,在体制改革后的20多年中,中国的农业机械化水平基本没有提高,某些地区甚至还有一定程度的下降。而印度的经营体制相对稳定,大、中型家庭农场一直存在一定的比例,对农业机械化始终存在一定的需求,故而在体制改革后农业的机械化水平明显地超越了中国。另外,在水利灌溉上,印度也明显拉近了与中国的差距。这主要是中国在实行家庭联产承包责任制后,集体行动的成本大幅提高,地方政府也大幅减弱了对农业基础设施特别是水利方面的投资,故导致耕地的灌溉率不升反降,而印度则为了推进绿色革命的深化,在原来的干旱地区都推进了水利建设,所以,在这一阶段,两国在耕地灌溉率上的差距迅速缩小。

表4-1 体制改革阶段中印两国农业现代化水平的变化

| 项目 | 中国 | | 印度 | |
|---|---|---|---|---|
| | 1979~1981年 | 1999~2001年 | 1979~1981年 | 1999~2001年 |
| 灌溉地占作物用地的百分比(%) | 45.1 | 36.3 | 22.8 | 32.2 |
| 每公顷化肥消耗量(千克) | 149.4 | 256.2 | 34.5 | 107.4 |
| 每千名农业工人拥有拖拉机数量(台) | 2 | 2 | 2 | 6 |
| 每百公顷耕地拥有的拖拉机数量(台) | 76 | 70 | 24 | 94 |
| 谷物产量(千克/公顷) | 3027 | 4845 | 1324 | 2390 |
| 单位劳动力的农业增加值(1995年美元) | 161 | 338 | 269 | 401 |

资料来源:2004年世界发展指标[M].北京:中国财政经济出版社,2005:120-125.

(2)中国的农业技术推广体系明显弱化,但印度的农业技术推广却获得了一定的进展。改革之前,中国在农业技术的推广上具有明显的优势,这一方面是因为中国在教育的普及上比印度更为成功,虽然起点相似,但在不久之后农业人口的知识水平就明显超越了印度,使农业人口对于技术的学习能力明显强于印度;另一方面是因为当时中国农业生产的组织化程度明显高于印度,并在这种组织化生产的基础上建立了一套"四级农业科学实验田"的农业技术推广体系。但在改革之后,虽然中国农业人口在知识水平上的优势依然明显，1981年中国成年女性识字率为51%，成年男性为79%，印度分别为26%和55%；1991年中国成年女性识字率为68%，成年男性为87%，印度分别为39%和64%。[①] 但在农业生产的组织化上，中国则由优势转变为劣势，与农业生产组织化相关的"四级农业科学实验田"的农业推广体系也不复存在，后来虽然也还存在县、乡两级的农业科技推广服务机构，但由于这些推广人员并不在生产一线，推广效果非常有限，事实上体制改革后很多农业技术的进步，如测土施肥等，都只是在极小的范围内实行。而印度却在这一阶段农业技术的推广上取得了一定的进步，这一方面是由于农业合作社在这一阶段有明显的发展，农业生产的组织化程度有一定的提高；另一方面是到了20世纪80年代之后，印度的土地集中度开始回升。印度土地所有权的基尼系数，从1970年的0.587上升到1980年的0.624、1990年的0.641，[②] 这种生产规模的扩大实际上也有利于农业技术的推广。当然，也正因为如此，尽管中国体制改革比印度早了10多年，而且改革之后中国的工业发展速度明显超越印度，工业部门的劳动生产率远远超过印度，但从农业部门的劳动生产率来看，21世纪初中国甚至还不如印度。

（3）中国在农村减贫上取得了更大的成就，并很好地支撑了城市工业的发展，而印度农村则始终存在严重的贫困问题。农业部门的发展不应仅体现在农业部门技术水平的提高上，还应该体现在农民生活水平的提高以及农村贫困的减少上。体制改革之后，中印两国在消除农村的贫困上都取得了一定的进展，但是，相对而言，中国的减贫成就远远超过印度。根据中国官方数据，中国在改革开放初期的1978~1984年，贫困发生率就从33%下降到15%，2001年则下降到3%；而印度改革前夕1987~1988年农村贫困率为38.9%，1999~2000年下降到27%。[③]虽然两国贫困线不一致，中国的标准比印度稍低，但从下降的幅度而言，可以发现，中国下降幅度远远大于印度。另外，按照世界银行的统计，以日均消费低于1.25美元

---

① （印）阿玛蒂亚·森. 印度：经济发展和社会机会 [M]. 北京：社会科学文献出版社，2006：74.

②③ （印）A. 古拉蒂，樊胜根. 巨龙与大象：中国和印度农业农村改革的比较研究 [M]. 北京：科学出版社，2009：4，58.

（2005年购买力平价）为标准，1981年中国贫困率达到84.0%，1990年下降到60.2%，2002年下降到28.4%，印度相应的数据为59.8%、51.3%、43.9%。[1] 由此也可以明显看出，中国下降幅度远远大于印度。之所以两者在减贫问题上存在如此大的差距，主要是因为中国在改革开放后土地的经营权进行了平均占有，这虽然在很大程度上影响了农业机械化等现代技术的推广，但大大提高了农民的积极性，另外，不存在无地农民也更有利于消除贫困。而印度的土地占有则一直不平等，体制改革后这种不平等甚至还有所加剧。虽然一定数量的大、中型农场的存在有利于推进农业现代化，但大量的无地、少地农民的存在使其贫困问题很难真正解决。值得注意的是，体制改革后，中国农村经济的多样化取得了巨大进展，特别是以乡镇企业为代表的农村工业化取得了重大的进展，使农村人口在非农收入上获得了极大的提高。而同时期印度在乡村工业上虽也有一定的发展，但成就远不如中国，这也成为两国在减贫成就上差距巨大的一个重要原因。中国政府在农村减贫上的巨大成就，实际上也反过来推动了农村人口文化素质上的快速提高，这又对国家的城市工业化起到了极大的支撑作用。

## 4.3 体制改革阶段中印城镇化道路比较

市场化、全球化的改革，对中印两国影响最大的应该还是现代产业部门，也就是工业、服务业这些非农产业部门。尽管两国在主导产业的选择上存在明显的区别，但总的来说，体制改革之后，中印两国的现代产业部门都开始进入快速发展时期，现代产业部门的快速发展直接带来了两国城镇化拉力的提升，再加上农业的发展、城乡治理理念的转变也在很大程度上带来了两国的农村推力的增加，使两国的城镇化都出现了加速的趋势。但是，由于两国在现代产业部门主导产业的选择以及发展速度上存在明显的差异，再加上农业部门的发展以及城乡治理理念上的差异，这一阶段两国的城镇化成就还是存在明显的差异。

---

[1] 世界银行. 2011年世界发展指标 [M]. 中国财政经济出版社，2011：66.

## 4.3.1 20世纪80年代以来中印现代产业部门的发展比较

(1) 两国现代产业部门都实现了高速发展，但中国的总体发展速度明显超过印度。中国在20世纪80年代初开启体制改革之后，立即开始了产业政策的调整，印度尽管体制全面改革是在1991年拉奥政府之后，但其产业政策的调整实际上是始于20世纪80年代的拉吉夫·甘地政府，体制改革阶段更多是对拉吉夫政府政策的延续和加强，也就是说，尽管体制改革两国相差了十几年时间，但产业政策的调整时间却差不多。应该说，在产业政策调整之后，两国整个国民经济的发展都明显加速，而现代产业部门的加速则更为明显。

从表4-2可以看出，产业政策改变之后，中印经济增长都非常迅速，但由于二者产业政策的不同，两国的经济发展中还是存在明显的差异。总的来说，中国经济的发展速度和各产业部门的发展速度都超过了印度。

表4-2　中印20世纪80年代以来GDP及工业、服务业的年均增长率比较

单位：%

| 年份 | GDP | | 工业 | | 服务业 | |
|---|---|---|---|---|---|---|
| | 中国 | 印度 | 中国 | 印度 | 中国 | 印度 |
| 1980~1990 | 10.3 | 5.7 | 11.1 | 6.9 | 13.5 | 6.9 |
| 1990~2002 | 9.7 | 5.8 | 12.6 | 6.0 | 8.8 | 7.9 |

资料来源：世界银行.2004年世界发展指标[M].北京：中国财政经济出版社，2005：182-183.

(2) 中印在各自的主导产业上都具有相对优势。虽然从总体来看，体制改革阶段中国在各个部门的发展上都具有绝对的优势，但是相对而言，中国在自身的主导产业——工业上具有更明显的优势。这一点在20世纪90年代印度也开启体制改革之后更为明显。1990~2002年，中国工业增长速度达到12.6%，印度仅有6%，中国超过印度1倍以上。2002年，中国工业比重达到GDP的51%，其中制造业比重达到35%。而印度这一数据则分别只是27%和16%。21世纪初，中国已经被称为"世界工厂"，中国

制造遍布全球，100多种制造产品的产量处于世界第一位，囊括了家电制造、通讯设备、纺织等十多个行业。而印度除了医药行业等极少数行业外，绝大多数制造业产品产量都与中国有着巨大的差距。但相对而言，印度的服务业却在发展速度上与中国差距并不明显，特别是20世纪90年代后，中国服务业发展速度上的优势不足1%，而在服务业占GDP的比重上，印度延续了改革之前的优势。2002年，印度的服务业占GDP的比重达到51%，而中国这一数据仅为34%。[①] 印度的主导产业——软件业发展更是极为迅速。自1985年以来，印度软件业每年的增长速度一般都在50%左右。2000年以前，印度软件业无论是发展速度还是产值都较中国占有明显的优势，其产品主要用于出口。21世纪初，印度即成为了仅次于美国的世界第二大软件出口国，占有世界软件市场17%的份额，[②] 不过从20世纪末开始，中国也日益重视包括信息软件业在内的高科技产业，使中国软件业也出现了飞速的增长，一度甚至在总产值上超过了印度，见表4-3。21世纪初，中国软件业的发展速度和产值都曾一度超越印度，只是中国软件主要面向国内市场，印度则主要面向欧美出口，使印度软件业在国际市场的影响力明显超过中国。

表4-3　1998~2004年印度与中国软件销售额和出口额的对比　　单位：亿美元

| 年份 | 软件业产值 | | 软件出口额 | |
| --- | --- | --- | --- | --- |
| | 印度 | 中国 | 印度 | 中国 |
| 1998 | 39 | — | 26.5 | — |
| 1999 | 57.2 | 17.6 | 40.2 | 2.5 |
| 2000 | 82.6 | 71.6 | 62 | 4 |
| 2001 | 98.6 | 93.3 | 78 | 7.5 |
| 2002 | 124 | 132.9 | 96.04 | 15 |
| 2003 | 155.7 | 197.3 | 128 | 20 |
| 2004 | 280 | 265.7 | 172 | 28 |

资料来源：张杭生、张小溪：《中国与印度软件业发展比较分析》，江苏省外国经济学说研究会会议论文，南京，2007。

---

① 世界银行. 2004年世界发展指标 [M]. 中国财政经济出版社，2005：186-187.
② 周任. 中国与印度软件业发展之比较 [J]. 南亚研究季刊，2004 (1).

应该说，中印现代产业部门的快速发展总体而言都为两国城镇化创造了一定的条件，但相对而言，由于中国的主导产业是属于劳动密集型产业的制造业，而印度的主导产业是属于知识密集型产业的软件业，制造业的发展对于劳动力的需求可以说远远高于软件业，再加上中国总体经济的发展速度要高于印度，所以，中国城镇现代产业部门的拉力明显大于印度。

## 4.3.2 体制改革阶段中印城乡发展的基本理念比较

体制改革阶段，中国在城乡关系理念上进行了较大的调整，而印度总体上是延续原来的消极城镇化理念。

### 4.3.2.1 中国城乡发展理念上的调整

如前所述，在改革之前，中国采取的是城乡分治、农村农业为城市工业发展服务的理念，严格限制农村人口向城市流动，改革之后，中国政府在城乡关系理念和政策上有了重大的调整，这种调整首先体现在城乡人口流动政策上。这种调整主要包括两个方面。

(1) 迅速改变了依靠农村消化城市剩余劳动力的逆城镇化政策。通过动员知识青年上山下乡、由农村消化城市的剩余劳动力是改革之前体现农村为城市发展服务理念的一项重要政策，但改革前夕，这一政策就开始松动，1978年10月31日~12月10日召开的第二次全国知识青年上山下乡工作会议上，就开始调整了这一政策。这次会议上通过的《国务院关于知识青年上山下乡若干问题的试行规定》中，虽然没有放弃上山下乡政策，但明确提出要逐步缩小上山下乡范围，有安置条件的城市可以不再动员上山下乡，城市要积极开辟新领域、新行业，扩大就业门路。在此之后，中国上山下乡的知识青年大幅减少。中国下乡的知识青年人数由1977年的171.6万人锐减到1978年的48.06万人，1979年进一步下降到24.77万人，[①] 20世纪80年代后，基本上不再动员知识青年上山下乡。与此同时，原来下乡的知识青年也基本上在改革开放之初以各种途径返回城市，虽然

---

① 温铁军. 八次危机——中国的真实经验 [M]. 上海：东方出版社，2013：93.

在20世纪80年代初也曾造成了较多的城市无业人员,但最终通过开放个体工商户、私营企业等市场化方式得以在城市内部解决,以往那种依靠农村消化城市剩余劳动力的途径不复存在。

(2) 对农村人口向城市迁移的限制逐步放松。在改变城市知识青年上山下乡的政策之后,对于农村人口向城市流动的限制也逐步放松。1978年,公安部、粮食部、人事部联合颁布了《关于解决部分专业技术干部的农村家属迁往城镇由国家供应粮食问题规定》,提出高级专业技术干部以及在工作上有特殊贡献的城市专业人才的农村家属,可以不受限制,迁往城镇。1984年,国务院颁发《国务院关于农民进入集镇落户的通知》,又提出申请到集镇务工、经商、办服务业,或在乡镇企事业单位长期务工的农民和家属,准予自理口粮落户集镇。由此农村居民向集镇迁移的限制出现了大幅度松动。1985年,公安部颁布《关于城镇暂住人口管理的暂行规定》,提出公民可以在非户籍地长期居住。1992年,公安部颁布《关于实行当地有效城镇居民户口的通知》,决定在小城镇、经济特区、经济开发区、高新技术产业开发区实行当地有效城镇户口制度。1997年,国务院批转公安部《关于小城镇户籍管理制度改革试点方案》,小城镇户籍改革开始试点。1998年,国务院批转公安部《关于解决当前户口管理工作中几个突出问题的意见》,不再提限制到中等城市落户的规定。2001年,国务院再次批转公安部《关于推进小城镇户籍管理制度改革意见》中提出,要全面推进小城镇户籍制度的改革,进一步放宽农村户口向小城镇迁移的条件。①

经营体制的改革、流通体制的市场化以及对城乡人口流动限制的松动,说明中国城乡关系开始进入了一个新的历史阶段——由分治走向互动的阶段。但值得注意的是,这种互动是一种不平等的互动,本质上来说,仍然是马克思所讲的城乡对立,而不是城乡融合,因为在这种互动中,依然强调的是城市优先,农村为城市发展服务。

首先,城乡不平衡发展战略不仅没有根本性改变,从某种意义上说甚至还有所加强。改革开放之后,农村为城市工业发展提供积累的路径依然

---

① 我国户籍制度的历史沿革 [N]. 中国经济导报,2010-03-06 (B03).

存在。这种路径主要有两条：一条是通过收取农业税费的方式。改革后中国农民依然要向国家缴纳各种税费，改革开放之初是以实物方式缴纳，20世纪90年代后逐步改变为以货币方式缴纳，这实际上仍是农业向城市工业部门提供的积累。另一条则是城镇化、工业化过程中政府对于农业用地的低价征收。除此之外，工农产品的价格"剪刀差"虽有所缩小，但仍然存在。

在农村依然在为城市工业提供积累的同时，国家在农村的基础设施和社会保障制度建设却开始明显弱化。实行家庭联产承包责任制之后，政府在农村的基础设施和社会保障的投入大幅减少。改革开放的前十年，中国农村的有效灌溉面积甚至还略有减少，从1979年的4500.31万公顷下降到1989年的4491.72万公顷。[①] 与此同时，农民原有的、由村集体统筹解决的基本社会保障制度也基本不复存在，国家层面也基本上没有再建立农村的社会保障制度，导致这一阶段中国农村社会保障大幅弱化。

其次，这一阶段，中国人口管理上仍然实行的是户籍城乡分治的政策。自20世纪50年代以来形成的城乡二元户籍制度，改革开放后尽管进行了一定程度的改革，小城镇户籍逐步放开，但大中城市直到21世纪初，都没有真正松动。也就是说，农村人口向城市的真正迁移仍然受到极大的限制。除了上大学外，其他能够入户大、中城市的途径对于普通农村人来说基本不存在。也就是说，对于普通农村人口来说，只能到城市务工，成为流动人口，但不能入户，只有少数农村精英能够真正迁移到城市，成为真正的城市居民。而在城乡不同户籍人的管理上，采取的完全是两种不同的制度。城市户籍人口的社会保障制度不断健全，而农村户口的流动人口却长期基本排除在社会保障之外，因此，这一时期，中国还是实行的典型的城乡分治政策。

一方面，允许农村居民相对自由地到城市务工，为城市发展创造产值；另一方面，又严格限制农村居民真正入户城市，为城市节约了社会保障支出。这样的政策其实进一步导致了城乡的不平衡发展，实际上也是农村为城市发展服务理念的进一步强化。

---

① 国家统计局农村社会经济调查司. 2014中国农村统计年鉴 [M]. 中国统计出版社，2015：37.

#### 4.3.2.2 印度消极城镇化理念的延续

体制改革后,印度也依然延续了原来的消极城镇化理念,这主要体现在以下三个方面。

(1) 印度将城市发展的重心放在仅有利于少数精英的信息软件业上,而对有利于普通劳动力就业的轻工业、制造业却极不重视。印度的国情本身就有利于软件业的发展,从20世纪80年代开始,印度在产业政策调整后就一直将信息软件业作为发展的重中之重。但信息软件业明显不利于普通劳动者,特别是农村剩余劳动力的就业,所以,这种产业政策的选择本身就说明印度政府并没有积极推进城镇化的战略考量。

(2) 印度城市的发展严重缺乏计划性。中国在城市发展上一直具有很强的计划性,政府一直注重城市公共基础设施的建设,社会保障制度的改革也逐步推进。印度虽然没有二元户籍制度,但政府在公共基础设施上的投入明显低于中国,且城市的公共基础设施建设严重缺乏规划。即便是孟买这样的大都市,除了一些精英居住的高档社区拥有较为完善的基础设施外,在普通群众居住的地区,基本的地下排水管道都没有建立,每次发洪水都会造成极大的灾难。[①] 另外,印度政府在城市公共服务上的投入也严重不足,21世纪初,中国政府市政支出占GDP的比重达到3.2%,而印度只有0.8%,[②] 政府在城市公共基础设施上计划性的缺乏以及在公共服务投入上的严重不足,很大程度上推高了城市生活的成本,非常不利于农村人口向城市的迁移。

(3) 印度对于农村农业剩余劳动力就业问题的解决,仍然着眼于依靠乡村内部解决。印度农村内部一直有大量的剩余劳动力,据印度经济学家估计,20世纪80年代末,印度农业劳动力中25%是多余的。[③] 但和改革之前一样,印度政府仍然着眼于依靠农村内部来消化这些劳动力。其基本方式是两个方面,其一是调整农村的产业结构,促进农村经济多样化发展,重点是促进农产品加工业的发展,增加农产品的附加值,以此提高农民收入,扩

---

[①] 叶攀.1980年代以来发展中国家巴西和印度城镇化研究举要[J].中国名城,2015 (4).
[②] 姜乾之.中印城镇化比较研究[J].亚太经济,2012 (4).
[③] 王益谦.印度城镇化的潜能及其发展趋势[J].南亚研究季刊,1994 (1).

大农村就业，使农民认为"务农是最好的职业"。其二是政府投资农村的基础设施建设，吸引农民在农村就业。例如，2001年印度政府就在全国所有的邦都推出了"普遍以工代赈工程"，这一工程基本的思路是通过加强政府的投入，在农村地区修建持久耐用的社区基础设施，让农民获得额外的就业机会，当然，同时也可以改变农村落后经济、社会基础设施面貌。① 通过政府的这种努力，印度农村非农就业量有明显的上升。1983年男性比例为22.5%，女性比例为13.5%；1993/1994年，男性升至25.9%，女性升至13.8%；1999/2000年，男性达到28.6%，女性达到14.7%。②

改革之后，印度既没有在城市创造大量的就业岗位，也没有对城市的公共基础设施进行良好的规划和大量的投入，更没有积极推进农村剩余劳动力向城市转移。由此可以看出，印度依然延续了改革之前的消极城镇化理念。

## 4.3.3 体制改革阶段中印城镇化的动能比较

进入体制改革阶段之后，由于两国市场化改革以及城乡关系理念与政策的调整，中印两国的城镇化动能上出现了明显的差别。这种差别有两国现代产业部门发展的路线不同导致的市场性动能的差别，也有因两国理念与政策不同导致的制度性动能的差别。

### 4.3.3.1 中国城镇化动能明显增强

这一阶段，无论是市场性动能还是制度性动能都有明显的增强。

（1）市场性动能大幅增强。改革开放之后，中国无论是从来自城市的拉力来看还是从来自农村的推力来看都有明显的增强。

首先，农村改革使农村的推力明显增强。农村经营体制改革之后，中国粮食产量迅速增长，从1978年的30477万吨迅速增长至1984年的40731万吨，③ 由此基本上解决了粮食安全问题。同时，在实行家庭经营之后，

---

① 宋志辉. 印度农村反贫困研究[M]. 成都：巴蜀出版社，2011：148，155.
② （印）A. 古拉蒂，樊胜根. 巨龙与大象：中国和印度农业农村改革的比较研究[M]. 北京：科学出版社，2009：236.
③ 国家统计局农村社会经济调查司. 2014中国农村统计年鉴[M]. 北京：中国统计出版社，2015：136.

原来在集体经营下掩盖的农业剩余劳动力立即涌现出来,在没有粮食安全这一后顾之忧的情况下,这些剩余劳动力都有向城市非农部门就业的冲动,由此导致农村的推力明显增强。

其次,城镇现代产业部门的拉力明显增强。据前所述,改革开放之后,中国城市的现代产业部门高速增长,特别是工业部门,这一阶段增长速度基本上维持在10%以上。而工业中,这一阶段的主导产业又是轻工制造业,这种轻工制造业快速增长创造了数以亿计的就业岗位,再加上城市制造业部门的收入明显高于农村的务农收入,从而对农村劳动力形成了极大的拉力。

(2) 中国城镇化的制度性动能也明显增强。改革开放之后,二元户籍制度依然存在,但相比改革开放之前,这一制度发生了两个变化:其一,城镇户口在社会保障上的优势更加明显。其二,在不转户口的情况下,国家已不再限制农村人口向城市务工,也就是说,农村人口其实已经有了到城市长期务工的自由。这两方面的变化,都极大地增强了中国城市的制度性动能。城镇户口社会保障制度优势的强化,实际上使农村人有更大的城镇化动力,特别是对于农村的精英阶层,都开始把成为城市人口作为人生的目标。而在国家不再限制农村人到城市务工之后,普通农村人也有了城镇化的动力。所以,总的来说,二元户籍制度的这两方面变化,实际上极大地增强了中国城镇化的制度性动能。

(3) 中国二元经济结构转化路径的特殊性与整体城镇化动能的大幅增强。在市场性动能和制度性动能都明显增强的情况下,中国的城镇化动能自然大幅增强。不过值得注意的是,由于中国这一阶段特有的政策,农户拥有土地承包权但没有所有权,农地不能交易,农村劳动力被允许自由到城市务工但普通劳动力不许入户城市,所以这一阶段中国二元经济结构的转化以及城镇化的方式都出现了一种非常特殊的情形,如图4-1所示。

图4-1中,本阶段城市现代产业部门扩张曲线为$N_3^c Q_3^c$,也就是资本扩张幅度为$N_2^c N_3^c$,相应的城市现代产业部门增加的劳动力需求为$Q_2^c Q_3^c$,但从农村彻底转移到城市的劳动力只有$L_2^c L_3^c$($L_2^c L_3^c < Q_2^c Q_3^c$),彻底转移到城市的只是少数精英,大部分劳动力并没有真正离开农村,是以兼业(个人兼业或家庭兼业)的方式从事现代产业部门工作。这一阶段农村剩余劳动力仍未转移完毕,所以仍然不考虑短缺点(D)和商业化点(E)的移动情况。

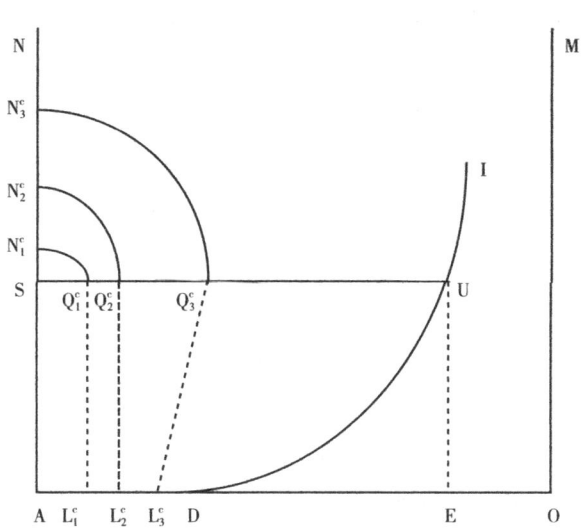

**图 4-1 体制改革阶段中国二元经济结构的转化**

从图 4-1 可以看出，这一阶段中国城镇现代产业部门资本扩张幅度明显大于前一阶段，又由于采取比较优势战略，资本有机构成比前一阶段有所下降，所以现代产业部门对劳动力的需求（$Q_2^c Q_3^c$）明显大于前一时期，从而使城镇的拉力明显增强（$Q_2^c Q_3^c > Q_1^c Q_2^c$）。同时，农村大量剩余劳动力的存在，也使农村存在巨大的推力。但是，由于户籍制度的存在，转移劳动力中，能够入户城市的只有少数精英（$L_2^c L_3^c$），大量的劳动力进城进入现代产业部门工作，但并没有真正离开农村，也没有真正离开农业。他们或者采取的是农忙务农、农闲务工的个人兼业方式，或者在家庭成员之间进行分工，即老人务农、年轻人务工的家庭兼业方式，工农兼顾。也就是说，中国这一阶段明显是以兼业化转化路径为主导。这一转化路径由于农村劳动力进入城镇现代产业部门工作又不影响农业生产，实际上进一步增强了城镇化的动能。

#### 4.3.3.2 印度城镇化动能没有明显变化

尽管这一阶段印度进行了较大规模的经济改革，经济发展速度明显加快，但从城镇化的动能来看，无论是市场性动能还是制度性动能，印度都没有明显的变化。

(1) 印度城镇化的市场性动能没有明显变化。市场性动能取决于城镇现代产业部门的拉力和农村农业部门的推力,但这一阶段,印度只是农村的推力略有增强,城镇的拉力没有明显的变化。

从农村的推力来看,有一定程度的增强,这是因为土地改革进展不利,20世纪70年代之后印度就基本上停止了政府性的土地重新分配,所以实际上20世纪70年代之后,印度土地的集中度不降反升。土地所有权基尼比率由1971年的0.587增至1981年的0.624,1991年上升至0.641。无地农民的也由1971年的9.6%上升至1981年的11.3%,20世纪90年代体制改革之后,也基本上维持了这一比例,[①] 这也就意味着无地农民的增加。另外,由于绿色革命逐步深化,印度农村剩余劳动力本身也有所增加,据经济学家Arthur Lewis(阿瑟·刘易斯)的估算,20世纪80年代末,印度农业中25%左右属于剩余劳动力。[②] 由于农村无地农民以及农业中剩余劳动力的增加,自然会导致农村的推力有所增强。

但从城镇的拉力来看,这一阶段印度则没有明显变化。尽管印度自20世纪80年代拉吉夫·甘地政府调整产业政策开始,现代产业部门的发展就开始进入快车道,20世纪90年代拉奥政府开启大规模经济体制改革之后,现代产业部门的发展进一步加速,但这种现代产业部门的快速发展并没有使城市拉力有明显的增强。这是因为以下两点。

其一,20世纪80年代以来印度城市经济的高速发展并没有创造太多的就业机会。这主要是印度的产业政策所致。20世纪80年代以来,尽管印度改变了重工业优先的发展战略,但是,改革后的印度主导产业是软件业等生产性服务业,这种软件业看起来资本有机构成不高,但这种不高是因为花在单个劳动力上的可变资本较高,而对劳动力需求的数量并不多。软件业每年为印度提供的就业只有几百万个,与中国制造业所能提供的数以亿计的就业不可同日而语。所以,这一阶段印度现代产业部门的增长,实际上存在一种"无就业"的增长。

---

① (印) A. 古拉蒂,樊胜根. 巨龙与大象:中国和印度农业农村改革的比较研究 [M]. 北京:科学出版社,2009:56-58.

② [美] Arthur Lewis(阿瑟·刘易斯). 经济增长理论 [M]. 梁小民,译,上海:上海三联出版社,1990:412.

其二，印度城市也存在严重的贫困现象。印度一直有大量的贫困人口生活在贫民窟中，印度贫困人口的比例和农村并没有太大的差距，例如，1993~1994 年印度城市贫困率达到 32.4%，而农村也只有 37.2%，① 这使印度的城乡差距远没有中国那么大。20 世纪 80 年代中期以来，中国的城乡差距就日益扩大，21 世纪初就达到了 3 倍以上，2002 年就达到了 3.1 倍，② 而印度的城乡差距 21 世纪初只有 1.7 倍。③

根据托达罗的基于预期收益的人口流动模型，在城市就业率不高，城乡差距不大的情况下，印度这一阶段城镇的拉力并不大，可以说和改革前没有多大变化。和中国相比，印度城乡收入差距和城镇的就业率都明显要低，故印度城镇拉力明显不如中国。

（2）印度城镇化的制度性动能没有明显变化。制度性动能取决于城乡人口自由流动度、社会保障的差异度以及社会地位的定位。在印度，历来就没有二元户籍制度，城乡人口之间自由流动从来不受限制，但是，也因为这一点，城乡之间也就没有社会保障的差异，这使得城市对于农村人口的吸引力远不如中国。另外，印度城乡人口之间并没有明显的社会地位差距，决定社会地位的往往是种姓，一个高种姓的人放弃城市的体面工作回农村经营农场，并不会被人觉得是丢人的事。因为经营苹果园的收入是大学教授的两倍。④ 这些方面改革前后都没有明显变化，所以，从这种制度性动能来看，印度历来不足，改革之后也没有什么太大的改变。

（3）体制改革阶段印度二元经济结构的转化。由于市场性动能和制度性动能都没有明显变化，这一阶段印度整体城镇化动能也没有明显变化，同样，这一阶段印度二元经济结构的转化与前一阶段也没有明显变化。如图 4-2 所示。

---

① 俞金尧. 20 世纪发展中国家城镇化历史反思——以拉丁美洲和印度为主要对象的分析 [J]. 世界历史，2011（3）.
② 中华人民共和国国家统计局. 中华人民共和国 2002 年国民经济和社会发展统计公报 [J]. 中国统计，2003，56（3）.
③ 舒布哈姆·乔杜里，马丁·拉瓦雷. 中国和印度不平衡发展的比较研究 [J]. 经济研究，2008（1）.
④ 盛荣. 印度土地制度效果对中国土地制度改革的启示 [J]. 中国农业大学学报（社会科学版），2006（4）.

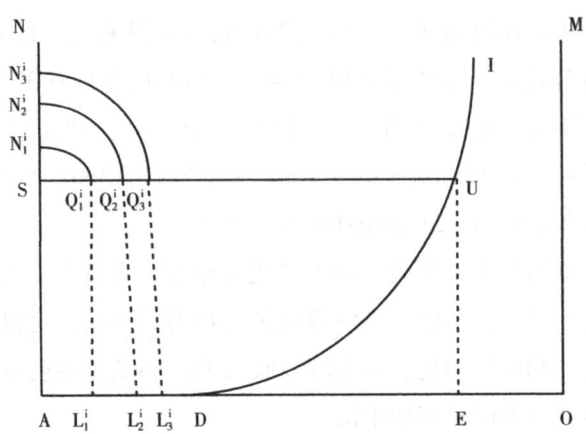

图 4-2 体制改革阶段印度二元经济结构的转化

图 4-2 中，$N_3^i Q_3^i$ 为这一阶段印度工业化扩张时对劳动力的需求曲线。根据这一曲线，这一阶段印度城市现代产业部门增加的投资为 $N_2^i N_3^i$，现代产业部门增加的劳动力需求为 $Q_2^i Q_3^i$，向城市转移的劳动力为 $L_2^i L_3^i$。这一阶段印度农村的剩余劳动力同样未转移完毕，所以同样不考虑短缺点（D）和商业化点（E）的移动情况。

从图 4-2 可以看出，印度这一阶段二元经济结构的转化基本上只是前一阶段向外的简单平移，没有明显的区别，向城市转移的劳动力依然略多于城市的需求，部分转移的劳动力依然进入城市贫民窟。城镇化的动能总体上没有明显的变化。和中国相比，这一阶段印度的城镇化动能存在明显的差距。

## 4.3.4 体制改革阶段中印城镇化的成就与问题比较

由于二元经济结构的转化路径以及城镇化动能上的明显差异，这一阶段中印两国在城镇化的成就上也存在明显的差异，相应地，两国城镇化的问题上也存在很大的差别。

（1）中国城镇化整体成就明显高于印度。两国城镇化动能上的明显差异直接的结果是两国在城镇化成就上的明显差距，总体而言，这时期中国城镇化成就上明显高于印度,这种成就上的差异,最直接的体现就是中国这一阶段城镇化率的提升幅度明显高于印度。

从表4-4可以看出,中国改革之后城镇化率迅速提高,改革之后前十年即上升了6个百分点,20世纪90年代之后平均每年上升1个百分点左右,10年内上升了11个百分点。而印度20世纪80年代只上升了2个百分点左右,拉奥政府开启改革之后,10年内也只上升了2个百分点左右,改革前后并没有太大的差别。20世纪80年代初,印度城镇化率还略高于中国,但在20世纪80年代后期,中国城镇化率就超越了印度,以后差距日益拉大。

表4-4　　　　　20世纪80年代以来中印城镇化率　　　　　单位:%

| 国家 | 1981年 | 1991年 | 2001年 | 2005年 |
|---|---|---|---|---|
| 中国 | 20.16 | 26.94 | 37.66 | 42.99 |
| 印度 | 23.30 | 25.72 | 27.80 | 28.70 |

资料来源:印度数据来源于http://tongji.cnki.net/kns55/Dig/InternationalData.aspx#;中国数据来源于中经网统计数据库,http://192.168.30:91/page/Default.aspx。

(2) 中国城镇化空间发展道路上开始出现了明显的不平衡性,印度则没有明显变化。从城镇化空间发展道路的两个方面来看,在规模体系上两国基本延续以前的结构,中国的中等城市相对较多,印度首位度更大,但从地理空间结构来说,经济改革之后中国则出现了明显的不平衡性,印度则和前一阶段没有明显的差别。

根据"两个大局"的战略,改革开放后中国采取了沿海优先发展的战略。这种沿海经济的优先发展,自然也带来了沿海城镇化的优先发展。所以,改革开放之后,中国沿海城镇化的进展明显快于内地。2001年,中国东部的城镇化率达到44.82%,而西部仅为29.05%。[1] 东部沿海地带涌现出了一大批像深圳一样的新兴大城市,甚至特大城市,而中西部的大城市总体地位都有所下降。但印度则基本上延续了以前的格局,特大城市依然是德里、孟买、加尔各答、钦奈、班加罗尔、海德拉巴,这六个城市分散

---

[1] 曹骥赟.印度城镇化进程对中国城镇化的启示——兼比较两国城镇化进程[J].延边大学学报(社会科学版),2006,39(2).

在不同的角落，没有出现集中化的倾向，唯一的不同是这几大城市的发展速度略有区别，总体而言，班加罗尔、德里、孟买等城市发展较快，其他几个城市发展相对较慢。当然，从这种空间发展道路的变化也可以看出，这一阶段中印两国市场动力机制的主导性有所增强，中国的深圳等沿海城市的发展是因为对外开放后这些沿海城市条件更好，市场化的城市拉力更足，印度班加罗尔等城市的发展也是因为改革之后这些城市的软件业获得了更好的发展，相应地也在一定程度上增强了这些城市的市场化拉力。

（3）中国城乡发展不平衡较印度更为突出，印度城乡产业发展的脱节问题更为明显。改革之后中国的不平衡战略，除了东部沿海优先发展之外，还有就是城市优先发展。这种城市优先发展的战略的实施，再加上市场化的改革本身就有利于城市的发展，使中国的城乡差距从20世纪80年代中期开始就持续扩大。中国城镇居民的可支配收入与农村居民人均纯收入的差距在1985年、1990年、1995年、2000年、2005年分别为1.74、2.20、2.47、2.78、3.22倍。① 而印度则基本上维持在2倍左右，21世纪初也只有1.7倍。另外，这一阶段中国城乡实行的是二元社会保障体制，进一步拉大了和城乡之间的实际差距，而印度从未实行二元社会保障体制，所以，就这一阶段城乡发展不平衡问题而言，中国明显比印度突出。中国这种突出的城乡差距一定程度上增强了这一阶段城镇化的动能，但到21世纪之后，则日益成为了一种社会问题。不过，从城乡发展的衔接上，中国则比印度做的明显要好。因为中国城镇现代产业部门的主导产业是制造业，制造业需要的是大量的受过一定基础教育的劳动力，而中国农村大量的剩余劳动力都受过一定基础教育，这些劳动力正好能够满足城镇现代产业部门发展的要求。中国二元经济结构的这种兼业化转化路径，虽然在较大程度上影响了农业现代化，特别是机械化技术的推进，但是却使劳动力能够在城乡之间自由流动。当城市经济发展良好时，农村劳动力会及时进城务工满足城市现代产业部门劳动力的需要，而当城市经济出现波动时，这些劳动力能够随时回归农村。所以，可以说，这样的转化路径下，

---

① 全国年度统计公报 [DB/OL]. http://www.stats.gov.cn/tjsj/tjgb/ndtjgb/.

城市的劳动力市场能够自动出清，不会存在托达罗模型所说的城市劳动力剩余的问题。故而，自然也就不会出现城市贫民窟现象。所以，可以这么说，这些兼业的劳动力不仅正好满足了城镇现代产业部门发展的需要，而且也架起了城乡发展的桥梁，对中国城乡的发展起到了很好的衔接作用。而印度则存在明显的城乡发展脱节问题，因为印度农村的剩余劳动力并不是印度现代产业部门发展所需的劳动力。这一阶段，印度的现代产业部门主导产业为软件业，软件业需要的是受过高等教育的劳动力，所以两者是脱节的。也正因为如此，农村剩余劳动力进城后，也很难进入正规的组织部门就业。另外，印度的土地制度实行的是私有制，土地的占有是不平等的，在农村拥有大量土地的大、中农根本不会进城务工，进城务工的往往是无地或少地农民，他们进城时或者本身就没有土地，或者会把少量的土地卖掉，在这样的情况下，他们往往也就没法在城乡之间自由流动，因而也没法充当城乡之间发展的桥梁。所以印度的发展存在明显的城乡脱节、上层与下层脱节问题，即存在明显的发展分裂问题。

（4）中国存在严重的半城镇化现象，印度则存在严重的城市贫困问题。中国二元经济结构的兼业化转化路径，虽然使中国城乡劳动力的供需实现了有效的衔接，并且自动地实现了市场出清，但也导致了一个问题，那就是大量进城务工的农村人口并没有真正城镇化，其家庭成员仍在农村，其户口也还在农村。由于中国的城镇人口统计时是按常住人口，所以这类群体一般被统计为城镇人口，但在户籍人口中统计为农业人口，故而称其为半城镇化。这一阶段，中国农村人口真正入户城市大部分只能通过考学这一途径，另有少部分通过国有单位招工或城镇职工家属转户口。故城镇户籍人口增加实际上非常有限。如按户籍人口来统计，则21世纪初中国也只有28%左右，[①]和印度基本相当。但加上半城镇化人口，中国城镇化率则明显高于印度。中国半城镇化率，1981年为2.76%，[②] 21世纪初则达到10%左右。[③]中国这些半城镇化人口的大量存在，一方面架起了中国城

---

[①③] 国家新型城镇化规划（2014~2020）[N]. 人民日报. 2014-03-17（9）.
[②] 杜书云，牛文涛. 中国"半城镇化"困局的成因及破解机制——基于1981至2012年城镇化数据的实证研究 [J]. 吉林大学社会科学学报，2015（3）.

乡之间的桥梁，另一方面也导致了一些严重的社会问题，其中最主要的是留守问题。由于农民工不能入户城市，导致农民工的社会保障严重落后于城市居民，再加上农民工的收入本身与城市居民有明显的差距，故而导致进城打工的农民工只能是个人进城，基本上把父母、小孩、妻子留在农村。到了20世纪90年代末期以后，妇女也开始大规模进城，从而将老人和小孩留在农村，因而造成了严重的留守老人、留守儿童问题。另外，城市务工人员与城市户籍人口社会保障、公共服务上的巨大差距，进入21世纪后也日益引发了这些人对社会的不满。

和中国不同的是，印度不存在这种半城镇化问题，但却存在大量的非正式就业以及由此导致的严重城市贫困问题。因为印度有组织部门的正式就业往往需要较高的文化素质，而从农村转移到城市的贫困人口根本没法达到这一要求，所以一般只能是非正规就业。印度城市的非正规就业主要包括正规部门的非正规就业（正规部门的临时聘用人员和从事辅助性工作的劳动者）、小型经济体就业、自雇型就业和其他临时性就业等。应该说，一定程度的非正规就业，任何国家都存在，但印度极为严重。据统计，1999~2000年，印度非正规就业占比高达87.8%，在工业中，非正规部门就业占比在80%以上，2008年印度非正规部门有4000万工人，但正规部门只有700万左右的工人。服务业部门非正规就业占比更达到95%左右。整个城市就业人口中，75%在非正规部门就业。[1] 非正规部门的收入远低于正规部门，有的基本上没有社会保障，故而，造成了印度严重的城市贫困问题。据调查，印度城市贫困化率一直有较高的比例，1993~1994年达到32.4%，1999~2000年达到24.7%。[2] 许多城市的贫困化率甚至比农村还要高。

从表4-5中可以看出，孟买和加尔各答的贫困化率甚至高于同期农村的贫困化率（30.2%）。城市中这种严重的贫困现象，给印度的经济社会发展带来了严重的问题。

---

[1] 陈吉祥. 论城镇化进程中的印度非正规就业 [J]. 南亚研究季刊, 2010 (4).
[2] 国务院发展研究中心"印度人口流动和城市治理的经验教训"考察团. 印度城镇化的特点及经验教训 [J]. 城乡建设, 2010 (10).

表4-5    2001年印度部分大城市总人口、贫民窟人口及其比例

| 城市 | 总人口（万人） | 贫民窟人口（万人） | 贫民窟人口占总人口的比例（%） |
| --- | --- | --- | --- |
| 孟买 | 1191.44 | 582.35 | 48.9 |
| 德里 | 981.74 | 185.47 | 18.9 |
| 加尔各答 | 458.05 | 149.08 | 32.5 |
| 班加罗尔 | 429.22 | 34.52 | 8.0 |
| 金奈 | 421.63 | 74.79 | 17.7 |

资料来源：印度2001年人口普查资料。转引自国务院发展研究中心"印度人口流动和城市治理的经验教训"考察团．印度城镇化的特点及经验教训[J]．城乡建设，2010（10）．

体制改革阶段是中印两国经济起飞的时期，这一时期两国的农业现代化和城镇化都取得了较大的成就，但也都还存在一些明显的问题。中国农村的大改革带来了改革初期农村的大发展，但也由于组织化的明显弱化而导致了后来农村机械化技术推进的缓慢，使农业劳动生产率提高缓慢。印度则基本上延续了以往的农业发展模式，所以总体农业技术的现代化道路也没有太大的变化，以生化技术为主，机械技术也有一定的推进，但由于改革之后政府对农业发展的相对忽视，使农业的发展速度也并不快。两国相比，中国在生化技术上仍然保持了原来的优势，但在机械技术上却转化为劣势。另外，在农业生产的组织化上，印度则反过来超越了中国。在城镇化方面，中国的推进明显快于印度，这首先是因为中国这一阶段主导产业选择的是能够吸收大量劳动力的制造业，同时，中国农村劳动力的素质也完全能够达到制造业的要求。而印度这一阶段选择的主导产业是劳动需求非常有限的软件业，而且农村的剩余劳动力也根本满足不了软件业的要求，这就决定了印度城镇化的市场化动能远不如中国。另外，中国这一阶段户籍制度上的改变，使农村劳动力能够自由进城务工，但不能入户城市，实际上也增强了城镇化制度性动能，所以这一阶段中国的城镇化动能远远高于印度。也正因为如此，这一阶段中国城镇化的成就远远高于印度。不过，这一阶段两国城乡发展中都存在一定的问题，中国城乡发展之间的衔接明显好于印度，但二元户籍制度的依旧存在以及改革后形成的农村特殊土地制度对于城镇化的发展

是一把双刃剑,既是城镇化劳动力市场的自动协调机制,可以实现经济波动下城镇劳动力市场的自动出清,也导致了严重的半城镇化问题。印度则存在一个明显的发展脱节问题,这种脱节一方面导致了城镇化的缓慢,另一方面导致了严重的城市贫困问题。

# 第5章

# 战略转型阶段中印农业现代化与城镇化道路比较

20世纪八九十年代中印两国先后开启的市场化改革,一方面促进了中印经济的高速发展,另一方面也带来了一系列问题。为了解决这些问题,在21世纪初,中印两国都在一定程度上调整了发展战略理念,这种发展战略理念的调整使两国的经济社会发展进入了一个新的阶段——战略转型阶段。与前一阶段相比,这一阶段两国的农业现代化和城镇化道路都出现了新的转变。

## 5.1 21世纪初中印发展理念的调整和发展战略的转型

### 5.1.1 中印发展理念的调整

#### 5.1.1.1 中国发展理念的调整

21世纪初,中国总体上仍然坚持了市场化的改革方向,但同时又针对前一阶段的问题在基本发展理念上进行了适当的调整,提出了以人为本,全面、协调、可持续的科学发展观,由此使中国的经济社会发展确立了新的指导思想,在新的指导思想下,中国经济社会发展的基本价值理念、区域城乡发展战略理念以及工业化理念等都出现了较大的转变。

(1)市场化改革方向的延续。市场化是改革开放以来中国确立的基本方向，这一方向在 21 世纪得到了延续。2002 年召开的中共十六大上就明确提出，要"在更大程度上发挥市场在资源配置中的基础性作用，健全统一、开放、竞争、有序的现代市场体系"。① 为此，2003 年召开的十六届三中全会通过了《中共中央关于完善社会主义市场经济体制若干问题的决定》，其中再次强调，要"更大程度地发挥市场在资源配置中的基础性作用。增强企业活力和竞争力"。② 2007 年的中共十七大报告也仍然强调，要"加快形成统一开放竞争有序的现代市场体系。"③ 而在 2013 年召开的十八届三中全会上通过的《中共中央关于全面深化改革若干重大问题的决定》中，更是明确提出了要让"市场在资源配置中起决定性作用"。④ 从这些重大会议的决议来看，在市场化的改革方向上，中国共产党 21 世纪以来未有过丝毫动摇，可以说，随着改革的深入，这一方向甚至还有一定程度的强化。

（2）经济社会发展阶段性基本价值理念的调整。在前一阶段，为了迅速改变经济发展落后的局面，实现经济的快速增长，中国提出了"效率优先、兼顾公平"的发展理念，但在科学发展观提出之后，这一理念开始逐步改变。

在 2007 年的中共十七大上，中共中央就明确把以往以追求速度、效率为首要目标的"又快又好"的发展理念调整为"又好又快"的发展理念；同时，在分配制度的论述中专门提出，"初次分配和再分配都要处理好效率与公平的关系，再分配更加注重公平"。⑤ 在此之后，"包容性增长""共享发展"等公平取向的提法多次出现在中共中央的重大会议以及领导人的讲话之中，而在 21 世纪以来制定的一系列发展规划以及战略目标中，公平的目

---

① 全面建设小康社会，开创中国特色社会主义事业新局面——在中国共产党第十六次全国代表大会上的报告［EB/OL］. http：//cpc. people. com. cn/GB/64162/64168/64569/65444/4429125. html.

② 中共中央关于完善社会主义市场经济体制若干问题的决定（全文）［EB/OL］. http：//cpc. people. com. cn/GB/64162/64168/64569/65411/4429165. html.

③ 胡锦涛在中国共产党第十七次全国代表大会上的报告［EB/OL］. http：//cpc. people. com. cn/GB/64162/64168/106155/106156/6430009. html.

④ 中共中央关于全面深化改革若干重大问题的决定［EB/OL］. http：//cpc. people. com. cn/n/2013/1115/c64094 - 23559163. html.

⑤ 胡锦涛文选（第二卷）［M］. 北京：人民出版社，2016：643.

标也日益凸显，说明中国经济社会发展的基本价值理念选择已经发生了明显的变化，公平重新成为基本价值理念。

（3）区域城乡发展战略理念的转变。在公平逐渐成为中国经济社会发展的基本价值理念之后，中国原来的区域、城乡不平衡的发展理念也进行了重大的调整，平衡协调发展逐步成为中国的基本发展理念。21世纪以来中国的平衡协调发展理念主要体现在两大方面。

其一，区域平衡发展。在前一阶段，东部沿海优先发展是基本的战略安排，但在20世纪末地区差距日益拉大之后，这一理念就开始调整，从20世纪90年代末到21世纪初，中国先后提出了西部大开发、东北振兴、中部崛起等推动中西部发展的战略，区域不平衡发展理念逐步转变为平衡发展理念。

其二，城乡统筹发展。在地区不平衡发展理念转变的同时，城乡不平衡发展理念也实现了重大的转变。在2002年的中共十六大上，中共中央就首次提出了要"统筹城乡经济社会发展"，[1] 而在2003年十六届三中全会上通过的《中共中央关于完善社会主义市场经济体制若干问题的决定》中，则开始将统筹发展作为中国经济社会发展的基本战略，当时提出了五个统筹的思想，即"统筹城乡发展、统筹区域发展、统筹经济社会发展、统筹人与自然和谐发展、统筹国内发展和对外开放"[2]，其中，城乡统筹是首要的内容。中共十七大在系统论述科学发展观时，则将"统筹兼顾"作为科学发展观的基本方法，提出了九个统筹，即"统筹城乡发展、区域发展、经济社会发展、人与自然和谐发展、国内发展和对外开放，统筹中央与地方关系、统筹个人利益与集体利益、局部利益和整体利益、当前利益和长远利益"，[3] 其中同样将城乡统筹作为首要的内容。由此可以看出，城乡统筹发展已经成为了中国经济社会发展的基本理念，而这种城乡统筹的关键，其实也是城乡之间的平衡协调发展。在实践层面，2005年制定的中国"十一五"规划中专门提出了建设社会主义新农村的战略，而在中共十

---

[1] 江泽民文选（第三卷）[M]. 北京：人民出版社，2006：546.
[2] 中共中央关于完善社会主义市场经济体制若干问题的决定 [EB/OL]. http://cpc.people.com.cn/GB/64162/64168/64569/65411/4429165.html.
[3] 胡锦涛文选（第二卷）[M]. 北京：人民出版社，2016：625.

九大上,更是提出了乡村振兴战略,可以看出,21世纪之后,城乡之间的统筹、融合逐步成为了中国经济社会发展的基本理念。

(4)工业化理念的转变。在不平衡发展理念转变为平衡协调发展理念的同时,工业化理念也发生了转变。在中共十六大上,正式提出了新型工业化道路。新型工业化道路的主要内容有三个方面:其一是大力发展高新技术产业,推进产业结构的优化升级。中共中央提出,在21世纪要通过推进产业结构的优化升级,"形成以高新技术产业为先导、基础产业和制造业为支撑,服务业全面发展的产业格局"。在如何发展高新技术产业上,中共中央认为,关键是要实现信息化与工业化的融合,"以信息化带动工业化,以工业化促进信息化"。① 其二是在工业化发展中要节约资源、减少对环境的污染,这一理念最终演变为新时代的绿色发展理念。其三则是第一、第二、第三产业协调发展。这方面,中共十六大上就提出了要"加快发展现代服务业,提高第三产业在国民经济中的比重"。②中共十七大则明确提出,经济发展要"由主要依靠第二产业带动向依靠第一、第二、第三产业协同带动转变"。③

#### 5.1.1.2 印度发展理念的调整

在中国调整发展理念的同时,21世纪初印度的发展理念也进行了调整。这种调整在瓦杰帕伊政府的后期就已经开始,2004年上台的曼·辛格政府则更加明确,2014年上台的莫迪政府则进一步强化。这种调整主要体现在如下几个方面。

(1)坚持和进一步深化市场化改革。与中国一样,市场化也是经体制改革以来印度基本的改革方向,21世纪以来,印度不仅继续坚持了这一方向,而且在原有的基础上进一步深化。2004年曼·辛格政府联合进步联盟政府组成后,立即发布了该届政府的《最低共同纲领》,其中即明确提出了要继续坚持进行经济体制改革,将整个经济体制进一步推向市场化,为此,还专门提出了鼓励私营企业发展、加大外资吸引力度、积极参与区域

---

①② 江泽民文选(第三卷)[M]. 北京:人民出版社,2006:545.
③ 胡锦涛文选(第二卷)[M]. 北京:人民出版社,2016:630.

贸易协定等市场化改革举措。① 莫迪政府则进一步深化了市场化改革。2014 年 Modi（莫迪）政府上台之后，立即采取了激进的市场化改革举措，上台不到一年，就撤销了印度计划委员会，由一个类似智库的学会"全国改革印度学会"（NITI）取而代之。② 随后更采取了诸如加大私有化改革力度、修改《劳动法》《工厂法》等以利于企业更方便地解雇工人和宣布破产等措施。《劳动法》修改的内容主要是将小型企业的定义由之前的雇佣人数由 10~19 人提高到 10~40 人，这使得小型企业免于受其监管的法律从之前的 8 部增加到 16 部。③《工厂法》则将企业的加班时间由原来每个季度不超过 50 小时增加到 100 小时。中央的修改还带动了一些地方上的修改。例如，2014 年拉贾斯坦邦修改了《劳动争议法》，规定将企业须经政府同意才能解雇工人的规模下限由 100 人增加到 300 人。④

（2）大力发展制造业。这一阶段，印度政府开始意识到以往只重视发展软件业带来的问题，于是在 21 世纪初立即开始大力发展制造业，试图依靠制造业的发展来解决城市和农村剩余劳动力的就业问题。自辛格政府开始，印度就启动了加快发展制造业的战略。2005 年 9 月，印度公布了"印度制造业国家战略"，决心将印度打造成"世界制造工厂"。⑤ 2004 年辛格政府就职后，就提出要建立国家制造业竞争力委员会，同年 9 月正式宣布成立。2006 年 3 月，该委员会发布了《制造业国家战略》白皮书，其中提出 2006~2015 年是印度制造业发展的黄金十年，印度制造业的平均增速需要达到 12%~14%，才能使经济保持 7%~8% 的增长，并且到 2015 年制造业占 GDP 的比重要达到 23%。⑥ 印度 2011 年制定了"国家制造业政策"，提出到 2022 年，印度将把制造业占国内生产总值的比重从 16% 提高到 25%，创造 1 亿个新工作岗位。⑦

莫迪政府则更加明确将发展的重心由服务业转向制造业。上任伊始就

---

① 文富德. 印度曼·辛格政府坚持谨慎经济改革［J］. 南亚研究，2007（1）.
② 印度总理莫迪下令撤销国家计划委员会［EB/OL］. http://www.guancha.cn/Neighbors/2015-01-03-305112.shtml.
③④ 陈金英. 莫迪执政以来印度的政治经济改革［J］. 国际观察，2016（2）.
⑤ 唐鹏琪. 印度制造业优势浅析［J］. 南亚研究季刊，2006（1）.
⑥ 任佳，邱信丰. 印度工业政策的演变及其对制造业发展的影响［J］. 南亚研究，2014（2）.
⑦ 张雷. 后危机时代印度制造业政策调整及中国应对［J］. 理论月刊，2015（6）.

再次明确要将印度制造业对经济的贡献率由15%上升到2022年的25%，并提出要以此为每年超过1200万的年轻人提供就业。① 为了做到这一点，莫迪政府成立四个月就提出了"印度制造"计划，这一计划中提出，为了加快印度制造业的发展，印度将着重进行以下三大方面的改革：加强基础设施建设、加快制造业发展和改善外商投资环境。②

（3）重新重视农业的发展。拉奥政府在改革初期明显存在忽视农业发展的倾向，不仅没有重视农业部门的改革，而且还削减了对农业部门的投资和补贴。但在新世纪之后，印度在重视工业制造业发展的同时，对农业部门也重新重视，不仅增加了农业部门的政府投资，恢复了原来削减了的各种涉农补贴，而且还专门提出并实施了"第二次绿色革命"。"第二次绿色革命"问题后面将详述，在此不赘述。

### 5.1.1.3 21世纪初中印两国发展理念的异同

从两国发展理念的调整可以看出，21世纪初中印两国在发展理念上存在一定的相似之处，但也存在明显的区别。其主要的相似之处在于两国都坚持了市场化改革的方向，并且都有一定程度的深化，同时也都重新重视农业农村的发展，提出了促进农业农村发展的新规划。但在其他方面，两国调整的方向上则存在明显的区别。总体而言，中国逐步实现了社会主义的基本价值理念与市场经济的融合，一方面强调市场化以增强经济活力，另一方面又重新突出了社会主义的基本价值理念，公平成为重点突出的价值目标，在此基础上又提出了平衡、协调、共享等发展理念。而印度调整的重点则主要放在增强经济的活力方面，市场化的深化、大力发展制造业等都是为了这一目标。另外，在城乡、工农之间的关系上，中国可以说实现了发展理念的根本性转换，印度则只是一定程度的调整。

## 5.1.2 中印发展战略的转型

在发展理念调整之后，实际上两国的发展战略也悄然实现了转型。总

---

① 张慧．"印度制造"难以取代"中国制造"［N］．青年参考．2015－09－02（13）．
② 李艳芳．印度莫迪政府经济发展战略转型的实施、成效与前景［J］．南亚研究，2016（2）．

体而言，中国由静态的比较优势战略转向了动态的比较优势战略，由不平衡发展战略转向了平衡发展战略。在前一阶段，中国的比较优势战略更倾向于静态比较优势，即从当时的比较优势出发，寻找自身最有比较优势的生产领域、生产环节参与国际分工，所以主要集中于低端的劳动密集型产业。但在21世纪之后，中国更强调通过政府的强力支持、正确引导，加大研发和创新，提升自身的技术水平，逐步在中高端形成新的比较优势，不断改变自身在国际分工中的位置，以此来推进产业结构的升级。在这种动态比较优势战略下，中国自然不再是简单地追求速度、短期的效益，而是更加注重长远的发展，故而更加重视研发、创新。另外，原来的不平衡发展战略转向了平衡发展战略。不平衡发展战略实际上是原来比较优势战略的重要组成部分，而在发展理念转变之后，这种不平衡发展战略也逐步实现了根本性的转变，地区、城乡之间的协调及平衡发展逐步成为21世纪中国发展战略的重要内容。当然，战略转换之后，中国仍然将发展作为第一要务，依然重视经济的活力，依然坚持了市场化的改革方向。而印度21世纪之后的发展战略可称之为加快赶超战略，即以提高增长速度为核心的赶超战略。这种新的赶超战略不同于初步探索阶段那种优先发展重工业为核心的赶超战略，它是将提高现阶段的增长速度作为核心目标，为这一目标采取的主要方式是深化市场化改革、大力发展制造业和新一轮农村技术革命，通过深化市场经济改革以增强经济活力，通过大力发展制造业加快城市现代产业部门增长速度，通过新一轮农村技术革命加快农村经济的增长速度，以此全面提高经济增长的速度，最终实现加快赶超的目的，这一战略总体上是速度取向、效率取向的。

从一定程度上讲，印度已经开始学习中国前一阶段的发展经验，而中国则开始解决自身发展模式的问题。当然，这实际上与两国的发展水平相关，经过前面二十多年的高速增长之后，到21世纪初，中国已经摆脱了低收入国家的身份，进入了中等收入国家的行列，并在几年之后迅速跻身中高收入国家的行列，经济实力的增强使中国开始有能力考虑解决原有发展模式的问题。而印度在21世纪初仍是低收入国家，其首先考虑的依然是如何提高增长速度的问题，中国前一阶段的成功给了印度极大的启示，所以向中国学习也在情理之中。

中印的这种发展理念的调整与发展战略的转型,对两国的农业现代化和城镇化道路都产生了重大的影响。

## 5.2 中印新一轮农村改革比较

在开启战略转型之时,中印两国都在农业农村的发展上进行了新一轮的改革,中国开启了社会主义新农村建设的伟大战略,印度则启动了"第二次绿色革命"。开启新一轮农村改革以来,中印农业农村的发展都开始出现了明显的进步,但从当前来看也都还存在一定的问题。

### 5.2.1 中国的新一轮农村改革

21世纪以来,中国进行新一轮农村改革,其根本理念是城乡统筹,核心内容是社会主义新农村建设和乡村振兴①,具体来说,主要包括以下几个方面的内容。

(1) 开启新一轮农地制度改革,加快农地的流转,推动农业的适度规模经营,构建新型农业经营体系。由于整体国民经济水平的迅速提高,农业的相对弱势地位日益凸显,所以,21世纪以来,如何加速农业的现代化成为中共中央高度关注的问题。而根据邓小平改革开放之初提出的"两个飞跃"的理念,适度规模经营是中国农业现代化最终的选择,在如何推进农业适度规模经营上,中共中央认为,加快农地经营权的流转是基本的路径。为此,21世纪以来,中共中央在农地制度上进行了适度的调整:首先,进一步强化了农户的承包权。在这一点上,中共中央先是在《中华人民共和国农村土地承包法》中明确了农户承包权长久不变,然后又在2007年通过的《中华人民共和国物权法》中,赋予了农户承包权准物权的地位,该法中将农户土地承包权界定为"用益物权",规定农户对承包地拥有占有、使用、收益的权利,并有权转包、互换和转让,这其实等于赋予

---

① 乡村振兴为最近提出的战略,具体举措还不完善,作用更没有显示出来,所以此处主要阐述社会主义新农村建设的内容。

了农户除买卖权之外的所有权能。其次,在此基础上,中共中央将农地的经营权与承包权分离,强调经营权的可流转性。在改革开放之初确立农户承包权和集体所有权分离时,经营权和承包权是合一的,所以最初讲的土地流转,是指承包经营权的流转。21世纪之初也是如此,2004年以来中共中央每年的"一号文件"中,多次提到推进农地的流转问题,在表述上一般都是推进承包经营权的流转。例如,2005年"一号文件"提到,"承包经营权流转和发展适度规模经营,必须在农户自愿、有偿的前提下依法进行";2006年"一号文件"中也提到,"健全在依法、自愿、有偿基础上的土地承包经营权的流转机制"。① 这种把经营权与承包权合一的提法实际上明显存在问题,因为在推进土地流转时,中共中央是反复强调"三不原则"的,即"不得改变土地集体所有性质,不得改变土地用途,不得损害农民土地承包权益",② 如果承包权和经营权一起流转,明显可能损害农民土地承包权益,故而,中国共产党在理念和政策上最终将经营权与承包权分离,形成了"三权分置"的基本政策,这一政策在2014年中共中央、国务院发布的《关于引导农村土地经营权有序流转发展农业适度规模经营的意见》中正式提出,"坚持农村土地集体所有,实现所有权、承包权、经营权三权分置""坚持农村土地集体所有权,稳定农户承包权,放活土地经营权,以家庭承包经营为基础,推进家庭经营、集体经营、合作经营、企业经营等多种经营方式共同发展。"③ 在"三权分置"理念与政策的基础上,大力推动农地经营权的流转,发展农业适度规模经营,已经成为当前中国农业发展理念与政策的核心内容。

(2) 通过政府的重新深度介入,解决组织化弱化的问题,推动现代生产要素加快进入农业。改革开放之后中国农业发展中出现的很多问题,都是由于农业现代生产要素的进入受阻,导致农业生产的技术水平很难提高。而这种现代生产要素的受阻,很大一部分原因是集体经营体制解体后

---

① 人民出版社.中共中央、国务院关于"三农"工作的一号文件汇编[M].人民出版社,2014:99,130.
② 中共中央关于推进农村改革发展若干重大问题的决定[N].人民日报.2008-10-20 (01).
③ 关于引导农村土地经营权有序流转发展农业适度规模经营的意见[N].人民日报.2014-11-21 (03).

农业生产组织化的弱化。21世纪之后，中共中央很快意识到了这一问题，于是开始重新探索农业生产的组织化问题。在坚持改革开放以来基本农业经营制度不变的前提下，依靠村集体来加强组织化显然非常困难，于是中共中央决定通过加强政府作用的方式来解决这一问题。故而21世纪之后，中共中央很快提出了"两个趋向"理论，"在工业化初始阶段，农业支持工业、为工业提供积累是带有普遍性的倾向；但在工业化达到相当程度后，工业反哺农业、城市支持农村，实现工业与农业、城市与农村协调发展，也是带有普遍性的倾向。"① 而工业如何反哺农业、城市如何支持农村，主要则是通过政府的重新深度介入。所以，社会主义新农村建设的一个重要内容，就是通过政府的重新深度介入，加大对农村公路、农田水利等基础设施的投资以及推广测土施肥等新兴农业科技，使现代生产要素重新进入农业，加快农业技术水平的提高。

（3）重建农村社会保障体制，加快城乡基础设施建设、社会保障、公共服务提供等领域的一体化。以社会主义新农村建设为核心的中国新一轮农村改革，一方面是改善农业的生产条件，提高农业生产率，逐步改变中国的城乡二元经济结构；另一方面则是通过重建农村的社会保障体系，改变中国的城乡二元社会结构。这方面，最早进行的是新型农村合作医疗制度。2002年10月，中共中央、国务院下发《关于进一步加强农村卫生工作的决定》，正式提出建立这一制度，2003年这一制度即开始在部分地区试点，在2006年正式开启社会主义新农村建设之后，开始在全国范围内推广，2010年基本普及；而后，2007年，又开始推广农村的最低生活保障制度，2009年，新型农村养老保险制度开始试点，2012年这一制度也基本在全国普及。这些社会保障制度推广之后，中国终于建立了一个覆盖城乡的社会保障体系。那种建立在户口基础上的二元社会保障体系逐渐松动。另外，教育、就业等基本公共服务的提供方面，也逐渐打破了户口的限制。在这些公共品逐步打破户籍制度的限制之后，最终对于户籍制度本身进行了改革。2014年7月发布的《国务院关于进一步推进户籍制度改革的意见》中，明确提出要"建立统一的城乡户口登记制度。取消农业户口与非

---

① 胡锦涛文选（第二卷）[M]. 北京：人民出版社，2016：247.

农业户口性质区分……，统一登记为居民户口"。① 这一意见的提出，标志着中国的二元户籍制度将最终成为历史。

（4）实行精准扶贫，通过政府的强力介入，彻底解决深度贫困地区农村的绝对贫困问题。进行社会主义新农村建设之后，中国绝大多数农村地区生产生活条件都得到了明显的改善，但是依然有少数地区由于自然环境、历史文化、风俗习惯等原因，直到中共十八大之后依然处于极度贫困状态。对此，在中共十八大提出2020年全面建成小康社会之后，中共中央决定彻底解决这一问题，于是2013年11月习近平总书记在湘西考察时首次作出了对于深度贫困地区要"实事求是、因地制宜、分类指导、精准扶贫"的重要指示。2014年中共中央正式对精准扶贫问题进行了顶层设计。由此精准扶贫战略正式在全国范围内实施，通过政府的强力介入，对深度贫困地区进行大规模的基础设施改造、风俗习惯改革，对贫困人口进行教育、技术培训等，几年之内，中国深度贫困地区人民的生产生活条件有了明显改善。

（5）逐步重视农村在文化传承、生态保护方面的新功能，推进新农村综合体建设。在进入战略转型阶段之后，整个中国国民经济的发展进入了黄金十年，经济发展水平迅速提高，整体水平迅速由中低收入国家进入中高收入国家行列。在整体国民经济水平有了明显提升后，农村的功能定位也发生了变化，不再仅仅局限于提供农产品和农村人就业保障这些传统的功能，而应该还有休闲旅游、农事体验、文化传承等新功能，故而在新一轮改革中还开始重视农村这些新功能的开发。大力发展农村的文化、休闲旅游等产业，实现第一、第二、第三产业的融合发展，构建新农村综合体。为此，2017年中共中央"一号文件"中，明确提出："支持有条件的乡村建设以农民合作社为主要载体、让农民充分参与和受益，集循环农业、创意农业、农事体验于一体的田园综合体。"② 中共十九大报告中也再次提出要"促进农村一二三产业融合发展""加快推进农业农村现代化"。③ 由此可以看出，

---

① 国务院关于进一步推进户籍制度改革的意见 [N]. 人民日报. 2014-07-31 (08).
② 中共中央、国务院关于深入推进农业供给侧结构性改革，加快培育农业农村新动能的若干意见 [N]. 人民日报. 2017-02-06 (01).
③ 习近平: 决胜全面建成小康社会夺取新时代中国特色社会主义伟大胜利——在中国共产党第十九次全国代表大会上的报告 [EB/OL]. http://news.cnr.cn/native/gd/20171027/t20171027_524003098.shtml.

中国当前对农村发展的定位已经不仅仅是推进农业现代化，而是着眼于推进整个农村的现代化，农村农业的发展已经进入了一个全新的阶段。

## 5.2.2 印度的新一轮农村改革

在中国开启新一轮农村改革的同时，印度也开启了新一轮农村改革，这一轮改革的核心是"第二次绿色革命"。2004年大选期间，时任总理Vajpayee（瓦杰帕伊）就正式提出了"第二次绿色革命"的口号。① 大选结束后，新当选的总理Manmohan Singh（曼莫汉·辛格）也迅速表示，"我们需要第二次绿色革命，利用现代生物技术和其他前沿技术的进步，使印度农业进入一个新的发展期"。② 2006年1月3日，曼莫汉·辛格在印度科学大会的开幕式致辞中吁请科技界启动第二次绿色革命。他指出，第二次绿色革命不仅要为农业提供新技术，而且要为农村居民创造更多的就业机会。③ 紧接着，被称为印度绿色革命之父的M. S. Swaminatan（M. S. 斯瓦米纳坦）以全国委员会主席的名义提出了振兴印度农业的一揽子"行动计划"，这一计划被称为是印度"第二次绿色革命"的纲领性文件。这一计划中的内容基本上被纳入了印度"十一五"计划（2007~2012年）之中。由此，以"第二次绿色革命"为核心的印度新一轮农村改革也就正式开启。根据这一行动计划以及后来的相关政策措施，可以发现以"第二次绿色革命"为核心的印度新一轮农村农业改革主要包括如下内容。

（1）加大农业现代化技术研究、应用和推广力度，切实提高农业技术水平。M. S. 斯瓦米纳坦提出的一揽子"行动计划"中首先就提出，要加大农业大学、研究所、农民科学研究中心的农业研究力度，通过物理、化学、生物等手段提高土地的生产潜力。④ 各邦、各部门要通过各种形式的

---

① "Vajpayee Promises Second Green Revolution", The Hindu, March 21, 2004. 转引自付小强. 印度的"第二次绿色革命"[J]. 现代国际关系, 2004 (5).

② 《华尔街日报》对曼·辛格的专访, 2004年9月22日。转引自吴永年. 印度的第二次绿色革命[J]. 南亚研究, 2006 (2).

③ The Hindu, January 4, 2006. 转引自孙培钧, 华碧云. 印度经济发展跨上新台阶[J]. 南亚研究, 2006 (1).

④ 孙培钧, 华碧云. 印度经济发展跨上新台阶[J]. 南亚研究, 2006 (1).

改革，切实提高农业技术水平，提高土地和其他各种农业资源的利用效率。① 印度"第二次绿色革命"中，重点研究和推广的技术主要包括两类。

一是生物和化学技术，培育和推广优良品种。"第二次绿色革命"正式实施之后，印度投入了大量资金到农业科研院所和农业大学，支持他们进行有印度特色的农业新课题研究，重点研究包括转基因技术在内的生物遗传工程、高效无毒的农药、新品种的引进和改良等。

二是电子农业技术。电子信息产业是印度的优势产业，21世纪之后，印度政府开始将电子信息技术运用于农业，推进农村农业的计算机化、信息化革命。为此印度政府专门为农业设立了呼叫中心和广播、电视频道。这些呼叫中心与地区农业教育及研究机构相连，由农业专业的毕业生接听热线电话，免费予以答复。②

为了有效地推广农业新技术，印度在每一个村社选择一对青年男女，对他们进行各种农业新技术的专门培训，③ 以建立一支扎根农村、真正懂农业的全国农村科技队伍。另外，又专门建立了一个农业科技专业局，负责对这些农村青年进行培训。

（2）加大农业的投入，加强农村农业基础设施建设。在拉奥政府开启经济体制大规模改革之后的十多年时间内，印度政府在农业投入上明显不足，不仅农业投入GDP的比重在改革后有明显的下降，而且以市场化的名义取消了一些涉农的补贴，这实际上是前一段时期印度农业发展缓慢的重要原因。而在"第二次绿色革命"开启后，印度迅速加大了这方面的投入。印度在"十一五"计划中明确提出要通过加大对农业的投入，改变印度农业的生产平台，以提高农业的产出，要使印度的耕地灌溉率翻倍，改善水资源的管理，提高水资源的利用效率，改善耕地的质量等。④ 其后，公共部门的投资占GDP的比重日益上升，2009/2010年度达到3.2%。⑤ 除直接投资外，印度银行还为农业部门提供了大量的信贷资金。例如，2004年印度中央储备银行决定在未来5年内向农业部门提供5000亿卢比的信贷资

---

①④ *India Economic Survey 2006~2007* [DB/OL]. http：//www.indiabudget.nic.in.
② 李西林. 印度农业支持政策改革的经验及对中国的启示 [J]. 世界农业，2007 (10).
③ 孙培钧，华碧云. 印度经济发展跨上新台阶 [J]. 南亚研究，2006 (1).
⑤ R. Ramakumar（R. 拉玛库马尔），张芳. 印度农业投资分析 [J]. 中国农业会计，2012 (10).

金,用于支持农业发展,主要用于农业的基础设施改造。中央政府对农产品以及农业相关投入品的补贴都开始恢复,并有较大程度的增长,2011年,印度中央财政对粮食和投入品补贴占全年财政支出的 8.7%,占 GDP 的 2.3%。①

(3) 采取多种措施,促进农业的多样化生产。印度的"第二次绿色革命"不是简单关注以种植业为主要内容的狭义农业,而是关注包括渔业、养殖业、园艺业等在内的广义农业。在印度"十一五"计划中,印度政府就专门提出要促进农村的多样化生产,提高农产品的价值,在确保粮食安全的前提下,要促进水果、蔬菜、花卉、香料、药材、竹笋等经济作物的生产,还要采取措施提高家禽、家畜、渔业的产值。② 应该说,在开启第二次绿色革命后,印度广义农业都开始获得了较大的发展。2000~2014年,印度广义农业由 1010 亿美元迅速增长到 3670 亿美元,这种增长其实在很大程度上是得益于多样化的生产,在 2014 年的农业 GDP 中,园艺和畜牧业就占了其中的 60%。③

(4) 加大对农民的支持力度,采取多种方式促进农民就业,并在信贷、保险等方面对农民提供特殊支持。切实提高农民收入,解决农民的贫困问题是"第二次绿色革命"的主要出发点之一。2007 年,印度出台了国家农民政策(national policy for farmer,NDF),目标是促进农业部门全面发展。与 2000 年提出的国家农业政策(national agriculture policy,NAP)相比,NDF 更侧重于农民经济状况的改善和农村的发展,而不只是注重农业生产。④ 在消除贫困、提高农民收入方面,印度政府主要采取了两个方面的政策。

一是为农民提供更多就业机会。21 世纪以来,印度就提出了要通过以工代赈的方式为农民提供更多就业机会。2006 年,印度人民院就专门通过了《国家农村雇佣保证法案》,其中提出,印度要保证每户农民家庭人均得到每天不低于 60 卢比(约合人民币 12 元)生活费的就业机会,全年不

---

① 李西林. 印度农业支持政策改革的经验及对中国的启示 [J]. 世界农业,2007 (10).
② *India Economic Survey 2006~2007* [DB/OL]. http://www.indiabudget.nic.in.
③ Ace Garnison(艾斯·加尼森),Achana Nair(阿查那·奈尔):特色农场经营模式使印度农业迅速崛起 [N]. 粮油市场报. 2016-10-27 (B03).
④ 杨少亮. 印度农业政策演变及趋势研究 [J]. 世界农业,2013 (6).

低于100天劳动时间，主要通过为农民提供土木建筑等纯体力劳动的机会，如政府不能提供这样的机会，必须给予这些农民每天最低60卢比生活费进行补偿。当然这实际上给政府增加了每年4000亿卢比（约合800亿元人民币）的开支。①

二是在保险信贷等方面对农业、农民提供特殊支持。在"十一五"计划中，印度政府就专门提出要让印度农民有更加容易的途径以可以承受的利率获得信贷支持。② 政府计划通过向70%的农民提供低息贷款的方式，指导农民进行产业结构升级。③ 2006年，辛格政府许诺免除阿姆拉瓦提等6个地区的农民贷款利息，并保证追加贷款数额。紧接着，印度储备银行通知各银行免除2006年7月1日到期的3~5年期农民贷款利息，以减轻农民负担。④

（5）健全农产品市场流通机制，但在对外贸易中对农产品实行特殊的保护。在前一阶段，印度在农业市场流通体制上就进行了较大的改革，基本上建立了一个统一的国内农产品市场，"第二次绿色革命"开启后，印度再一次提出要通过健全市场来改善印度农业生产的激励，⑤并且认为农业领域的市场改革必须从生产计划开始，使种植—消费—商业每一个环节得到及时关注。为此，印度废除了早已过时的《农产品市场法》，允许外资和私营企业进入农业生产和销售领域。⑥

不过，尽管印度反复强调国内生产和销售领域的市场化，但在国际贸易中，为了保护粮食安全和农民的生计，却一直强调要对印度的农产品进行贸易保护，一直拒绝在农产品贸易上完全对外开放。印度是世界贸易组织的创始成员国，但一直运用"粮食安全箱"等规则拒绝在农产品市场准入方面做出任何承诺。甚至还提出要建立"独立的保护机制"，在农产品进口数量激增或国际农产品价格骤降时对进口数量进行限制，对农产品进口征收高关税，"对（进口农产品中的）初级产品征收100%的关税，对加

---

① 宋志辉. 印度的农业发展及对我国的启示 [J]. 农村经济, 2009 (4).
②⑤ *India Economic Survey 2006~2007* [DB/OL]. http://www.indiabudget.nic.in.
③ 李西林. 印度农业支持政策改革的经验及对中国的启示 [J]. 世界农业, 2007 (10).
④ 印度《金融快报》，2006年7月18日。转引自文富德. 印度曼·辛格政府坚持谨慎经济改革 [J]. 南亚研究, 2007 (1).
⑥ 孙培钧，华碧云. 印度经济发展跨上新台阶 [J]. 南亚研究, 2006 (1).

工农产品和食用油分别征收150%和300%的关税"。① 在2004年时,印度商工部为了保证印度的粮食安全提出,只有在发达国家取消农业补贴和农产品出口补贴后,印度才会考虑降低农产品进口关税。② 同时,印度却一直利用"绿箱"规则,对自身的农产品以及投入品出口进行价格补贴。这些措施在印度正式开启"第二次绿色革命"后基本没有改变。

## 5.2.3 中印新一轮农村改革的异同

综观21世纪以来中印新一轮农村改革,可以发现两者在诸多方面存在相似之处。

首先,两国的这一轮改革都建立在政府大规模增加投入的基础上。在前一阶段,中印两国都在一定程度上忽视了农村的发展,政府对农村的投入都明显不足,但在新一轮农村改革开始后,两国对农村的投入都大幅度增加。印度政府对农业的公共投资大幅度增加,不仅在基础设施上大规模投入,而且大幅度增加了对农产品及其农业投入品的补贴。中国则更为明显,新一轮改革伊始即大规模建设农村的生产和生活设施,在十多年的时间内,农村的道路、水利、饮水工程、电网都进行了全面改造升级,对经营农业的各种补贴不断提高。

其次,两国这一轮的改革都着眼于大幅度提高农业技术,大力推进农业的现代化。这一轮农村改革的出发点开始都是大幅度提高农村农业生产率,由此都把推进农业现代化、提升农业技术水平作为重要的目标,印度直接将这一轮农村改革称之为"第二次绿色革命",改革的核心内容是推进转基因技术、其他生物技术、电子农业技术等的研究、推广和应用。中国亦在这一阶段多次将发展现代农业、推进农业现代化作为中共中央"一号文件"的名称。③

---

① 印度政府信息广播部:《关于世界贸易组织的资料》,2001年10月,第18页。转引自文富德. 入世以来印度保证粮食安全的政策措施 [J]. 南亚研究季刊, 2013 (3).
② 文富德. 入世以来印度保证粮食安全的政策措施 [J]. 南亚研究季刊, 2013 (3).
③ 2007年、2013年、2014年中共中央一号文件中,均直接出现了"发展现代农业""推进农业现代化"等字眼,参见中共中央、国务院关于"三农"工作的一号文件汇编(1982~2014) [M]. 人民出版社, 2014.

## 第 5 章　战略转型阶段中印农业现代化与城镇化道路比较

再次，两国这一轮农村改革都把改善农民的生活、减少农民的贫困作为重要内容。这一轮农村改革两国都有推进农业的现代化与改善农民生活并举的思考，印度在辛格总理 2006 年向科技界呼吁启动"第二次绿色革命"时就专门提到，也特别关注旱地农业，要适应小农和边际农的需要，①显然是想改变"第一次绿色革命"成果被部分大农获取的状况，让相对贫困的农民获得更多收益。另外，在后来的改革中，专门通过"国家农民政策"等给予贫困农民以就业机会，并通过优惠信贷等方式给予农民特殊支持。中国则从一开始就取消了农业税，并给予种粮补贴，专门减轻农民负担，提高农民收入，后来又专门实施了精准扶贫政策，以扶贫攻坚战的方式彻底解决农村地区的深度贫困问题。

但是，由于两国在实施新一轮农村改革时实际上已经处于不同的经济发展水平，中国当时实际上已经进入了中等收入国家行列，几年后又迅速跻身于中高收入国家，总体上已经达到了工业反哺农业、城市支持农村的阶段，而印度开启"第二次绿色革命"时，实际上还只是一个低收入国家。所以尽管两者很多措施看起来非常相似，但实际上力度是完全不一样的。总的来说，中国的力度明显更大，中国提出的是"社会主义新农村建设"和"乡村振兴"，印度提出的是"第二次绿色革命"，很明显中国立足点更高。印度更多是"第一次绿色革命"的接续，中国则是农村的一个综合性的发展战略。所以中国在这一轮改革过程中，农业的技术革新和农村的社会建设是同时进行的，在社会保障制度上可以说是重建，但印度并没有这样的建设。另外，即便就农业本身来讲，两者也存在明显的区别，这种区别主要体现在两大方面。

其一，印度依然是着眼于技术战略，也就是试图通过技术的革新来推进农业的发展，而中国则更多是从制度出发，以制度创新推进技术创新。在整个"第二次绿色革命"中，印度在土地制度、农业经营体制等方面都没有提出改革方案，也没有进行实质性的改革。所以，这一时期，印度的农业经营模式基本没有改变。但中国则从一开始就推进土地制度的改革，通过确权、"三权分置"等多种方式推进土地制度的流转，最终达到重构

---

① 孙培钧，华碧云. 印度经济发展跨上新台阶［J］. 南亚研究，2006（1）.

农业经营体系的目的。通过这样的制度创新，中国的新型农业经营体系逐步形成，2015年中国农地流转率就达到了30%左右，① 龙头企业、专业合作社、家庭农场、专业大户等规模经营主体大量涌现。而这种制度创新很大程度上解决了改革开放以来中国农业存在的组织化弱化问题，使农业技术创新得到了一个更好的平台。

其二，印度仍然只是着眼于农业的传统功能，而中国已经高度重视农业的新功能。农业本身具有多功能性，但生态、文化等功能的开发往往要在经济发展达到较高水平才可能重视。鉴于印度经济发展水平相对低下，当前关注的依然是传统功能，而中国则已经高度关注农业的新功能，当前已经开始大力推进农村第一、第二、第三产业的融合，重点推进农村的休闲旅游和田园综合体建设，而不再是简单地从推进农业现代化的角度来推进农村发展。

### 5.2.4 中印新一轮农村改革的成就与前景

中印新一轮农村改革已经开始十多年，在这十多年中，总的来说，中印在农业现代化和农村的发展都取得了明显的成就，不过中国更加突出，也更加全面。

（1）两国主要农产品产量、农业部门产值都获得了较大幅度的增长。从表5-1、表5-2可以看出，中印自新一轮改革以来农产产量都获得了较大幅度的增长，总的来讲，中国在粮食类产品方面依然占有明显的优势，但在经济作物方面，两国依然各有千秋，中国在油料作物作物方面仍有一定优势，印度在糖料作物方面优势更为明显，印度的牛奶总产量在全世界独占鳌头，中国则在鱼类产量方面优势极为巨大。从农业生产总值的增长率来看，新一轮农村改革以来中国比印度略高，2005~2014年，中国农业年均增长率达到4.48%，印度为3.55%，② 当然，这种差距并不大，明显低于中印在其他领域的差距。另外，中国农业的发展相对比较平稳，

---

① 中国土地流转率达30% 正修订承包法 [EB/OL]. https://finance.qq.com/a/20150518/013128.htm.

② 根据各年数据计算所得。

而印度起伏较大。这说明印度的农业仍然受气候影响较大,而中国农业受气候影响已经较小。

表 5-1　　新世纪以来中印两国主要农产品产量　　　　　单位:百万吨

| 农产品种类 | 中国 | | 印度 | |
|---|---|---|---|---|
| | 2000 年 | 2013 年 | 2000 年 | 2013 年 |
| 粮食 | 462.175 | 601.938 | 196.8 | 264.8 |
| 水稻 | 187.91 | 203.61 | 85.0 | 106.5 |
| 小麦 | 99.64 | 121.93 | 69.7 | 95.9 |
| 玉米 | 106.0 | 218.49 | 12.0 | 24.4 |
| 豆类 | 20.10 | 15.95 | 11.0 | 19.3 |
| 油料作物 | 29.55 | 35.17 | 18.4 | 32.9 |
| 糖料作物 | 76.35 | 137.46 | 296.0 | 350 |
| 棉花 | 4.42 | 6.33 | 1.62 | 6.24 |
| 牛奶 | 8.27 | 35.31 | 80.60 | 137.7 |
| 鱼类 | 37.06 | 61.72 | 5.656 | 9.579 |

资料来源:中国数据引自国家统计局农村社会经济调查司.中国农村统计年鉴[M].北京:中国统计出版社,2014:9,137;印度数据引自 India Economic Survey 2014~2015,A-24,http://www.indiabudget.nic.in。印度棉花数据根据 1 包等于 0.17 吨进行了换算。

表 5-2　　新一轮农村改革以来中印两国的农业产值的增长率　　单位:%

| 国家 | 2005 年 | 2006 年 | 2007 年 | 2008 年 | 2009 年 | 2010 年 | 2011 年 | 2012 年 | 2013 年 | 2014 年 |
|---|---|---|---|---|---|---|---|---|---|---|
| 中国 | 5.2 | 5.0 | 3.7 | 5.5 | 4.2 | 4.3 | 4.3 | 4.5 | 4.0 | 4.1 |
| 印度 | 4.6 | 4.6 | 5.5 | 0.4 | 1.5 | 8.3 | 4.4 | 1.0 | 3.9 | 1.3 |

资料来源:中国数据引自《中华人民共和国经济与社会发展统计公报》(2005~2014 年各年),中华人民共和国统计局网站,http://www.stats.gov.cn/;印度数据引自 India Economic Survey 2014~2015,http://www.indiabudget.nic.in。

(2)两国农村的基础设施都有明显的改善,但中国更加全面。这一轮农村改革,两国政府对农村农业的投入都有明显的增加。这种增加的投入主要是放在农村的基础设施上,所以,在新一轮改革实施之后,两国农村的基础设施都有明显的改善,当然,这方面,中国更为突出。印度基础设施的改善主要体现在与农业生产有关的基础设施上,其中最重要的是水利设施。通过印度政府十几年的大规模投入,印度农地的灌溉率有了明显的提高，2012~2013 年度达到 33.9%[①]。而中国则更为全面，不仅与农业生产直接相关的基础设施如水利灌溉设施明显改善，有效灌溉面积从 2001 年的 0.542 亿公顷增长到 2013 年的 0.635 亿公顷，2016 年达到 0.671 亿公顷，[②] 已超过耕地面积的 1/2，也就是灌溉率已达到 50% 以上，而且与农村生活相关的基础设施也大幅度改善。据中国第三次农业普查公布的资料，与 2006 年相比，2016 年末，全国通村主要道路为水泥路面的村所占比重为 76.4%，提高 41.2 个百分点；村内主要道路为水泥路面的村比重为 80.9%，提高 53.2 个百分点；村内主要道路有路灯的村比重为 61.9%，提高 40.1 个百分点。有 73.9% 的村生活垃圾集中处理或部分集中处理，提高 58.1 个百分点。近九成的村庄通了互联网。[③]

（3）两国的农业现代化水平都有很大的提高，但中国已经明显走在印度的前面。两国新一轮农村改革都把推进农业现代化水平作为重要的目标，所以两国的农业技术水平都有明显的提高。不过，印度主要体现在传统的农业现代化技术水平提高上，而且主要体现在生化技术水平的提高，而中国则有一个明显的飞跃，不仅有生化技术水平的提高，而且在农业机械化上迈出了重要步伐。在生化技术方面，中国不再是简单增加农药化肥的使用，而是开始追求农业化肥使用的精准。2015 年，中国正式提出了到 2020 年农药化肥使用实现零增长的目标，[④] 这一目标提前三年，在 2017 年就得到了实现，[⑤] 这应该是农业生化技术应用的一个重大的飞跃。农业机械技术方面，到 2016 年，中国农业的综合机械化率达到了 65%[⑥]，很大程度上改变了改革开放以来中国农业机械化发展严重滞后的状况。另外，更为重要的是，中国农业在第二次现代化方面也已经获得了明显的进展。中

---

① 吕昭义，陈利君. 印度国情报告（2016）[M]. 北京：社会科学文献出版社，2017：92.
② 国家统计局 [DB/OL]. http：//data. stats. gov. cn/easyquery. htm? cn = C01.
③ 第三次全国农业普查公报公布：近九成的村通了宽带互联网 [N]. 人民日报，2017 - 12 - 15（04）.
④ 农业部关于打好农业面源污染防控攻坚战的实施意见 [EB/OL]. http：//www. moa. gov. cn/nybgb/2015/wu/201712/t20171219_6103834. htm.
⑤ 农业部部长：中国提前实现化肥农药使用量零增长 [EB/OL]. http：//www. fert. cn/news/2018/03/06/101442974461. shtml.
⑥ 韩长斌：在全国农业工作会议上的讲话 [EB/OL]. http：//www. moa. gov. cn/nybgb/2017/dyiq/201712/t20171227_6129506. htm.

国在新一轮农村改革中,由于农业生产的组织化程度明显提高,不仅水利技术、良种技术、机械技术都有明显提高,而且开始向生态化、综合化发展。条件良好的农村已经实现第一、第二、第三产业的融合,农业的多功能性日益得到高度重视,生态保护、休闲旅游、农事体验、文化传承等日益成为农村发展规划的重要内容,乡村旅游开始蓬勃发展。在两次农业现代化都开始加速推进的情况下,中国农业适度规模化经营迈出了重大步伐,2017年,中国40%的上地已经由各种类型的新型农村农业经营主体经营,① 由此使改革开放以来一直存在的农业生产组织化弱化的问题得到了大幅度缓解,整体农业劳动生产率也由此得到了迅速上升,2009年中国农业部门单位劳动生产力产值达到525美元,超过了印度的468美元,② 改变了长期以来中国农业劳动生产率低于印度的局面。

(4) 两国农业的发展都展现出了较好的前景,但中国更为良好。应该说,这一轮农村改革中,两国农业的现代化水平都有明显的提高,都展现出了较好的农业发展前景,但相对而言,中国前景更加良好。根本原因在于中国本身的经济发展水平已经明显高于印度,工业反哺农业、城市支持农村的态势已经形成,中国农业、农村的发展能够得到更大的支持,而印度现代产业部门实力有限,暂时还没到工业反哺农业、城市支持农村的时候,农业所能得到的支持力量有限。除此之外,中国新一轮农村改革中有更多适应时代的制度创新,这种制度的创新非常有利于技术的创新。而印度新一轮农村改革中并没有多少新的制度供给,仍是单纯依靠技术战略,缺少了必要的制度创新自然也会影响其技术进步的速度。

## 5.3 战略转型阶段中印城镇化道路比较

在进入战略转型阶段之后,中印两国不仅提出了新的农村、农业发展

---

① 南方农村报. 新型农业经营主体支持政策将出台 [EB/OL]. http://www.agri.cn/V20/SC/jjps/201704/t20170425_5582693.htm. 2017-04-25.

② 世界银行. 2011年世界发展指标 [M]. 北京:中国财政经济出版社,2011:134-135.

战略,而且在城镇现代产业部门产业政策以及整体城镇化战略上也做出了较大的调整,这使两国城乡关系以及城镇化进程都出现了新的变化。

## 5.3.1 战略转型以来中印非农产业的发展

21世纪战略转型以来,由于中印两国都进一步推进了市场化,再加上前一阶段改革成果的积累,中印两国都进入了一个快速发展的时期,在金融危机之前,中印两国经济都出现了明显的加速,其中印度的加速趋势更为明显。国际金融危机之后,尽管由于国际总体经济局势恶化,两国经济一度受到了一定的影响,但总体上仍然保持了高速增长,印度甚至呈现再次加速的趋势。

从表5-3可以看出,虽然就总体经济发展速度而言,战略转型之后,中国总体经济增长速度仍然高于印度,但印度加速趋势更加明显,2008年金融危机之后,中国经济增速逐步回落,2012年之后,正式进入新常态,经济增速由高速增长转向中高速增长,增长速度与前段相比有一个明显的下滑。印度则基本上保持了原来的增长速度,2014年之后,印度经济增长速度开始与中国基本并驾齐驱,个别年份甚至高于中国。

表5-3　　　　21世纪以来中印两国经济增长速度　　　　单位:%

| 年份 | 2000 | 2001 | 2002 | 2003 | 2004 | 2005 | 2006 | 2007 | 2008 |
|---|---|---|---|---|---|---|---|---|---|
| 中国 | 8.4 | 8.3 | 9.1 | 10 | 10.1 | 11.3 | 12.7 | 14.2 | 9.6 |
| 印度 | 4 | 4.9 | 3.9 | 7.9 | 7.8 | 9.3 | 9.3 | 9.8 | 3.9 |
| 年份 | 2009 | 2010 | 2011 | 2012 | 2013 | 2014 | 2015 | 2016 | 2017 |
| 中国 | 9.2 | 10.6 | 9.9 | 7.9 | 7.8 | 7.4 | 6.9 | 6.7 | 6.8 |
| 印度 | 8.5 | 10.3 | 6.6 | 5.5 | 6.4 | 7.5 | 4.9 | 7.1 | 6.4 |

注:国际货币基金数据与中国统计公报、印度经济调查公布的统计数据大体相同,但也有少数年份略有差别。

资料来源:国际货币基金国别数据库:http://www.imf.org/en/Countries/。

这一阶段中印这种经济的高速增长,主要还是非农产业部门的高速增长。当然,由于两国在这一段时期发展理念的转变,两国非农部门的发展态势也发生了一定的转变。中国劳动密集型的轻工业、制造业增长速度逐

## 第5章 战略转型阶段中印农业现代化与城镇化道路比较

步下滑,高技术制造业、服务业则一直保持了较快的增长,2012年中国经济进入新常态后,一般制造业增速有明显的回落,但高技术的设备制造业、服务业都仍然保持了高速增长,见表5-4和表5-5。

表5-4　　　　　2006~2017年中国非农产业的增长率　　　　单位:%

| 年份 | 2006 | 2007 | 2008 | 2009 | 2010 | 2011 | 2012 | 2013 | 2014 | 2015 | 2016 |
|---|---|---|---|---|---|---|---|---|---|---|---|
| 第二产业 | 12.5 | 13.4 | 9.3 | 9.5 | 12.2 | 10.6 | 8.1 | 7.8 | 7.3 | 6.0 | 6.1 |
| 第三产业 | 10.3 | 11.4 | 9.5 | 8.9 | 9.5 | 8.9 | 8.1 | 8.3 | 8.1 | 8.3 | 7.8 |

表5-5　　　2012年以来中国制造业和高技术制造业的增长率　　　单位:%

| 年份 | 2012 | 2013 | 2014 | 2015 | 2016 | 2017 |
|---|---|---|---|---|---|---|
| 制造业 | 10.1 | 10.5 | 9.4 | 7.0 | 6.8 | 7.2 |
| 高技术制造业 | 12.2 | 11.8 | 12.3 | 10.2 | 10.8 | 13.4 |

资料来源:《中华人民共和国经济与社会发展统计公报》(2012~2017年各年),中国统计局网站,http://www.stats.gov.cn/tjsj/tjgb/ndtjgb/.

但印度却出现了不同的趋势,由于政府一再强调制造业的发展,尽管面临一定的困境,但制造业还是出现了较快的增长,2004~2005年度至2007~2008年度,印度制造业的增长率曾经连续4年维持在两位数以上,分别增长10.0%、10.1%、14.3%、10.3%。[1] 增长速度与生产性服务业(金融、保险、商业)非常接近,后者这几年的增长率分别为9.5%、12.6%、14.0%、12.0%。国际金融危机之后,印度经济增长出现了较大的波动,从表5-6可以看出,印度非农产业的增长率出现了一定的不稳定性,但近几年,总体上仍然维持了良好的发展态势,特别是制造业,一直维持了较快的发展,一度成为印度经济增长的主要来源。以2004~2005年度为基准,2013~2014年度制造业产值达到原来的181.9%,[2] 将近翻了一番。

---

[1] Economic Survey 2014~2015 [EB/OL]. http://www.indiabudget.nic.in.
[2] Economic Survey 2014~2015, statical appendix, A-42 [EB/OL]. http://www.indiabudget.nic.in.

表5-6　　　　　　　　2008年以来印度非农产业的增长率　　　　　　　单位：%

| 项目 | 2008~2009年 | 2009~2010年 | 2010~2011年 | 2011~2012年 | 2012~2013年 | 2013~2014年 | 2014~2015年 | 2015~2016年 | 2016~2017年 |
| --- | --- | --- | --- | --- | --- | --- | --- | --- | --- |
| 第二产业 | 4.7 | 9.5 | 7.6 | 8.5 | 3.6 | 5.0 | 5.9 | 7.4 | 5.2 |
| 制造业 | 4.3 | 9.7 | 7.6 | 3.9 | 6.0 | 5.6 | 5.5 | 9.3 | 7.4 |
| 第三产业 | — | — | — | — | 8.1 | 7.8 | 10.3 | 8.9 | 8.8 |
| 生活性服务业（贸易、酒店、交通运输、仓储等） | 7.6 | 10.3 | 11.1 | 11.2 | 9.7 | 7.8 | 9.8 | 9.0 | 6.0 |
| 生产性服务业（金融、保险、评估等） | 12.0 | 9.4 | 10.4 | 9.1 | 9.5 | 10.1 | 10.6 | 10.3 | 9.0 |

资料来源：Economic Survey 2011~2012 P3, Economic Survey 2016~2017 P140 http：//www.indiabudget.nic.in.

从两国非农产业的发展来看，两国发展理念的转变还是起到了明显的作用，中国一般制造业增速逐步回落，高新技术产业、服务业高速增长态势逐步形成；印度各产业的发展虽然波动较大，但制造业较快发展的趋势基本形成，改变了以往制造业、轻工业增长速度上与中国存在明显差距的局面。实际上2015年以来，印度制造业的增长率甚至超过了中国，这成为了印度少数年份经济增长率超过中国的重要原因。当然，由于两国存量差距巨大，当前两国制造业，即便是在劳动密集型的低技术制造业领域，印度与中国在规模上仍然存在巨大的差距。在第二产业的比重上，中国也还是明显高于印度（见表5-7）。另外，印度当前制造业的增长速度也还很不稳定，并没有形成中国在高速发展阶段出现的那种长期稳定高增长的局面。而且，从就业的情况来看，中国基本上如同设想规划的趋势那样，第三产业的就业增长迅速，第二产业则在制造业增长放缓的趋势下就业增长也放缓（见表5-8），在就业中所占比重自2012年达到最高点30.3%后逐步下降，2016年下降至28.8%。[1][2] 但印度就业的增长却与其设想有较大

---

[1] 中国统计年鉴2013 [DB/OL]. http：//www.stats.gov.cn/tjsj/ndsj/2013/indexch.htm.
[2] 中国统计年鉴2017 [DB/OL]. http：//www.stats.gov.cn/tjsj/ndsj/2017/indexch.htm.

的差距。虽然在辛格政府前期由于制造业的高速增长使第二产业就业增长迅速，短期内第二产业就业占比有明显的上升，但这一趋势并没有持续很久，其后基本上趋于稳定，2010年仅比2005年上升了0.3个百分点。不过2010年之后，又有较明显的上升，2015年又比2010年提升了2%以上。但是，就业增长最快的还是第三产业，就业占比由2001年的24%上升到2010年的27.8%再到2015年的32%，可以说农业部分释放的剩余劳动力主要还是进入了第三产业，而不是第二产业。其中原因，应该说主要是印度低技术的制造业增长依然存在一些不利因素。尽管印度政府近些年已经大力发展低技术的制造业，如纺织业，并将其作为创造就业岗位的重要战略，而且印度也拥有一定的优势条件，如大量的劳动力以及普通劳动力的低工资水平。印度各邦低技术劳动力的月工资普遍在80～120美元，与孟加拉国相似，这一工资水平不仅明显低于中国，甚至还低于越南（180～250美元）、印度尼西亚（120～150美元），[①] 而且，仍然有很多不利因素，如基础设施的极度落后导致的物流高成本、相对僵化的劳动力法规等。另外，印度当前纺织品出口到欧美的关税比部分竞争对手如孟加拉国明显要高一些，孟加拉国出口到欧盟、加拿大等国家的出口关税为零，印度仍然分别有9.1%、16.5%，[②] 所以，尽管印度将中国劳动力成本上升后产业结构升级、低技术制造业产品势必退出部分市场作为一个发展劳动力密集型产业的重要机遇，但依然面临着重大的挑战。

表5–7　　　　　　　中印三大产业部门的比重　　　　　　　单位：%

| 项目 | 2000年 | | 2005年 | | 2010年 | | 2016年 | |
| --- | --- | --- | --- | --- | --- | --- | --- | --- |
| | 中国 | 印度 | 中国 | 印度 | 中国 | 印度 | 中国 | 印度 |
| 第一产业 | 14.7 | 23.0 | 12.6 | 18.8 | 10.1 | 18.2 | 8.6 | 17.4 |
| 第二产业 | 45.5 | 26.0 | 47.5 | 28.1 | 46.8 | 27.2 | 39.8 | 28.9 |
| 第三产业 | 39.8 | 51.0 | 39.4 | 53.1 | 43.1 | 54.4 | 51.6 | 53.8 |

资料来源：中国数据：《中国统计年鉴》（2000～2016年各年）；印度数据见《中国统计年鉴》2017年国际统计数据，http：//www.stats.gov.cn，印度2010年数据见Economic Survey 2011～2012 P8，http：//www.indiabudget.nic.in。

---

①② Economic Survey 2016～2017 [DB/OL]. http：//www.indiabudget.nic.in.

表5-8　　　　　中印三大产业部门就业结构的变化　　　　　　单位：%

| 项目 | 2001年 | | 2005年 | | 2010年 | | 2015年 | |
| --- | --- | --- | --- | --- | --- | --- | --- | --- |
| | 中国 | 印度 | 中国 | 印度 | 中国 | 印度 | 中国 | 印度 |
| 第一产业 | 50.0 | 60 | 44.8 | 55.8 | 36.7 | 52.9 | 28.3 | 46.1 |
| 第二产业 | 22.3 | 16 | 23.8 | 19.0 | 28.7 | 19.3 | 29.3 | 21.8 |
| 第三产业 | 27.7 | 24 | 31.4 | 25.2 | 34.6 | 27.8 | 42.4 | 32 |

资料来源：印度数据 Economic Survey 2012~2013、2016~2017. http://www.indiabudget.nic.in. 印度2005年数据见《中国统计年鉴2017》，P930；中国数据：《中国统计年鉴》（2001~2015年各年），http://www.stats.gov.cn.

此外，印度制造业的发展还存在两个特点：一是比较分散，印度没有出现如中国一样的相对集中的制造业发展基地，而且农村也一直是制造业的重要基地，城乡之间的分布相对比较均衡。当前印度农村制造业占比也达到了48%。[①] 低技术的制造业很大部分在农村，只有高技术制造业才集中在城市。二是制造业企业规模相对较小，很少有大型的制造业企业，特别是劳动力密集型低技术企业。例如，印度的纺织业企业中，78%的企业雇工少于50人，仅有10%的企业雇工超过500人。而中国的纺织业企业中，只有15%的企业雇工少于50人，有28%的企业雇工超过500人。[②]

## 5.3.2　战略转型以来中印城乡关系理念与政策的转变

进入战略转型阶段之后，中印两国的城乡关系理念都发生了一定的变化，总体而言，中国确立了城乡平等互动基础上的城乡统筹理念，并在这一理念基础上实行了以人为核心的城镇化战略，印度也逐步改变了以往的消极城镇化理念，转而实施了相对积极的城镇化战略。

### 5.3.2.1　中国向城乡平等互动基础上的城乡统筹战略转变

2002年中共十六大上，中国就提出了城乡统筹理念，在这一理念指导下，一方面开启了中国的新一轮农村改革，另一方面则是进行了大规模的

---

①　杨秀. 世界银行城镇化回顾系列之：印度——超越都市边界的城镇化[J]. 城市规划学刊，2015（4）.

②　Economic Survey 2016~2017 [DB/OL]. http://www.indiabudget.nic.in.

城市基础设施建设，进一步改善城市的人居环境。

经过十几年大力建设之后，中国城市的基础设施与公共服务质量都有明显的改进，见表5-9。

表5-9  中国城市基础设施和服务设施变化情况

| 项目 | 2000年 | 2012年 |
| --- | --- | --- |
| 用水普及率（%） | 63.9 | 97.2 |
| 燃气普及率（%） | 44.6 | 93.2 |
| 人均道路面积（平方米） | 6.1 | 14.4 |
| 人均住宅建筑面积（平方米） | 20.3 | 32.9 |
| 污水处理率（%） | 34.3 | 87.3 |
| 人均公园绿地面积（平方米） | 3.7 | 12.3 |
| 普通中学（所） | 14473 | 17333 |
| 病床数（万张） | 142.6 | 273.3 |

资料来源：《国家新型城镇化规划》，《人民日报》2014年3月7日，第9版。

与此同时，国家也逐步取消了对于进城务工人员的种种不合理、不公正待遇。"十一五"规划中，在确立"建设社会主义新农村战略"的同时，又提出了要积极稳妥推进城镇化、逐步改变城乡二元结构的问题。其中提出，对于进城务工人员，要在"劳动报酬、劳动时间、法定假和安全保护等方面依法保护其合法权益"，对于"城市已有稳定职业和住所的进城务工人员，要创造条件使之逐步转变为城市居民"[1]。"十二五"规划中再次提出，对于"有稳定劳动关系并在城市居住一定年限的农民工及其家属要逐步转变为城市居民""对于暂时不具备城镇落户条件的农民工，要改善公共服务，加强权益保障"[2]。中共十八大新一代领导集体上台后，更加积极推进城镇化，最终提出了"以人的城镇化"为核心的新型城镇化理念，这一理念在2014年通过的《国家新型城镇化规划（2014～2020年）》中得到了最充分的体现。其中明确提出了"以人为本、公平共享"的城镇化原则，提出要"积极推进城镇基本公共服务由主要对本地户籍人口提供向对常住人口提供转变，逐步解决在城镇就业居住但未落户的农业转移人口享

---

[1][2] 中华人民共和国经济与社会发展第十一个五年规划纲要[N]. 人民日报. 2006-03-17 (01).

有城镇基本公共服务问题";① 同时,提出要积极有序推进转移人口的落户问题,以合法稳定就业和合法稳定住所为条件,全面放开建制镇和小城市的落户限制,有序放开城区人口 50 万~100 万人的城市落户限制,合理放开城区人口 100 万~300 万人的大城市的落户限制等。② 而后,在 2014 年发布的《国务院关于进一步推进户籍制度改革的意见》中,又明确提出要取消农业户口与非农业户口性质区分和由此衍生的蓝印户口等户口类型,统一登记为居民户口。③ 2017 年中共十九大报告中则明确提出了乡村振兴战略,第一次正式提出城乡要融合发展。

纵观这一时期中国的相关理论与政策,可以看出,这一时期中国在城乡关系理念上已经由前一阶段的不平等互动逐步转变为在平等互动基础上的统筹、融合发展。一方面通过加快农业现代化的推进、农村基础设施和社会保障制度建设缩小城乡之间的发展差距,另一方面又通过取消对农村进城务工人员的种种不合理待遇、消除进城务工人员入户城市的种种障碍积极推进城镇化,使城乡之间平等互动、统筹发展,最终实现马克思所讲的城乡之间的融合。当然,从理念到政策中间存在一个明显的时滞,虽然 2002 年中共十六大上就提出了城乡统筹,此后不久即提出了城乡一体化,但从政策层面来说,没有完全转变到位,所以这一阶段大部分时间内中国城乡仍然存在明显的不平等互动。

### 5.3.2.2 印度向相对积极的城镇化战略转变

印度以往的城镇化进程相对缓慢,一方面源于其独特的经济发展路径,另一方面也是源于其消极的城镇化理念,其一直希望依靠增加农村就业的方式来解决农村农业剩余劳动力的就业问题,从没有主动发展城市的低技术劳动密集型产业来吸收农村农业剩余劳动力。此外也是由于农村贫困人口的文化素质过于低下。在战略转型之后,2005 年,印度也开始采取相对积极的城镇化战略。这一相对积极的城镇化理念包括三个方面的内容。

其一,大力发展制造业,提高城市对于农村剩余劳动力的吸纳能力。如前所述,从 2004 年上台的辛格政府开始,印度就已经将大力发展制造业

---

①② 国家新型城镇化规划 [N]. 人民日报. 2014-03-07 (09).
③ 国务院关于进一步推进户籍制度改革的意见 [N]. 人民日报. 2014-07-31 (08).

作为经济发展的主要推手,其中主要发展的是劳动力密集型的低技术制造业,以此来吸收农业剩余劳动力。

其二,加大城市基础设施建设的力度,改善城市的人居环境。印度以往从未实施过大规模的城镇基础设施建设工程,导致印度的城市基础设施长期极度落后,但这次战略转型后,在开启农村"第二次绿色革命"的同时,城市也开始了较大规模的基础设施建设。2005年底,辛格政府实施了名为"尼赫鲁城市复兴行动"的工程,该工程提出,从2006年起,将用7年时间推动印度的城镇化进程。该工程挑选了63座大城市为目标城市,在7年之内,投入110亿美元的资金用于这些城市的道路、排污、公共卫生设施等基础设施建设。[1] 这应该是印度政府第一个大规模推进城市基础设施建设的工程。2011年,印度政府又推出了"拉吉夫城市住房工程"计划,准备建1200万套廉价住房,解决城市贫困者的住房问题,力图在2020年建成一个没有贫民窟的印度。[2] 这些基础设施的建设,同样是为了提高城市的吸引力,以此来加快印度城镇化的进程。

其三,大力发展基础教育,提高农村人口融入城市的能力。这一时期,印度政府明显加强了基础教育,特别是农村的基础教育,使印度农村劳动力的文化水平明显提高。

从表5-10可以看出,进入21世纪之后,印度无论是城市还是农村,男性和女性的文化水平都有明显的提高,这种文化水平的提高提升了他们融入城市的能力,一定程度上有利于城镇化的推进。

表5-10 2001~2011年印度人口识字率的变化 单位:%

| 年份 | 农村 | | | 城市 | | |
|---|---|---|---|---|---|---|
| | 男 | 女 | 总 | 男 | 女 | 总 |
| 2001 | 71.4 | 46.7 | 59.4 | 81.09 | 64.05 | 67.20 |
| 2011 | 77.15 | 57.93 | 66.77 | 88.76 | 79.11 | 84.11 |

资料来源:Census of India Office of Registrar General India (http://mospi.nic.in.)。

---

[1] 张蕴岭,孙士海. 亚太地区发展报告:发展趋势预测与热点问题分析 No.6 (2005) [M]. 社会科学文献出版社,2006:196.
[2] 徐李璐邑,苏红键,韩镇宇,等. 不同国家应对城市贫困问题的经验及启示 [J]. 现代经济探讨,2017 (3).

## 5.3.3 战略转型以来中印城镇化的动能分析

进入战略转型阶段之后,中印两国二元经济结构的转化虽然总体上延续了前一阶段的路径,但还是出现了新的特点、新的变化,这种新的变化使两国的城镇化动能也出现了一些新的变化。

### 5.3.3.1 战略转型阶段中国城镇化动能分析

(1)战略转型阶段中国二元经济结构转化的新变化。战略转型阶段中国二元经济结构的转化可用图5-1表示。

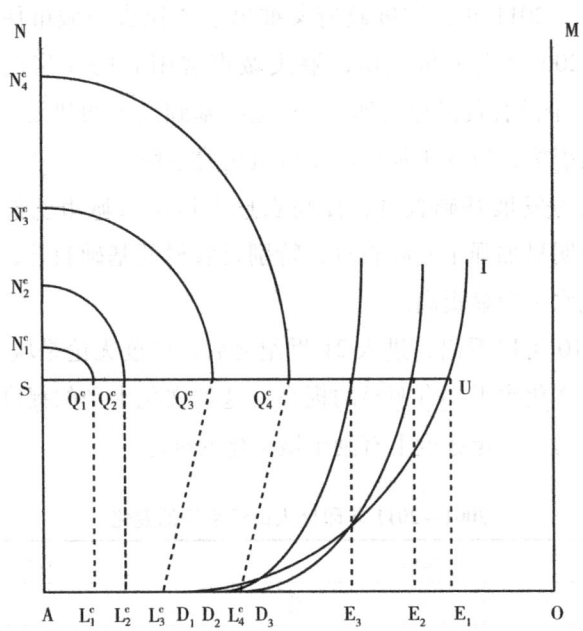

图5-1 战略转型阶段中国二元经济结构的转化

图5-1中,本阶段城市现代产业部门扩张曲线为$N_4^c Q_4^c$,也就是资本扩张幅度为$N_3^c N_4^c$,相应的城市现代产业部门增加的劳动力需求为$Q_3^c Q_4^c$,增加的从农村彻底转移到城市的劳动力为$L_3^c L_4^c$($L_3^c L_4^c \approx Q_3^c Q_4^c$),也就是兼业劳动力的比例在这一阶段没有明显的扩大,但还是大量存在。另外,由

## 第5章 战略转型阶段中印农业现代化与城镇化道路比较

于城市现代产业部门对于劳动力需求的持续扩大，这一阶段转移的劳动力数量已经超过了原来的短缺点（D），不过，由于农业部门技术水平的提高，短缺点已经明显向右移动（$D_1$—$D_2$—$D_3$），同时商业化点开始明显向左移动（$E_1$—$E_2$—$E_3$）。

根据图5-1，这一阶段中国城市现代产业部门的资本有机构成有所提高，所以就业投资比有所下降，$Q_3^c Q_4^c / N_3^c N_4^c < Q_2^c Q_3^c / N_2^c N_3^c$，但由于现代产业部门本身扩张幅度较大，所以依然吸收了大量的农村转移劳动力。兼业化转移仍是这一阶段的主要路径，但兼业的比例已经结束了持续扩大的趋势，近几年甚至开始缩小。另外，农业农村发展在这一阶段出现了新趋势，一方面农业部门技术水平快速提高，机械化开始快速推进，导致农业剩余劳动力有明显增加，所以D点明显向右移动；另一方面农村经济多元化获得重大进展，城乡收入差距开始出现缩小的趋势，所以E点开始向左移动，城乡关系开始由对立向融合发展。

（2）中国城镇化动能进一步增强。城乡二元经济结构转化的新变化，使中国城镇化动能总体上进一步增强。这种增强既体现在市场性动能方面，也体现在制度性动能方面。

第一，市场性动能进一步增强。市场性动能取决于城镇的拉力与农村的推力，就城镇的拉力而言，从前面的分析可以看出，这一阶段城镇现代产业部门获得了飞速的发展，尽管资本有机构成有所提高，但是，一方面整体经济扩张幅度很大，另一方面一般制造业这一时期占比虽有所下降，而总体规模却已极为庞大，2010年中国整个制造业的产值即已位居世界第一，城镇的拉力很明显进一步增强。就农村的推力而言，这一阶段由于农业适度规模的推进和农业机械化水平的迅速提高，农业部门的剩余劳动力有明显增加，短缺点D不断向右移动。这种农业剩余劳动力的增加自然大大增加了农村的推力。所以总体来说，这一阶段中国城镇化的市场性动能进一步增强。

第二，制度性动能也有所增强。从制度性动能来看，中国政府这一时期实际上也在有力地推进城镇化，一方面大幅度改善城市的基础设施，另一方面不断改善农村进城务工人员的待遇，并大幅减少入户城市的制度性障碍，这使农民进城务工甚至入户城市的意愿进一步增强，所以这一时期制度性动能也明显增强。

由于市场性动能和制度性动能都在增强，所以总体城镇化动能自然进一步增强。不过，值得注意的是，随着中国乡村振兴战略的推进，农村第一、第二、第三产业的融合，农村的就业吸纳能力将有所增强，再加上基础设施和人居环境的大幅改善，最终必将在一定程度上抑制这种人口的迁移，使城镇化动能削弱，当然，这时的中国城镇化也就进入了一个新的阶段——城乡融合阶段。这一阶段尚未完全到来，但实际上也开始出现了端倪。2013年以来，中国农民工，特别是外出农民工的增长率出现了明显的下降。

从表5-11可以看出，中国的城镇化动能已经开始出现弱化趋势，随着乡村振兴战略的实施，这种弱化趋势可能加速到来。

表5-11　　　　　2010年以来中国农民工增长率　　　　　单位：%

| 年份 | 2010 | 2011 | 2012 | 2013 | 2014 | 2015 | 2016 | 2017 |
|---|---|---|---|---|---|---|---|---|
| 农民工总数 | 5.4 | 4.4 | 3.9 | 2.4 | 1.9 | 1.3 | 1.5 | 1.7 |
| 本地农民工 | 5.2 | 5.9 | 5.4 | 3.6 | 2.8 | 2.7 | 3.4 | 2.0 |
| 外出农民工 | 5.5 | 3.4 | 3.0 | 1.7 | 1.3 | 0.4 | 0.3 | 1.5 |

资料来源：《中华人民共和国经济与社会发展统计公报》（2010~2017年各年）。http://www.stats.gov.cn.

#### 5.3.3.2 战略转型阶段印度的城镇化动能分析

（1）战略转型阶段印度二元经济结构转化的新变化。战略转型阶段印度二元经济结构的转化可用图5-2表示。

图5-2中，$N_4^1 Q_4^1$为这一阶段印度工业化扩张时对劳动力的需求曲线。根据这一曲线，这一阶段印度城市现代产业部门增加的投资为$N_3^1 N_4^1$，现代产业部门增加的劳动力需求为$Q_3^1 Q_4^1$，向城市转移的劳动力为$L_3^1 L_4^1$。这一阶段印度农村的剩余劳动力同样未转移完毕，所以还是不考虑短缺点（D）和商业化点（E）的移动情况。

从图5-2可以看出，战略转型阶段印度现代产业部门依然有较大的扩张幅度（$N_3^1 N_4^1$），同时这一阶段由于大力推进制造业，特别是低技术制造业的发展，现代产业部门的有机构成有所下降，就业投资比有所提

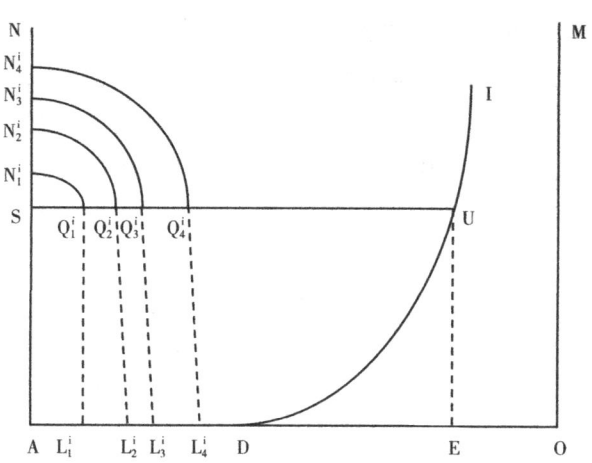

图 5-2　战略转型阶段印度二元经济结构的转化

高，$Q_3^i Q_4^i / N_3^i N_4^i > Q_2^i Q_3^i / N_2^i N_3^i$，这应该是这一阶段印度二元经济结构转化较前一阶段最大的变化，在现代产业部门的增速本身就有所增长的情况下，这一变化也就意味着城镇现代产业部门劳动力的需求有较大的增长，即 $Q_3^i Q_4^i > Q_2^i Q_3^i$。当然，尽管如此，这一阶段进入城市的农村劳动力仍然多于城市现代产业部门的需求，部分劳动力依然只能进入贫民窟。

（2）印度城镇化动能明显增强。这一阶段印度城镇化动能明显增强，这种增强同样可从市场性动能和制度性动能两个方面来看。

首先，从市场性动能来看，城镇的拉力与农村的推力都有所增强。从城镇的拉力来看，根据这一阶段印度二元经济结构的转化图，城镇现代产业部门对劳动力的需求有明显的增长，从而必然使城镇的拉力有明显的增长，而从农村的推力来看，由于"第二次绿色革命"的推进，农村剩余劳动力也有所增加，由此使农村的推力也有所增强，故而，城镇化的市场化动能有明显增强。

其次，从制度性动能来看，印度政府这一阶段改变了以往的消极城镇化战略，采取了相对积极的城镇化战略，实施了较大规模城市基础设施的建设工程，使城市的居住条件有了一定的改善，城市的吸引力进一步增强；同时，在农村开始大力推进基础教育，使农村人口的文化素质有了一定的提高。因此，这一时期农村人口融入城市的能力有了一定程度的增强，所以城镇化的制度性动能也有所增强。

在市场性动能和制度性动能都有明显增强的情况下，这一时期印度城镇化动能总体上明显增强。也正因为如此，这一时期印度农村人口向城市迁移明显增加，特别是因经济原因迁移的人口增加非常明显。1991~2001年，印度流动人口只有3300万人，每年只有300万人左右，但在2001~2011年，印度流动人口达到了8000万左右，每年达到500万~600万人，2011~2016年，每年流动人口更达到900万人。①

从表5-12可以看出，21世纪以来，印度劳动迁移人口的年均增长率达到原来的两倍左右，特别是女性劳动力迁移人数飞速增长，而这种迁移绝大多数是农村劳动力向城市的迁移，由此可以明显的看出，印度城镇化的动能明显增强。

表5-12　印度劳动力总数及经济原因劳动力的迁移情况

| 项目 | | 1991年（百万人） | 2001年（百万人） | 2011年（百万人） | 1991~2001年年均增长率（%） | 2001~2011年年均增长率（%） |
|---|---|---|---|---|---|---|
| 劳动力 | 总 | 317 | 402 | 482 | 2.4 | 1.8 |
|  | 男 | 227 | 275 | 332 | 2.0 | 1.9 |
|  | 女 | 90 | 127 | 150 | 3.5 | 1.7 |
| 因经济原因迁移的劳动力 | 总 | 26 | 33 | 51 | 2.4 | 4.5 |
|  | 男 | 22 | 29 | 42 | 2.7 | 4.0 |
|  | 女 | 4 | 4 | 9 | 0.4 | 7.5 |

资料来源：Economic Survey 2016~2017[DB/OL]. http://www.indiabudget.nic.in.

## 5.3.4　战略转型以来中印城镇化的成绩与问题

进入战略转型阶段之后，由于中印的城镇化动能都明显增强，两国的城镇化都取得了较大的成绩，当然也都还存在一定的问题。

### 5.3.4.1　战略转型阶段中印城镇化的成绩比较

（1）两国的城镇化率都有明显的提高，但中国更为突出。战略转型之

---

① Economic Survey 2016~2017[DB/OL]. http://www.indiabudget.nic.in.

后，两国的城镇化动能都明显增强，所以城镇化率都出现了快速的提高，都明显快于20世纪90年代。1991~2000年，中国城镇化率从26.21%提高到36.22%，十年提高了10个百分点左右；而2000~2010年，中国城镇化率从36.22%提高到49.95%，十年提高了13个百分点，明显呈现出加速趋势，2011年开始，中国城镇化率即突破了50%，2017年达到了58.52%，① 而且值得注意的是，中国户籍人口城镇化率也开始出现快速增长，2000年，中国户籍人口城镇化率不到28%，2012年，中国户籍人口城镇化率也还只有35.3%，② 2017年达到了42.35%。③ 印度城镇化同样出现了加速趋势，1990年印度城镇化率为25.5%，2000年为27.7%，十年只提高了2.2个百分点；2010年达到30.9%，④ 十年提高了3.2个百分点。2010年之后，印度城镇化进一步加速，2016年，印度城镇人口所占比重即达到了1/3左右。⑤ 当然，相比之下，中国更为突出。至于这种中印之间城镇化率的差异，我国学者一般认为是不同的发展模式所致，不过印度部分学者则认为是不同的发展水平所致。⑥ 当然，这两种说法都有一定道理，我国改革开放后以制造业主导的发展模式应该是城镇化快速提高的重要原因，但这种发展模式也是中国发展速度明显快于印度，并在21世纪后使两国出现了发展水平上的差异的重要原因。而印度21世纪以来城镇化的加快与其发展战略转向重点发展制造业也有着重要关系。如果从发展水平来看，当前印度的总体发展水平大致相当于21世纪初中国的水平，印度当前的城镇化率与21世纪初中国城镇化率也基本相当，所以印度学者的观点也不无道理。

（2）两国的城乡关系都开始进入了一个新的阶段。印度人口的推拉模式逐渐由农村贫困推动转化为城市繁荣拉动，中国则逐渐走入城乡融合阶段。在进入战略转型阶段之后，由于对制造业的重视，印度城市对劳动力

---

① 全国年度统计公报 [DB/OL]. http：//www.stats.gov.cn/tjsj/tjgb/ndtjgb/.
② 国家新型城镇化规划 [N]. 人民日报. 2014-03-17 (09).
③ 中华人民共和国2017年国民经济和社会发展统计公报 [EB/OL]. http：//www.stats.gov.cn/tjsj/zxfb/201802/t20180228_1585631.html.
④ 中国经济与社会发展统计数据库 [DB/OL]. http：//tongji.cnki.net/kns55/Dig/Internationaldata.aspx.
⑤⑥ Economic Survey 2016~2017 [DB/OL]. http：//www.indiabudget.nic.in.

的需求明显增强，再加上农村人口的教育水平明显提高，农村人口对城市的适应能力明显增强，所以，这一阶段印度城乡人口迁移中的推拉力量发生了重大的变化，逐渐由农村贫困推力为主转化成城市拉力为主，这一转变也就在一定程度上缓解了印度以往城乡发展一直存在的严重脱节问题。而中国则进入了一个更高的阶段，由于城乡统筹以及最近城乡融合的提出，中国已开始真正解决城乡对立、分离的问题。城乡差距已开始进入缩小的阶段，中国城乡居民收入差距已经由最高点 2011 年的 3.33 倍下降到 2017 年的 2.71 倍，[①] 农村面貌也已经发生了重大变化，农村经济也已经逐步从基本依靠农业向第一、第二、第三产业的融合转变。马克思所讲的城乡融合初现曙光。

（3）中国的城镇化逐渐趋向平衡发展，印度则总体上更趋不平衡发展。这一阶段中印的空间发展道路也开始进入一个新的阶段，总体而言，中国开始进入平衡发展阶段，而印度则开始呈现出不平衡发展。这不仅体现在地理空间结构方面，而且也体现在规模等级结构方面。

从城镇化的地理空间结构来看，进入 21 世纪之后，由于西部大开发、中部崛起、东北振兴等一系列战略的实施，中国地区之间的经济发展开始趋向平衡，经济发展的平衡自然也影响了城镇化的趋势。这一阶段中国区域之间城镇化率也开始明显趋向平衡。虽然东部沿海仍然是中国城镇化率最高的地区，但已不是城镇化增速最快的地区，中西部的增速已明显快于东部，由此使区域之间的城镇化率差距明显缩小，各省区市基尼系数明显缩小，从 2001 年的 0.217 缩小到 2011 年的 0.152。[②] 但印度这一阶段城镇化的地理空间结构没有明显的变化，各地区之间城镇化的发展依然存在明显的不平衡性，城镇化率高的地区基本上仍然是城镇化率增速快的地区，各地区的基尼系数仍然保持很高的水平，2001 年为 0.302，2011 年依然达到 0.298。[③]

从城镇化的规模等级结构来看，中国本就相对于印度更平衡合理。由于政府一直对城镇化有较多的规划，所以一直有大量中等规模的城市。这

---

[①] 全国年度统计公报 [DB/OL]. http://www.stats.gov.cn/tjsj/tjgb/ndtjgb/.
[②③] 李文静，刘红. 中印城市规模、城镇化时空变迁及其动力机制的对比研究 [J]. 华东理工大学学报（社会科学版），2015, 30 (5).

一阶段政府则更加重视城市之间的平衡发展,采取了城市群+小城镇的发展模式,所以城市的规模等级结构更趋合理。呈现出了城市的首位度基本维持稳定,但大、中型城市(城市人口在100万人左右)快速发展的局面。而印度则基本上延续了以往趋势,城市首位度继续提高,大、中城市则相对缓慢,小城镇发展相对较快,见表5-13。和中国相比,印度城市的首位度明显要高,但中等城市的比例明显较低,而小城镇较中国更多。所以,印度城市规模等级分布呈金字塔结构,而中国呈纺锤型结构。①

表5-13　　　　中印城市首位度及大中城市人口占比　　　　单位: %

| | 人口在百万以上城市聚居人口占全国总人口比重 | | 最大城市人口占城市人口比重 | |
|---|---|---|---|---|
| | 1990年 | 2009年 | 1990年 | 2009年 |
| 中国 | 9 | 17 | 3 | 3 |
| 印度 | 10 | 13 | 4 | 6 |

资料来源:世界银行. 2011年世界发展报告[M]. 中国财政经济出版社,2011.

#### 5.3.4.2 战略转型阶段中印城镇化的主要问题

这一阶段中印城镇化的成就是非常明显的,但是也要看到,两国城镇化都还存在一定的问题。

中国的问题主要体现在以下三点。

(1) 半城镇化问题依然存在。尽管21世纪以来中国政府在户籍制度上已经松动,但战略转型阶段中国二元经济结构的转化还是以兼业化转化为主,而且这一阶段还是以家庭兼业为主,也就是中国农村普遍形成了代际分工、半工半耕的家庭结构,所以半城镇化的问题依然存在,户籍人口城镇化率与常住人口城镇化率依然存在明显的差距。例如,2012年中国常住人口城镇化率达到52.6%,而户籍人口城镇化率仅为35.3%,②两者相差17.3%。在大量进城务工人员并没有入户城市的情况下,一般来说都会

---

① 李文静,刘红. 中印城市规模、城镇化时空变迁及其动力机制的对比研究[J]. 华东理工大学学报(社会科学版),2015,30(5).
② 国家新型城镇化规划[N]. 人民日报. 2014-03-17(09).

将老人、小孩留在农村，由此导致了严重的留守儿童、留守老人等社会问题。这一问题一度非常严重，当然，近几年由于入户门槛开始下降，再加上政府多方面的努力，当前已经有了好转的迹象。

（2）城乡依然发展不平衡。尽管21世纪初就提出了城乡统筹战略，提出了工业反哺农业、城市支持农村的理念，但实际上，直到现在城乡之间的差距依然非常明显。这不仅体现在生活水平上，而且体现在社会保障与公共服务上。从生活水平来看，现在中国城市人生活已经开始向富裕迈进，这主要体现在两个方面：一是家庭汽车的普及；二是旅游的普及。而现在农村汽车普及率还在30%以下，旅游基本没有普及。从社会保障上来看，差距更为明显，城市人基本上都有失业保险，农村人基本没有失业保险。城市人养老保险每个月一般在2000～3000元，农村人基础养老金只有88元，加上个人账户一般也只有200元左右。从公共服务来看，城市教育水平日益提高，农村教育质量甚至出现了下滑趋势。

（3）优质生产要素向城市单向流动的趋势未有真正改变，部分农村出现衰败迹象。生产要素最主要是三大方面：土地、人才、资本。从现在来看，中国这三方面的优质资源基本上还是从农村向城市单向流动。从土地来看，中国城郊那些优质土地都在逐渐转变为城市建设用地。而且，这些城郊的农用地改为城市建设用地产生的增值收益大部分都被城市政府以土地财政的方式拿来进行城市建设，返还给农村的极少。另外，在实行土地增减挂钩的时候，农村增加的土地往往是一些劣质的土地。从人才来看，农村的优质人才基本上都往城市流动，首先是农村人考上大学之后基本上就不会再回农村，也就是农村优质智力人才基本上都往城市流动；其次是农村青壮年基本上都往城市流动，农村留下来从事农业的大部分是老人，也就是农村的优质体力人才也往城市流动。从资本来看，现在农村人赚到钱后，大部分都是到城市来买房、投资，农村人自己想创业时，贷款却非常困难。正因为如此，部分学者认为，取消农业税后，中国还是农村在支持城市，并没有真正形成城市反哺农村的局面。从这些可以看出，中国离真正城乡融合的目标仍然非常遥远。

印度的问题主要体现在以下三点。

（1）印度城市正式就业的增长仍然不够快，导致城市就业仍然以非正式就业为主。印度尽管大力发展制造业，特别是中低端的制造业，但至今尚未改变服务业主导的结构，尽管部分制造业的确增加了就业，但在有组织的正式就业上却增长缓慢，有的年份甚至出现萎缩趋势。例如，2014~2015年度，纺织业的就业增长了7.2%，冶金行业增长了3.7%，但皮革下降了0.8%，汽车下降了0.8%，珠宝行业下降了0.4%，IT外包下降了11%，手工织布下降了11%。由于纺织业等低端制造业大多规模较小，很多员工都是非正式工人，所以印度那种以非正式就业主导的局面并没有改变。从2011~2012年度到2015~2016年度，印度城市随意劳动者和合同工都有所增加，但稳定就业的正式工人和自我雇佣者有所减少。直到现在，印度城市就业者都是以随意劳动者和自我雇佣者为主，有组织的正式就业始终占比不高。①

（2）印度城市基础设施仍然不够完善，明显不如中国。尽管这一阶段印度开始重视城市的基础设施建设，但总体上基础设施仍然不够完善，直到现在，印度几乎每一个城市都还面临水电供应、垃圾处理、公共交通、教育医疗、安全和污染等方面的严重挑战，就是印度的主要城市基础设施也明显落后于世界平均水平，如新德里和孟买在全球52个主要城市基础设施排名为第47名和第50名，仅高于印度尼西亚的雅加达和孟加拉国的达卡，而中国的北京和上海这一排名为第32、第33名。②所以，直到现在，印度城市基础设施与中国的差距依然非常明显。

（3）印度城市依然存在严重的贫困问题。城市贫困问题一直是印度城镇化中存在的一个严重问题，虽然这一阶段由于城市制造业的发展，这一问题略有好转，但由于城市就业依然以非正式就业为主，再加上转移人口很多仍然是低素质的劳动力，很难在城市有稳定的收入来源，所以这一问题依然非常严重。2014年印度仍有24%左右的城市居民住在贫民窟，③ 离"无贫民窟的印度"目标还相去甚远。

战略转型阶段是中印两国既追求快速发展又试图解决前一阶段问题的阶段。应该说，经过政府的主动转型，这一阶段中印两国农业现代化和城

---

①② Economic Survey 2016~2017 [DB/OL]. http://www.indiabudget.nic.in.
③ 徐李璐邑，苏红键，韩镇宇，等. 不同国家应对城市贫困问题的经验及启示 [J]. 现代经济探讨，2017（3）.

镇化都取得了明显的进展，也都在一定程度上解决了前一阶段的问题。从农业现代化来看，中印两国几乎同时开启的新一轮农村改革都取得了一定的效果。中国在很大程度上解决了农业现代化推进缓慢以及城乡差距日益扩大的问题，印度也在"第二次绿色革命"中实现了农业的快速发展，同时农村的贫困问题也有一定程度的缓解。从城镇化来看，两国这一时期城镇化率都有快速的提高，中国城乡之间已开始平等互动，城乡、地区都开始出现了平衡发展趋势，城乡融合初现曙光。而印度大力发展制造业、积极推进城镇化的战略也取得了一定的效果，不仅城镇化率的增速较前一阶段明显提高，而且城乡发展脱节问题也有了一定的好转。当然，不可否认，两国的农业现代化与城镇化问题依然还存在。中国农业依然是现代化的短板，农村依然是相对贫困的地方，半城镇化的问题也依然还存在，优质生产要素向城市单向流动的趋势依然没有真正改变。印度农业的基础设施依然还很落后，农业发展依然存在明显的不稳定现象，城乡之间的贫困问题依然严重。所有这些都充分表明，尽管成就显著，但离两国真正战略目标的实现还相去甚远。

# 第6章

# 中印农业现代化与城镇化的经验、教训、政策建议与启示

中印两国是世界上最大的两个发展中国家,在几十年的发展进程中,两国的农业现代化和城镇化都积累了一定的经验,也都有一定的教训。对这两国农业现代化和城镇化的经验和教训进行总结,不仅可以为两国以后的发展提供相关的政策建议,而且也可以为其他的发展中国家提供重要的启示。

## 6.1 中印农业现代化与城镇化的主要经验教训

### 6.1.1 主要经验

纵观三个阶段中印农业现代化和城镇化发展的历程,可以发现,中印两国在农业技术水平的提高、农村贫困的减少、城镇现代产业部门产业的发展、人口城镇化的进程等方面都取得了明显的进步,都有一些值得总结的成功经验。当然,总体而言,无论是在农业现代化还是城镇化,中国的成就都更为突出,所以中国的经验也更值得总结,不过,印度同样有一定的成功之处,其经验同样有值得总结的地方。

#### 6.1.1.1 中国的主要经验

总体来看，70多年中国农业现代化和城镇化方面的经验主要体现在以下几个方面。

（1）将土地制度的彻底改革作为推进农业现代化的始点，并以社会主义公有制作为农村土地制度的基石。农村土地改革是中印两国农业现代化的共同始点，在中华人民共和国成立和印度独立之初，实际上两国都有通过土地改革实现土地权利的相对均衡、减少农村的贫困以及提高农业生产率的目标。应该说，两国都在一定程度上实现了这些目标，但是，中国更为突出。从后来中印发展的历程来看，中国农民在土地权利的均等化、农村贫困的减少以及农业生产率的提高上都占有明显的优势，虽然这种优势的形成是多方面作用的结果，但不能不说，中印在土地制度改革上的差异是其中最重要的原因。纵观两国土地制度改革历程，可以发现，两者存在以下几个方面的明显区别。

其一，中国土地制度的改革是以实现土地权利的真正均等化作为土地改革的基本目标，而印度只是为了实现土地权利的相对均衡。从中华人民共和国成立到现在，中国一共应该说经历了四次土地制度改革，包括中华人民共和国成立初的土地改革、社会主义改造时期集体化土地改革、改革开放初的土地承包制改革以及21世纪以来的土地经营权流转改革，虽然制度在不断调整，但是，从"土改"开始，中国就确立了土地权利均等化的目标，后来的三次改革中，这一目标则成了改革的一条基本原则。而印度一开始就没有确立这样的目标和原则，土地改革只是为了废除中间人和实现土地权利的相对均衡。也正因为如此，改革之后的中国农村土地权利实现了革命性变化，而印度只是一定程度的改良。

其二，中国是以社会主义公有制作为改革的理念基石，印度则仍是以私有制作为土地制度的理念基础。纵观中国四次制度改革，除了最初的土改是以新民主主义的理念，后来在进入社会主义改造阶段之后，就一直是以社会主义公有制为基本理念，也正因为如此，不管后来土地实际占有、使用等方面如何变化，公有制一直是整个土地制度的理念基石。而印度则一直是以私有制为改革的理念基础，因此，印度的土地改革，始终只是在

## 第6章 中印农业现代化与城镇化的经验、教训、政策建议与启示

私有制范围内的适当调整，而从未有过制度的根本性变革。

其三，中国土地制度的改革执行上非常彻底，而印度土地制度的改革执行上极不彻底。与中国所有的改革一样，中国的土地制度改革执行上极为彻底，制定的基本目标也基本上都能实现，而印度的土地制度改革则从一开始就不彻底，所以目标的实现程度远远不及中国。

正是由于以上几个方面的区别，中印两国最终在农村土地制度上存在明显的差别。中国最终建立了一种以公有制为基础、农民权利均等化的农村土地制度，而印度的农地制度改革则只是在一定程度上缩小了土地实际占有上的差距，从未实现农民土地权利均等化的目标，甚至一直存在一定量的无地农民。农村土地制度建立在公有制的基础上，使中国农村具有更强的动员能力，这非常有利于农村的基础设施建设；在实现了土地权利均等化的基础上，更加有利于减少农村的贫困。所以，中国农村基础设施的建设一直强于印度，农村减贫的速度也明显快于印度。正因为如此，在改革开放较长一段时间内，尽管中国农业劳动生产率不如印度，但农民的整体生活水平却好于印度。甚至有的学者认为，改革开放后，中国农村只有收入问题，没有贫困问题，[①] 因为中国土地的均等占有使中国农民一般不会陷入真正的赤贫状态，而印度无地农民的存在则使其一直存在大量的赤贫人口。同样，不存在真正的赤贫人口也非常有利于农村人力资本的提升，再加上公有制下基础设施建设的快速推进，为中国农业现代化和城镇化的推进都创造了良好的基础性条件。

（2）将制度创新与技术创新紧密结合，以农村农业制度的创新推动农业技术的创新。根据诱致性技术—制度创新理论，农业的发展既需要技术创新，也需要制度创新，制度创新往往是技术创新的重要条件，合理的制度能够降低技术创新的成本。但纵观中印三个阶段的农业现代化进程，发现第一阶段两国都有重要的制度创新，但第二、第三阶段印度的制度创新就极少，基本上只有技术创新，而中国则每一个阶段农业的发展都是先从制度创新开始，都是以制度创新来推动技术创新。这种以制度创新来推动技术创新的做法应该是中国非常重要的经验，正是由于中国不同阶段采取

---

① 盛荣. 印度土地制度效果对中国土地制度改革的启示 [J]. 中国农业大学学报（社会科学版），2006（4）.

了不同的农业制度,因此每一个阶段的农业都曾经有过快速的发展,而且也都基本上实现了每一阶段国家发展战略对农业的要求,而在农业发展出现问题时,又都能在新的阶段以新的制度创新来解决问题。但印度则除了尼赫鲁时期采取制度战略,对农地制度和农产品流通制度进行了一次较大规模的改革之外,后来就基本上都采取的是技术战略,也就是都只是绿色革命的推进问题。在制度不能与时俱进的情况下,印度的技术进步实际上存在诸多的障碍,农村农业的发展往往会存在很多的问题,这些问题由于没有相应的制度创新来解决,因此往往会长期存在。

(3) 非常重视农村人力资本的投入,以此作为推进农业现代化和城镇化的重要手段。根据舒尔茨改造传统农业的理论,农村人力资本的投入是改造传统农业的重要环节。事实上,农村人力资本的投入不仅是改造传统农业、推进农业现代化的重要手段,也是推进城镇化的重要手段。从这一点来看,中国明显比印度做得要好。农村人力资本的投入包括一般性的基础知识教育,也包括农业技术的专门培训,大部分时期,中国这两个方面都做得比印度要出色,特别是基础知识教育。据前面所述,由于从中华人民共和国成立初开始就大力发展农村基础教育,所以在中华人民共和国成立初后不久,中国农村人口的识字率就开始超越印度,在20世纪80年代改革开放之初,尽管中国当时的人均GDP甚至还不如印度,按国际贫困线衡量的贫困率也高于印度,但实际上,正如著名学者樊胜根所说,中国当时发展的初始条件要明显好于印度,其中之一就是20世纪70年代印度农村人口的70%为文盲,而中国仅为49%。[①] 另外,印度著名学者阿玛蒂亚·森也认为,改革前中国在基础教育上就较印度有明显的优势,所以中国市场的"魔力"在于先前社会变革的坚实基础。[②] 在专门的技术培训上,中国在改革开放之前和21世纪之后做得也明显好于印度。这种人力资本投入的优势,一方面使中国农业现代技术的推广速度上明显占有优势,另一方面也为城镇化打下了较好的基础,使改革开放后城市制造业起飞时农村

---

① (印) A. 古拉蒂, 樊胜根. 巨龙与大象:中国和印度农业农村改革的比较研究 [M]. 北京:科学出版社, 2009: 323.

② (印) 阿玛蒂亚·森. 印度:经济发展和社会机会 [M]. 黄飞君, 译, 北京:社会科学文献出版社, 2006.

## 第6章　中印农业现代化与城镇化的经验、教训、政策建议与启示

转移劳动力都有从事城市制造业的能力。而印度这种人力资本投入的相对不足一方面使印度农业现代技术的推广往往限制在少数大、中农范围内，另一方面使农村剩余劳动力很难适应城市现代产业，导致城镇化推进速度长期缓慢。

（4）从经济发展水平和国家战略出发促进城乡之间的有效互动。根据马克思主义关于城乡关系的基本理论，城乡之间一般要经历从分离、对立到融合的过程，也就是最终的目标是要实现融合，但是，融合的基础是互动，如果城乡之间没有有效的互动，则根本没有融合的可能，当然，这种互动的方式必须符合整体国民经济发展水平和国家战略。在这一点上，中国70多年来的城乡关系发展历程提供了很好的经验。在三个阶段中，尽管城乡关系有很大的变化，但一直存在有效的互动，这种互动虽然看起来有很多不合理、不公正的地方，但实际基本上符合每一阶段的国民经济发展水平，且完全符合国家整体发展战略。

第一阶段，由于国民经济发展水平较低，城镇对于劳动力的吸纳能力有限，再加上采取的是重工业优先、农业支持工业、农村支持城市的战略，于是实行城乡分治、限制农村人口向城市流动，甚至让农村来解决部分城市剩余劳动力的就业问题，这大大减轻了城市初期发展的压力，使中国能够在极其困境的情况下建立了独立、全面的工业体系。第二阶段，在独立、全面的工业体系建立起来后，中国转向了比较优势战略，在城市大力发展制造业，特别是低技术的一般制造业，同时允许农村剩余劳动力进城务工，但在社会保障上根据户籍仍然采取的二元制度，这虽然对农村户籍人口存在明显的不公平，但迅速建立起了中国低技术制造业上的优势，使农村剩余劳动力能够顺利地转移到城市现代产业部门工作，同时又在很大程度上降低了这一阶段城镇工业化的成本。于是，这种低技术的制造业就架起了城乡交流、互动的桥梁，这种互动一方面促进了城镇现代产业的高速发展，另一方面又通过涓流效应大大改善了农村人口的生活水平，使农村在农业技术并没有明显提高的情况下贫困得以迅速减少。第三阶段，中国经济开始向中高端进军，整体上采取了动态比较优势战略，对于进城务工者提出了更高的要求，于是开始城乡统筹、融合，逐步取消对农村户籍人口的各种歧视性制度，并通过政府层面的工业反哺农业、城市支持农

村，使农村、农业本身也开始走向现代化。由此，城乡都开始进入新的发展时期。所以综合来看，尽管很长时间内存在一些不公平的做法，但互动是有效的，正是这种有效的互动使中国最终农业现代化和城镇化都获得了较快的推进。

相对而言，印度尽管在正式制度上从没有采取诸如二元户籍制度这样的做法，但城乡互动的有效性却远远不如中国，整个发展过程中存在明显的城乡脱节现象。这种脱节包括产业的脱节，也包括人的脱节。印度农村是以传统农业为主，城市则在改革后立即采取了技术含量较高的软件业，两者存在明显的技术差；印度农村人口文盲一直占很大比例，而印度城市主导产业需要的则是素质极高的专业人才。这就导致农村即便有剩余劳动力进入城市，也很难在主导产业部门获得正式就业，一般都只能非正式就业。正因为如此，印度国内的学者也一直认为，印度是一个早熟的、分裂的国家。[1] 一个早熟的、分裂的印度虽然一方面使印度能够在整体水平极低的情况下在中高端产业拥有一席之地，但另一个方面使涓流效应在印度作用极小，从而使贫困问题很难通过市场的方式解决，故而也非常不利于城乡之间真正的融合。

（5）将政府与市场的作用紧密结合，合理推进农业现代化和城镇化的进程。在中国农业现代化和城镇化的推进过程中，很明显地看到了政府和市场"两只手"的作用。改革开放之前，基本上是政府在进行整体规划、设计，甚至组织了生产经营。在改革开放之后，中国开始市场化转型，农业生产自主化，农产品交易市场化，城镇现代产业部门更是全面走向了市场化，但政府的作用仍然非常明显。首先，政府对于农村农业和城镇现代产业部门的的发展都进行了战略规划。在农业现代化方面，改革之初中国政府就提出了"两次飞跃"的战略规划，21世纪之后迅速提出了建设社会主义新农村的战略规划，进入新时代后又提出了乡村振兴的战略规划，这种与时俱进的战略规划对于农业农村的发展进行了很好的指导。城镇化方面，政府在产业发展、地理空间和规模等级等方面都进行了战略规划，在产业发展方面，从中华人民共和国成立之初重工业优先已建立完整的工业

---

[1] Economic Survey 2016~2017 [DB/OL]. http://www.indiabudget.nic.in.

体系，到改革开放之初重点发展轻工业以发挥比较优势，到 21 世纪之后重心转向高新技术产业以提升产业结构；在地理空间方面，改革开放之初重点发展东部以充分发挥地理优势，21 世纪之后重心逐步转向中西部以实现区域平衡；在规模等级方面，一直注重大、中、小城市的平衡，使中国城市一直有一个纺锤形的规模等级结构。总体来说，城镇化的各个方面都有一个相对合理的规划。其次，政府一直注重基础设施的投入。改革开放之前，虽然实行城乡分治，但政府在农村组织了大规模的基础设施建设，社会主义新农村建设战略实施之后，政府再次在农村实行了大规模的基础设施建设。在城市基础设施的建设上，政府更是不遗余力。应该说，这种政府力量与市场力量的结合使中国既防止了传统计划经济下的弊端，又避免了简单市场化导致的问题，使中国农村农业现代化能够在市场化改革后平稳推进，同时防止了城市人口过度向大城市集中等一系列问题。但这一点印度做得明显不如中国，印度虽然也一直重视政府的作用，但政府在制度供给、基础设施建设和战略规划上发挥的作用都明显不够。所以印度的基础设施，特别是城市的基础设施发展非常缓慢，因而城市的人居环境一直与中国有明显的差距，且一直存在严重的城市"贫民窟"现象。另外，印度的大、中、小城市的布局一直不合理，出现了城镇人口主要集中于大城市和小城镇的特点，中等城市一直发展缓慢，这一局面的存在使印度的城镇化过程中一直存在割裂现象，大城市重点发展高新技术产业，小城镇主要发展与农村关系密切的传统手工业，却缺乏了中等城市对两者进行有效的衔接。

### 6.1.1.2 印度的主要经验

印度虽然总体上农业现代化水平当前已落在中国后面，城镇化更与中国有了明显的差距，但仍然有一定的经验值得总结。

（1）从自身资源禀赋和经济发展水平出发，选择合适的农业现代化道路。虽然当前印度农业总体发展水平不高，但纵观印度农业几十年的发展，可以发现印度农业的总体成就还是非常明显的，首先，印度很好地解决了国家的粮食安全问题，从一个粮食严重依赖进口的国家变成了一个重要的粮食出口国。其次，印度农村解决了大部分人的就业问题，在城镇化率长期发展缓慢的情况下，农村为绝大多数人提供了就业保障。再次，印度农业劳动生产率长期获得了平稳的增长，在中国实施社会主义新农村建设之前，印度农业劳动生产率甚至长期高于中国。这些成就的取得，应该说与印度农业现代化道路的选择有重要关系。从前面几十年的发展进程来看，我们发现，印度农业现代化道路有如下几个方面的特点。

第一，采取以小农经营为主，适度保持大、中农的农业经营体制。印度独立之初的农地制度改革并没有提出土地均等化的目标，但还是对土地的占有进行了较大幅度的调整，经过调整之后，最终形成以边际农、小农为主体，大、中农占一定比例的局面。故而其农业经营体制既不同于西方发达国家的大农场制，也不同于中国改革开放之后形成的超小规模家庭经营绝对主导的经营体制，而是一种大、中、小经营主体并存的经营体制。

第二，以生化水利技术现代化为主的农业技术现代化道路。印度两次绿色革命都是以生化水利技术为核心，而对于机械化技术的推进一直谨慎，一开始甚至有意压制机械技术的推进，这和中国改革开放前积极推进农业机械化有明显的区别。

第三，在保障粮食安全的基础上积极推进农村生产经营的多样化。印度第一次绿色革命之后就基本上解决了粮食安全问题，在此之后，则特别重视包括经济作物、园艺、养殖、奶业、渔业等的生产经营，在21世纪之后，大部分的农业产值由传统种植业以外的广义农业创造。

应该说，印度的农业现代化道路既不同于西方发达国家也不同于中国，而是一条介于西方和中国之间的道路，但是这一道路应该说完全符合印度的国情，充分考虑了印度的资源禀赋和发展水平。因为从资源禀赋上讲，印度总体上也是一个土地资源相对短缺、劳动力相对丰富的国家，这实际上就意味着印度应该采取水利生化技术现代化为核心的技术现代化道路，从发展水平上讲，印度工业起点极低且直到今天仍然是工业化程度不高的国家，所以需要农村农业解决大部分人的就业问题，故而必须采取小农经营为主的道路，但一定的大、中农存在又有利于现代技术的推广与应用，同时鼓励生产的多样化也有利于农民生活水平的提高。所以，印度的这一农业现代化道路应该是一条完全适合其国情的道路。

第6章 中印农业现代化与城镇化的经验、教训、政策建议与启示

（2）把推进生产经营的合作化作为推进农业发展的重要手段。印度不是真正意义上的社会主义国家，但其发展中明显吸取了一定的社会主义理念，在农业上，尽管没有实行公有制，但非常重视农业生产经营方面的合作。在20世纪五六十年代，尼赫鲁就曾专门派人到中国来考察农业生产经营的合作化问题。后来即在农村开展了多种形式的合作化生产、经营。在开启市场化改革之后，农业领域的合作化一直在坚持。正是这种合作化的坚持，使印度农业在实行土地私有制且以小规模生产经营为主的情况下，农业生产的组织化仍然达到了较高的水平，在20世纪八九十年代甚至一度还超过了中国。农业生产的合作化在一定程度上推进了农业技术的推广，也在一定程度上解决了小农户与大市场的对接问题，并对解决农村高利贷等问题上起到了重要的作用，这应该是印度农业发展中的一条重要经验。

（3）充分重视农村就业，把推动农村就业作为解决农村贫困问题的重要方式。贫困问题是发展中国家农村的一个重大问题，在农村减贫的成就上，印度确实与中国存在明显的差距，其中主要原因在于中国农地公有制下实现了农民土地权利的均等化，而印度则一直存在大量的无地、少地农民。但是，印度农村的减贫仍然取得了巨大的成就，以国际贫困线（1.25美元/天）衡量，1994年印度农村贫困率达到49.4%，2005下降到41.6%，[①] 下降幅度还是非常明显。在一直存在大量无地、少地农民的情况下能够取得这样的成就，主要原因在于印度把增加就业作为解决农村贫困问题的主要方式，在城镇现代产业部门对就业的吸纳能力明显不够的情况下，印度政府想方设法在农村增加就业。增加就业的方式，一方面是推进乡村工业的发展。印度一直有大量的乡村工业存在，这些乡村工业包括传统手工业，也包括一些低技术的制造业。虽然这些乡村工业技术水平普遍不高，而且规模往往较小，但在解决农村就业、减少农村贫困上还是发挥了重要作用。另一方面是实行就业保障计划，通过政府在农村投资修建基础设施，保障农村人口的就业。印度政府实施了多个农业就业保障计划，21世纪以来实施经济改革之后实施的农村就业保障计划就有2001年的"普遍以工代赈工程"、2004年实施的"国家以工代赈工程"、2007年实施的"国家农民

---

① 世界银行. 2011年世界发展指标 [M]. 北京：中国财政经济出版社，2011：63.

政策"等,① 这些计划一方面有利于改善农村的基础设施;另一方面保障了贫困人口的就业,在减贫中发挥了重大的作用。在城镇工业化水平不高的国家,这种国家层面的保障农村就业的工程有着非常重要的作用,是值得总结的重要经验。

(4) 将大城市发展与小城镇建设相结合,把小城镇建设作为推进城乡融合发展的重要途径。从城镇化来看,印度总体上不怎么成功,但也有一定的可吸取的经验,那就是一直注重小城镇建设。如前所述,从城镇化的规模等级来看,中国总体比印度合理,中等规模的城市占比较大,而印度恰恰相反,特大城市人口占比高于中国,中等城市人口占比明显低于中国,但小城镇占比却一直比较大。小城镇在印度一直占有重要地位,印度政府其实一直致力于将小城镇建设与乡村工业结合起来,将发展小城镇作为推进城乡融合的重要途径。根据马克思的城乡关系理念,城乡之间由对立到融合需要生产力的发展、城乡之间的交流、大工业相对均衡的分布。印度交通设施较差,大城市与乡村之间的交流不可能很顺利地进行,大工业也不可能真正做到均衡的分布。但是小城镇离乡村很近,很多时候实际上与乡村融合成了一个整体,这种融合实际上也非常有利于乡村工业的发展,所以实际上很多印度乡村也呈现出了一定的城镇特征。部分学者甚至认为,印度的城镇化实际上被低估,以全球可比较的城镇化的聚集指数来分析,印度当前城镇化率实际上达到了52%。② 这一观点值得商榷,但这种将大城市发展与小城镇建设相结合的做法在发展中国家发展初期确实也有一定的可取之处,有利于在工业化水平较低的情况下实现城乡一定程度的融合,防止城乡差距过大。

## 6.1.2 主要教训

中印两国农业现代化与城镇化虽取得了很大的成就,但也都存在一些明显的问题,这些问题的存在,说明两国都有一些应该吸取的教训。

---

① 宋志辉. 印度农村反贫困研究 [M]. 成都:巴蜀出版社,2011:151.
② 杨秀. 世界银行城镇化回顾系列之:印度——超越都市边界的城镇化 [J]. 城市规划学刊,2015 (4).

### 6.1.2.1 中国的主要教训

中国总体上有更多成功的经验,但也存在一些明显的教训,这些教训主要有如下几个方面。

(1) 在社会主义公有制的基础上曾长期未能很好地处理好农户的个体积极性和农业生产组织化的关系。自社会主义改造之后,中国就实行了农地公有制,在此基础上基本上实现了农民土地权利的均等化,应该说这是社会主义制度的基本要求,也是后来中国农地制度创新一直遵循的底线,在中国农业现代化和城镇化进程中都发挥了重要的推动作用。但是,农业的生产经营有其自身的特征,农业是一个适合家庭经营的行业。也就是说,农业并不适合像工业一样实行标准化生产,这就意味着农业其实并不适合规模化的集体经营。另外,现代农业又是一个需要一定组织化经营的行业。这不仅有一个小农户与市场的对接问题,还有一个公共基础设施建设与新型农业技术的推广问题。所以,在实现了土地权利均等化之后,如何处理农户的个体积极性与农业生产组织化的关系,是中国农业现代化推进过程中的重要问题。但是,在这一问题上,中国曾长期未能真正处理好。第一阶段,其很好地解决了农业生产的组织化问题,但未能充分调动农民生产的积极性,从而导致在农业基础设施大幅改善、农业技术水平有明显提高并得到了较好推广的情况下,依然未能彻底解决温饱问题。第二阶段,农户的个体积极性得到了充分的调动,但农业生产的组织化严重弱化,从而导致农业现代技术的推广极其缓慢,最终使21世纪初中国工业劳动生产率明显高于印度的情况下农业劳动生产率竟然还低于印度,并一度又出现了粮食安全的隐忧,如1999~2003年中国粮食产量(见表6-1)还曾出现了持续下降的局面。这种局面直到社会主义新农村建设开始后才逐步改观,这应该说是非常值得吸取的教训。

表6-1　　　　1998~2005年中国的粮食总产量的变化　　　　单位:万吨

| 年份 | 1998 | 1999 | 2000 | 2001 | 2002 | 2003 | 2004 | 2005 |
| --- | --- | --- | --- | --- | --- | --- | --- | --- |
| 粮食产量 | 51230 | 50839 | 46218 | 45264 | 45706 | 43067 | 46947 | 48401 |

资料来源:历年中华人民共和国国民经济和社会发展统计公报和中国统计局网站。

(2) 工业化和城镇化进程中未能很好地解决工农、城乡的平衡发展问题。中国的工业化、城镇化总体上是非常成功的,在改革开放十几年后就成为"世界工厂",在21世纪后又逐步实现了产业结构升级,城镇化则在20世纪80年代末就赶超了印度,当前更已经超越了世界平均水平。但是,在工业化、城镇化进程中,农业、农村发展水平明显滞后,以至于在21世纪初存在典型的工农、城乡二元结构现象。这一现象的出现,虽有经济发展自身的规律,但与政府的发展战略也有明显的关系。

(3) 半城镇化、二元城镇化现象长期存在导致了很多严重的社会问题。中国城镇化进程中一直存在二元城镇化现象,即精英的完全城镇化和平民的半城镇化并存。部分农村精英(一般是以考大学的路径)是一次性彻底进城,进城工作的同时获得完整的城市人身份,包括户籍和社会保障等,但一般平民进城则只是进城务工,身份依然是农民,户口、社会保障都还在农村,由此使中国一直存在一种特有的半城镇化现象。半城镇化虽然很大程度上加快了城镇化的进程,但也产生了极大的负面影响,导致了留守儿童、留守老人等一系列的社会问题,也导致了城镇内部的严重不平等。这些问题直到今天依然存在,可以说是中国城镇化中特有的问题。

### 6.1.2.2 印度的主要教训

印度总体农业现代化和城镇化成就都与中国存在明显的差距,所以有更多值得吸取的教训,这些教训主要包括以下五个方面。

(1) 农村土地制度改革的不彻底导致了农村贫困问题的长期化。中印农业现代化的始点都是土地制度改革,但是两者改革的目标和力度明显不同。和中国那种以土地权利均等化的改革目标以及改革的彻底性相比,印度土地改革没有土地权利均等化的目标,甚至没有"耕者有其田"的目标,只有废除"中间人"的目标,另外,印度即便是这种较低目标的改革也极不彻底,最终只是使土地的占有状况得到了一定程度的改善,由此导致改革之后土地的占有依然明显不平等,甚至一直存在25%左右的无地农民,这种无地农民的存在,造成了印度农村严重的贫困问题长期存在。

(2) 制度创新能力太弱对农村农业发展造成了很大的制约。印度农业在尼赫鲁时代采取的是"制度战略",试图依靠一场土地制度改革来推进农业的发展,但显然没达到目的,不仅土地改革效果不明显,而且还导致了严重的粮食安全问题。在尼赫鲁之后,几乎所有的领导人都奉行了"技术战略",先后推进了第一和第二次绿色革命,但农村农业制度创新极少。应该说,这种"技术战略"对于印度农业技术水平的提高、粮食安全的保障都起到了至关重要的作用,但长期没有适当的制度创新也导致了一些严重的问题,不仅使农民的贫困问题长期得不到解决,而且也在很大程度上影响了城镇化的推进。

(3) 农村人力资本培育的长期滞后给农业现代化和城镇化都带来了不利影响。人力资本的培育是传统农业走向现代农业的关键因素,在这方面,印度一直存在严重的问题。农村人力资本的培育主要依靠基础教育和农业技术的培训,但在这两个方面,印度都存在明显的问题。其中,特别是基础教育方面,印度农村基础教育水平一直与中国存在明显的差距,在农业现代技术培训与推广方面,印度在第一阶段和第三阶段也都与中国存在明显的差距。这种农业人力资本培育的落后不仅在很大程度上影响了农业的发展,而且也同样在很大程度上影响了城镇化的推进。

(4) 工农、城乡发展长期脱节造成了一个分裂的印度。印度学者认为,"理解印度经济成功的关键在于印度经济成功的独特路径,这条路径可以称之为'早熟的、分裂的印度'"[①],不过,这一路径是成功原因,也是问题所在,这使印度城乡、工农之间很难良性互动,印度城乡互动一直只在较低的层面进行,这就是村庄与小镇的互动。虽然这种村庄与小镇的互动一定程度上也促进了城乡之间的融合,但大、中城市与农村之间互动过少,使大城市的现代产业对农村农业的拉动力量一直过弱,使农民很难真正从城市现代产业部门高速发展中受益。当然这种分裂的出现,主要还是现代产业部门产业发展路径的选择以及农村地区基础教育的过度滞后所致。由于现代产业部门选择的主导产业为技术含量较高的软件业,而农村地区基础教育又极度滞后,导致了绝大多数农民很难进入大城市的现代产业部门正式就业,进入大城市的农村务工人员只能是非正式就业,最终的出路一般是重回农村或进入城市贫民窟,与真正的城市其实是隔离的,所

---

① Economic Survey 2016~2017 [DB/OL]. http://www.indiabudget.nic.in.

以,虽然看起来印度城乡差距更小,但实际上印度的分裂更严重。

(5)政府作用严重不足对城镇化产生了极其不利的影响。印度的城镇化总体来说是一种市场动力主导的城镇化,这本身没有什么问题,但政府作用过弱还是对城镇化产生了极为不利的影响。印度政府长期对城镇的发展没有详细的规划,结果出现了城镇发展明显的两级分化,人口主要集中在特大城市和小城镇,中等规模的城市明显不足,这使城镇发展本身出现了分裂。另外,即便在大城市,政府作用过弱也导致基础设施明显落后,公共品的供给严重不足,且社会秩序相对混乱。

## 6.2 对中印两国的相关政策建议

中印农业现代化和城镇化过程中都有很多成功的经验,但是也确实还存在一些明显的问题。当前,中印两国经济社会发展都已达到了一个更高的水平,根据以往的经验教训,在新的时代,两国都应该在政策层面进行一定的调整。根据本书的研究,特提出如下政策建议。

### 6.2.1 对中国的相关政策建议

中国特色社会主义已经进入新时代,整体经济社会发展已达到一个更高的水平,与此同时,新型城镇化战略与乡村振兴战略先后提出,说明中国农村农业现代化和城镇化也都开始进入一个新的阶段,这个阶段总体来说是一个城乡融合的阶段,在这一新的历史阶段,农村农业现代化和城镇化都应该有新的做法,因此特提出如下政策建议。

(1)在"三权分置"基本理念的基础上构建一个以家庭农场为主要经营主体、以村集体为主要合作平台的新型农业生产经营体系。

在"三权分置"基础上加快农地流转,构建新型农业经营体系,推进农业适度规模经营是近年来中国推进农业现代化过程中制度创新的主要内容,应该说,正是在这一制度创新的基础上,中国农业经营体系开始出现重大变化,涌现了一大批新型农业经营主体,包括家庭农场、合作社、龙

# 第 6 章　中印农业现代化与城镇化的经验、教训、政策建议与启示

头企业、社会化服务组织和农业产业化联合体等，这些新的经营主体所经营的农地已占全国农地的40%左右，从而逐步形成了规模经营和小农户并存的新型农业经营体系，随着中国农业现代化和城镇化的进一步推进，规模经营的比例还将进一步提高。当前中国农业生产经营已经不存在要不要规模经营的问题，只存在如何规模经营的问题。而这一问题的关键还是在于在新型农业经营体系中，何者应该占主导地位的问题。而根据前面的分析，中国农业现代化中长期存在的主要问题是如何处理农户的生产积极性和生产组织化之间的关系问题。从解决这一主要问题的角度来看，家庭农场应该是最适合中国新时代的农业经营主体。首先，家庭农场仍然是家庭经营，符合农业生产的特点，与小农户一样，可以有效地调动生产者的积极性，其他规模经营主体在这点上明显不足。而与小农户相比，其又可以较好地解决生产的组织化问题。农业生产的组织化一靠规模经营，二靠生产者的合作。家庭农场经营规模明显大于现在的小农户，规模的扩大在一定程度上本身就有利于组织化，家庭农场经营者一般素质高于小农户，将家庭农场组织起来进行合作也相对比较容易。在新时代的农业经营体系中，必须确立家庭农场的主体地位。当然，在农业生产的组织化方面，关键是经营者合作的形式问题。在这一问题上，当前学术界也一直有两种观点：其一是村社合一，即直接以村集体为合作平台组建社会化合作组织；其二是村社分开，即农业社会化服务合作组织与村集体分开。实践中两种形式都有，很难绝对讲哪种形式更好，不过从整个村的统筹规划着眼，个人建议一般情况下还是应采取村社合一的方式更好，即直接以村集体为合作平台进行合作。也就是，新时代中国应该建立以家庭农场为主体的新型农业经营体系以及以村集体为基本合作平台的农业社会化服务合作体系，在此基础上进一步推进中国农业的现代化。

（2）以县级示范农场为主要基地、以职业农民的培训和资格认证为主要内容完善农业科技推广体系。中国农业现代化的进一步推进，既需要构建新型农业经营体系，也需要构建新型农业科技推广体系。新的农业科技的推广，一方面需要改善农村的基础教育，以此来提高农业从业者对于新的农业科技的接受能力；另一方面则是要建立一种真正有效的农业科技推广机制，将新兴科技真正传送给基层的农业经营者。从当前来看，重点要

考虑的是后者的问题。在这一点上，改革开放前的四级农业技术推广体系给了我们今天很大的启示，那套体系之所以有效，就在于农业科技的推广直达了基层的经营者。而改革开放后，农业技术的推广一度遇到了极大的障碍，就在于农业技术的推广未能有效的到达基层。在21世纪之后，我国农业科技的推广体系有了新的发展，目前基本上形成了政府农技服务机构、专业协会与专业经济合作组织、示范园区基地、农业龙头企业和农业科技信息网五个部分组成的农业科技推广体系。[①] 这一体系的形成使中国农业技术的推广出现了新的局面，但仍然存在一定的问题，其中主要是未能真正有效地推广到普通农村的问题。首先，农业示范园区基地基本上建在一些大城市周边，与一般的农村相距甚远，没法真正辐射。其次，农业的专业协会与专业经济合作组织、农业龙头企业主要是在经济发达地区，一般农村比较少。另外，根据新型农业经营体系的目标构想，家庭农场才应该是核心主体，龙头企业本身就不适合过多进入农作物的种植环节，因而其起的作用自然就非常有限。所以，在一般的农村地区，直到目前还是主要依靠政府服务机构，其中，县乡两级政府的农业科技推广机构依然是其中最重要的力量。但据前所述，县乡两级的农业科技推广队伍本身就存在素质问题，很多人长期脱离一线农业生产，自身技术就不过硬。另外，由于普通农村普遍存在农业从业者老龄化的问题，老年农民对于农业技术的接受也很成问题，所以这种推广的效果一直不佳。中国的农业科技推广体系显然还需要进一步完善，从真正提高普通农村的技术水平来看，这种完善关键是做到三点：一是要让这些农业科技推广机构特别是那些现代农业的示范基地更接近普通农村；二是要将新时代农业经营的核心主体作为主要的推广对象；三是要尽量吸引更多高素质的年轻人加入农业经营者的行列。根据这些要求，本人认为，可以考虑从以下两个方面来完善中国农业科技推广体系。

其一，构建一个以县级示范农场为主要基地的农业科技推广和职业农民的培训体系。之所以要以县级示范农场为主要基地，是因为这种现代农业的推广基地不宜离普通农村太远，但级别又不宜过低。离农村太远，如

---

① 罗树明，徐巧丹. 新中国农业科技推广服务体系的兴衰及其启示 [J]. 农业考古, 2013 (3).

当前很多大、中城市周边的农业示范园区，根本不能辐射至一般农村，所以作用非常有限。但如果级别太低，如每个乡建一个示范基地，质量一般不会太高。因为这样的基地是需要政府投入的，每个乡一个，政府对每一个示范基地投入都不会太大，故这样的示范基地本身技术就有限，培训质量也就不会太高。所以，综合考虑，应该是县级最合适。而要把职业农民作为主要的培训对象，是因为新型农业经营体系的构建中，家庭农场应该是其中的核心主体，家庭农场主基本上都属于职业农民的范畴，将核心主体作为培训的主要对象，非常有利于中国农业现代化的推进。另外，在未来较长一段时间内，中国农业肯定是一种家庭农场与小农户并存的局面，家庭农场技术水平的提高，也会对小农户起到直接的示范作用，再加上家庭农场往往也是农业社会化服务的主要提供者，可以向兼业小农户提供高水平的社会化服务，从而提高整个农业的科技水平。

其二，构建注册农业师资格认证制度。当前中国普通农民日益老龄化，但农业现代化却更需要更多高素质的青年农民，所以如何吸引高素质的青年人才加入职业农民的行列也是农业科技推广中值得高度重视的问题。由于中国长期存在一个典型的二元经济、社会结构，使整个中国社会一直存在一种严重的去农文化，也就是离开农业才是成功的观念，这就导致真正高素质的人才大都不愿意从事农业，就是家庭农场主中，大学生所占比例也极低，更不要说研究生以上的高素质人才。只有改变这种观念，才能真正吸引高素质青年人才加入职业农民行列的问题。而改变这种观念的关键，在于改变对农民特别是对于职业农民的社会地位认知。从社会地位的认知来看，一般来说，需要职业资格考核的人才往往地位较高，如律师、注册会计师等，所以笔者认为，提高职业农民的地位，也可以考虑建立一种职业资格认证制度，这种资格，可以称之为注册农业师，也就是可以建立一种注册农业师资格认证制度。每一个职业农民参加县级示范农场的培训之后，再通过国家规定的资格考试，即可获得注册农业师的资格认证。对于经营面积达到一定规模的农场主，必须获得注册农业师资格证。而国家对这些获得注册农业师资格认证的农场主经营的家庭农场，在财政支持上可以与一般农户有所区别。这样，这些农场主的社会地位自然将大幅提高，农业自然也就会成为非常体面的职业。在社会地位大幅提高之后,自然也就会吸引大量高素质人才进入农业领域。这样一来,农业科技的推广就有了更好的保证。

(3)以"三产融合"、两次农业现代化协调推进的理念构建农村现代化产业体系。当前中国已经进入乡村振兴、城乡融合阶段,无论是从乡村振兴还是从城乡融合的角度看,乡村的产业振兴都是其中的重中之重。而要真正实现乡村的产业振兴,关键是要做到两点。

其一,农业本身真正实现现代化。而中国今天农业的现代化,不能再只是传统的生化化、水利化、机械化、市场化,还应该包括信息化、生态化等内容。前者是第一次农业现代化的内容,后者则属于第二次农业现代化的范畴,也就是说,今天中国农业现代化,应该秉持两次农业现代化协调推进的理念。虽然对于大部分乡村而言,第一次农业现代化还是主要内容,但信息化、生态化也必须开始考虑。而已经基本实现第一次农业现代化的地区则要把第二次农业现代化作为重点。

其二,第一、第二、第三产业相融合。在已经进入新时代的今天,中国农村的产业不能再仅着眼于第一产业,而应该实现第一、第二、第三产业相融合。因为当前已经对农村提出了更高的要求,希望农村不仅要承担粮食安全、社会稳定器的功能,而且要承担生态休闲旅游、文化传承等新的功能。休闲旅游、文化传承这些都属于第三产业的内容。另外,要解决农村的空心化问题,必须在乡村创造足够的就业,而从就业的角度看,第二产业具有重要的作用。当然,当前农村要发展的第二产业,应该主要是农产品加工业,另外再适当发展其他环境友好型企业。

在"三产融合"、两次农业现代化协调推进理念的基础上,乡村就足以构建一个综合性的现代化产业体系,在这一现代化产业体系构建起来后,乡村的产业自然就能够真正振兴。

(4)充分利用互联网技术加快城乡基本公共服务的均等化,以此进一步推进城乡之间的融合。城乡融合是当前中国城乡关系的基本理念,但城乡融合就必然要促进城乡之间优质生产要素的双向流动,其中优质人才的双向流动是重中之重。而从当前来看,影响优质人才流向农村的,除了大多数农村产业体系落后之外,还有一个重要因素,那就是城乡教育、医疗等公共服务极度不均衡。这些领域的均等化,关系到优质人才能否长期留在农村。如何解决这一问题,一方面,应该进行必要的制度改革,如实行义务教育阶段教师城乡轮岗制度,大力培养全科医生等;另一方面,还应该充分利用互联网技术,利用互联网技术可使一些优质教育资源以远程教育方式下乡,也可以利用互联网加乡村家庭医生制度实现优质医疗资源下乡。当这些优质公共服务真正能下乡时,乡村对于优质人才的吸引力就将大幅度增强。

(5)彻底消除户籍制度导致的权利不平等问题,逐步消除半城镇化现象。根据前面的分析,二元城镇化、半城镇化一直是中国城镇化中的主要问题,这一问题的根源在于户籍制度导致两种户籍人口的权利不平等,这一问题在21世纪以来一直是学术界关注的重点问题,当然,当前已经进行了较大规模的改革,应该说总体来说已经有了很大的改变。在乡村振兴中,这一问题必须进行彻底的解决,要让任何一个进城务工人员获得与城市人一样的平等权利。但与此同时,建议保留其在农村的土地权利,只是要鼓励他们将土地进行流转,通过这样的方式,让中国原来对弱势群体不利的城乡二元结构转变成对弱势群体有利的城乡二元结构。

## 6.2.2 对印度的相关政策建议

印度当前的发展水平与中国有了明显的差距,中国当前已是中高收入国家,并且极有希望在近几年内进入高收入国家的行列,但印度仍然是中低收入国家,在较长的时间内可能都将处于中低收入国家的行列,根据印度的发展水平和印度的现实问题,特对印度的农业现代化和城镇化提出如下政策建议。

(1)进一步提高农村基础教育的水平。农村基础教育水平是印度的硬伤,正是基础教育水平的低下导致了印度农业人力资本水平的低下。事实上,体制改革后的一段时间,印度农业的组织化甚至好于中国,印度农业的技术推广一度甚至较中国更有优势,所以在21世纪初印度农业机械化技术水平甚至高于中国,农业劳动生产率也高于中国。但在21世纪之后,中国在进行新的制度创新后,农业的技术推广就迅速超过了印度,农业劳动生产率也迅速超过了印度,其中的一个关键原因就在于中国的基础教育水平远远高于印度，中国农业潜在的人力资本明显高于印度。当农业生产的规模化、组织化率提高之后，这种潜在的人力资本优势就迅速转化成现实。另外，印度农村基础教育的低下还极大地影响了印度城镇化的推进和城乡之间的互动，导致印度城镇化推进速度一直缓慢，直到最近才有一定改变。而因为印度进城务工人员在大、中城市很难立足，最终也就使印度城乡之间的互动主要只是村与小城镇的互动，这种互动也就只能是极低的技术层面，而不像中国，农民可以轻松地进入大中城市正式就业，技术层面也能够逐步升级。所以，对于印度而言，进一步提高农村基础教育的水平极为关键。

（2）将技术战略与制度战略相结合，在继续推进农业技术革命的同时加强农村、农业制度创新。自从尼赫鲁去世之后，印度农业就基本上放弃了制度战略，后来的创新基本上都是技术层面的创新，这与中国形成了鲜明的对比。虽然这种制度上的相对稳定为印度带来了农业发展上的相对稳定，但制度上的长期不创新再加上制度改革时本来就不彻底，使印度技术进步上还是相对缓慢。因为制度的僵化往往会增加技术进步的成本。所以印度还是应该进行一定的制度创新，这种创新主要应该集中在提高农村土地权利的公平度和农业生产的组织化上。因为印度第一次土地制度改革不彻底，导致了农村土地占有上仍然存在极大的不公平，而另外，对于无地少地农民来说，推进农业生产的组织化非常有利于增强他们吸收先进农业技术的能力，同时也有利于解决他们与市场的对接问题。

（3）适当增强政府在城镇化中的作用，增加政府对城镇基础设施的投资，并加大政府对城市的规划力度，适当促进中等城市的发展。印度城镇化由市场动力主导，政府作用较弱，但是市场动力本身也不强，这导致印度城镇化一直存在进展缓慢、基础设施建设滞后的问题。要解决这些问题，一方面要通过大力发展低技术制造业等方式增强城市的市场化拉力，另一方面也必须适当地加强政府的作用。这种作用包括增加政府在城市基础设施建设的投资，以改善城市的人居环境，进一步增强城镇的吸引力；也包括加强政府的规划。其中关键是要通过这种规划大力发展中等城市，改变印度长期依赖存在的不合理的规模等级结构，实现大中小城市的协调发展。

(4) 加快制造业发展的同时进一步改革相关政策,大力提升城市人口的正式就业水平。自辛格政府以来,印度就把发展制造业特别是低技术制造业作为重心,莫迪政府甚至开始刻意模仿中国,大力发展低技术制造业,应该说,对于一个超大规模人口的发展中国家来说,印度的这一选择是明智的。但产业的发展是一个综合系统,制造业的发展需要有适合制造业发展的条件和环境。条件主要是良好的基础设施和具有一定教育水平的大量劳动力,环境主要是制度和法律上的相对灵活,应该说,莫迪政府已充分意识到这一点,经过其努力,印度底层人口的识字率近几年有了明显的提升,城市基础设施也有了一定的改善,相关的法律也进行了较大的改革。这些改革已为印度制造业的发展创造了一定的条件,但总的来说,还是明显不够,还应该进一步改革,基础教育还需大力发展,相关法律政策还需进一步宽松,尽量让更多的进城务工人员能够进入大、中型企业正式就业。只有做到这一点,印度城乡之间的人员才可能增加互动,也才可能彻底改变脱节的问题。

## 6.3 中印两国农业现代化与城镇化道路对其他发展中国家的启示

中印是"二战"后两个最大的发展中国家,这两个国家几十年农业现代化和城镇化发展中的经验与教训对于其他发展中国家具有重要的借鉴意义,对于其他发展中国家的农业现代化和城镇化具有重要的启示。

第一,相对公平的土地制度是发展中国家农村农业现代化的重要前提。"二战"之后,发展中国家在取得政治独立的同时,往往都把推进现代化作为国家发展的根本目标,这种现代化自然也应该包括农业和农村的现代化,土地改革往往都是推进农村农业现代化的逻辑起点,所以,发展中国家普遍进行了土地改革。由于农业现代化取向的不同,各国进行的土地改革方向各异,有的国家倾向于以大型资本主义农场的方式来推进农业的现代化,所以往往是采取土地私有化政策,同时鼓励城市的工商资本下乡购买小农的土地,通过交易的方式大力推进农业规模化经营,这方面的典型有菲律宾等；有的倾向于依靠农民自身来推进农业现代化，所以往往倾向于维护小农的土地权利，主张建立相对公平的土地制度，限制资本下乡购买农民土地；有的实现公有制；有的虽然实行土地私有制，土地可以交易，但往往限制交易的范围，如只能在本村内交易，这方面的典型有日本、韩国等。应该说，从实践来看，主张大资本经营的国家虽然初期农业现代化有较快的推进，但后来往往会导致各种各样的问题，而主张建立相对公平土地制度的国家，后来往往都有很好的发展。从中印两国来看，在第一阶段两国都进行了土地制度改革，在改革中也都有相似的逻辑出发点，都倾向于建立相对公平的土地制度。应该说，这样的逻辑出发点使两国农业、农村都曾有过较好发展，但两国的土地制度公平性上存在明显的差异，中国建立在社会主义公有制基础上的土地制度实现了全体农民土地权利真正的公平，而印度则只是在原有基础上有所改善，中国农地制度的公平性明显超过印度。所以，虽然两国农村农业发展都曾经相对滞后，但中国农业的现代化最终全面超越了印度，农村的总体发展也比印度健康。这充分说明，相对公平的土地制度虽然可能在短期内不一定能够快速推进农业的现代化，但更加有利于农业农村的良性发展，这种良性发展不仅有利于农业现代化的最终实现，而且更加有利于现代化过程中农村贫困等各种社会问题的解决，另外也有利于最终实现城乡之间的融合。所以，发展中国家要想真正推进农业农村的现代化，应该先进行农地制度的改革，建立一种相对公平的农村土地制度。

第二，农业现代化的推进既需要技术创新，也需要制度创新。农业现代化总体来说是一个现代农业替代传统农业的过程，这一过程肯定需要技术创新，但是，正如速水佑次郎和拉坦的诱致性创新理论所说，制度创新和技术创新同等重要，没有适当的制度创新，往往会极大地提高技术创新的成本，所以两者都不可缺少。中印两国的农业现代化历程也充分证明了这一点。印度在尼赫鲁时代完全期望制度战略，结果粮食安全问题都没有解决，在尼赫鲁之后就基本上放弃了制度战略，完全倾向于技术战略，结果虽然粮食安全基本上得以解决，农业的现代化也有一定程度的推进，但是农村的贫困问题却一直没有明显的改善。而中国则一直是将两者结合，且基本上每一阶段都有一次较大的制度创新，以制度创新来推进技术创

## 第6章 中印农业现代化与城镇化的经验、教训、政策建议与启示

新。虽然中国在制度创新上也曾经存在很多问题,甚至出现过一些大的方向性失误,但这些问题和失误总体来说都在制度的不断创新、调整中得以解决,特别是每一阶段开头都用制度创新的方式解决了以往制度中存在的问题,所以,总的来说,制度的创新还是促进了技术的创新,这也是中国农业现代化最终全面超越印度的重要原因。这给了其他发展中国家极大的启示,说明农业现代化绝不仅只是一个技术进步的过程,还是一个制度变革的过程,不同的国情、不同的发展阶段需要不同的农业农村制度,没有一个适合每一个国家的农业制度,也没有一个适合一个国家任何发展阶段的农业制度。因为不同的发展阶段对农业农村的要求是不一样的,每一个阶段农业农村遇到的问题也是不一样的,因而,只有不断地推进制度改革,将制度创新与技术创新紧密结合,农业农村的现代化才能顺利推进。

第三,农业人力资本的培育,既要注重基础教育水平的提高,又要考虑专业技术的培训。根据舒尔茨改造传统农业的理论,农业人力资本的提升,是传统农业向现代农业转变的关键。所以,如何提升国家农业领域的人力资本,是推进其农业现代化的关键方面。而提升一个国家农业领域的人力资本,一定要从两个方面出发:一是农村基础教育;二是农业专业技术的培训。在这一点上,中印两国都存在一定的问题。中国在改革开放前本来两个方面都做得不错,但在农业经营制度上未能充分调动农民的积极性,导致这种人力资本快速提升的潜力远未充分发挥出来;改革开放后从制度上解决了农民的劳动积极性问题,基础教育也提升得很快,但专业技术人才的培育和专业技术的推广存在明显的欠缺,导致农业技术水平长期提升缓慢。印度则一直存在一个基础教育滞后的问题,尽管政府也重视专业技术的推广,先后实行了两次绿色革命,但效果都不是非常理想,主要就在于无地、少地农民基础知识过于缺乏,学习技术的能力非常有限,所以那些技术革命的成果往往都只能让相对富裕的大、中农受益,整体农业现代化推进缓慢。发展中国家在农业现代化推进过程中一定要先重视农村基础教育,然后再找到合适的方式进行专业技术培训,真正提升农业人力资本,如此才能快速推进农业现代化。

第四,农业现代化和城镇化的推进都需要有效利用市场机制,但同时也不可忽视政府的作用。市场是资源配置最有效的机制,这是当前经济学

界的基本共识,所以,无论是农业现代化还是城镇化,都必须先考虑如何有效地利用市场机制。在这一点上,中印都曾经走过弯路,在经济体制改革之前,中印都实行的是计划或半计划的经济体制,都曾经导致了两国农村农业和城镇工业的潜力未能充分发挥,所以第一阶段两国的农业发展都曾经出现了较大的问题,城镇化也推进缓慢,而在第二阶段,当两国都走向市场经济之后,农业现代化和城镇化都有了明显加快的趋势。不过,在强调市场作用的同时,不能简单否认政府的作用,实际上,农业现代化的推进,需要政府有效的制度供给和有力的财政支持;城镇化的推进,同样需要政府的良好规划和基础设施领域的大力投入。这一点,中印也都有过一定的失误。中国改革进入城市之后,对农村农业的政策和财政支持明显不足,由此导致了农业基础设施二十多年进步缓慢,因而使整个农业现代化的进程受到极大的影响。印度在改革后也在农村农业上有明显的失误,20世纪90年代开始改革后就大力削减了涉农领域的财政支持,由此也在很大程度上影响了农业发展和农民生活水平的提升。另外,印度政府一直对于城市的发展缺乏良好的规划,也不注重城市的基础设施建设,由此导致城镇化进程一直缓慢,而且城市的贫困问题也长期未能得到有效的解决。在进入第三阶段之后,中印两国才都开始重新重视政府的作用,增加了对农业领域的财政支持和制度供给,同时又在城镇基础设施上开始大力投入,于是两国的农业现代化和城镇化都出现了快速的推进。中印的经历的确给了发展中国家以极大的启示,那就是农业现代化必须实现市场和政府的合力,既不能搞计划经济,也不能忽视政府作用,只有合理界定两者的关系,同时发挥两者的作用,农业现代化和城镇化才能健康、快速推进。

第五,发展中国家城镇化的推进早期阶段离不开劳动力密集型制造业的发展。城镇产业的发展是人口城镇化的前提,发展中国家都应该根据自身的比较优势确定主导产业。每个国家的比较优势肯定有差异,所以主导产业肯定有差别。但是,考虑到城镇化首要的是要解决农业剩余劳动力进城就业的问题,所以,通常情况下应该大力发展就业吸纳能力很强的劳动力密集型制造业。因为,对于发展中国家而言,通常发展初期都是劳动力丰富、资本缺乏、技术水平落后。很少能在高端产业上有优势,即便在少数技术密集型产业上有优势,也不可能解决大量劳动力的就业问题。而一旦不能解决大量进城务工人员的就业问题,就会导致城镇化进程缓慢,或者会导致严重城市贫民窟化现象。这一点,中印两国形成了鲜明的对比,中国从改革开放一开始就大力发展劳动力密集型产业,由此带来了城镇化的快速推进,而且在这种推进中还没有出现大规模的贫民窟化现象,但印度开始却把主导产业定为技术密集型的信息产业,虽然也带来了经济的高速发展,但吸收的劳动力非常有限,故而不仅城镇化推进速度缓慢,而且还出现了严重的城镇贫民窟现象。直到21世纪之后,印度才开始大力发展低技术制造业,实际上已经错过了最佳的时机,导致与中国在城镇化以及整个现代化进程上都拉开了明显的差距。所以,发展中国家在这一点上,一定要有明确的认识,在没有特殊战略资源的情况下,想跳过劳动密集型产业而直接进入高技术产业,几乎没有成功的可能性。

第六,城乡融合的关键在于城乡之间的良性互动。根据马克思主义城乡关系的基本理论,城乡之间最终应该由分离、对立走向融合,但是,要走向融合,关键在于城乡之间能够良性互动,而不在于简单地看城乡之间的差距。从城乡之间的差距来看,体制改革以来,中国很快超过了印度,甚至当前中国的城乡差距也高于印度。但是中国城乡之间的融合程度实际上明显好于印度。其中的关键,就在于中国城乡之间的人才、产业之间实现了有效的衔接,而印度城乡之间存在明显的产业、人才的脱节,所以中国城乡之间有更多的互动,印度城乡之间的互动则主要是在小城镇和农村的层面。当然,当前中国城乡之间的互动也存在一定的问题,其中主要是优质生产要素基本上都是从农村向城市单向流动,这种互动还不能说是真正的良性互动,由此也在较大程度上影响了城乡之间的真正融合,使中国城乡在经济发展水平、人民生活水平上依然有很大差距,这是中国将来需要改善的地方。中印的发展表明,发展中国家必须实现城乡人才、产业的有效衔接,并逐步实现优质生产要素的双向流动,以此来实现城乡之间的良性互动,在此基础上,才可能最终实现城乡之间的融合。

# 参考文献

[1] [法] 工·孟德拉斯. 农民的终结 [M]. 李培林, 译. 北京: 社会科学文献出版社, 2010.

[2] [美] 库马尔. 即将来临的印度制造 [M]. 北京: 中信出版社, 2011.

[3] [美] 西奥多·W. 舒尔茨. 改造传统农业 [M]. 梁小民, 译. 北京: 商务印书馆, 2013.

[4] [日] 速水佑次郎, [美] 弗农·拉坦. 农业发展: 国际前景 [M]. 吴伟东、翟正惠、卓建伟、胡平、王伟, 等译. 北京: 商务印书馆, 2014.

[5] [日] 速水佑次郎、神门善久. 发展经济学——从贫困到富裕 [M]. 李周, 译. 北京: 社会科学文献出版社, 2012.

[6] [印] A. 古拉蒂, 樊胜根. 巨龙与大象: 中国和印度农业农村改革的比较研究 [M]. 北京: 科学出版社, 2009.

[7] [印] 阿玛蒂亚·森、让·德雷兹. 印度: 经济发展与社会机会 [M]. 北京: 社会科学文献出版社, 2006.

[8] [印] 鲁达尔·达特, K. P. M. 桑达拉姆. 印度经济 [M]. 北京: 四川大学出版社, 1994.

[9] [印] 鲁达尔·达特, K. P. M. 桑达拉姆. 印度经济 (下) [M]. 雷启淮、李德昌、文富德、戴永红, 等译. 成都: 四川大学出版社, 1994.

[10] [英] 大卫·李嘉图. 政治经济学及赋税原理 [M]. 周洁, 译. 北京: 华夏出版社, 2005.

[11] 《列宁选集》(1—4 卷) [M]. 北京: 人民出版社, 2012.

[12] C·拉曼诺哈尔·雷迪, 凤兮. 印度、华盛顿共识与东亚危机

[J]. 国际社会科学杂志, 2001 (4).

[13] 蔡继明. 中国的经济转型: 从体制改革到制度创新 [J]. 天津社会科学, 2005 (4).

[14] 曹骥赟. 印度城镇化进程对中国城镇化的启示——兼比较两国城镇化进程 [J]. 延边大学学报 (社会科学版), 2006 (2).

[15] 曹骥赟. 印度城镇化进程对中国城镇化的启示——兼比较两国城镇化进程 [J]. 延边大学学报 (社会科学版), 2006, 39 (2).

[16] 陈峰君. 东亚与印度: 亚洲两种现代化模式 [M]. 北京: 经济科学出版社, 2000.

[17] 陈峰君. 世界现代化历程 [M] (南亚卷). 南京: 江苏人民出版社, 2012.

[18] 陈吉祥. 论城镇化进程中的印度非正规就业 [J]. 南亚研究季刊, 2010 (4).

[19] 陈家涛. 印度农业合作社的发展及对中国的启示 [J]. 海派经济学, 2015, 13 (4).

[20] 陈金英. 莫迪执政以来印度的政治经济改革 [J]. 国际观察, 2016 (2).

[21] 戴永红. 印度城镇化问题初探 [J]. 南亚研究季刊, 1990 (4).

[22] 戴园晨. 转轨经济和经济转轨 [J]. 改革, 1998 (6).

[23] 杜书云, 牛文涛. 中国"半城镇化"困局的成因及破解机制——基于1981年至2012年城镇化数据的实证研究 [J]. 吉林大学社会科学学报, 2015 (3).

[24] 樊纲. 两种改革成本与两种改革方式 [J]. 经济研究, 1993 (1).

[25] 方少勇. 拉文斯坦移民法则与我国人口的梯级迁移 [J]. 当代经济, 2009 (3).

[26] 付小强. 印度的"第二次绿色革命" [J]. 现代国际关系, 2004 (5).

[27] 郭白晋. 试论印度绿色革命和农业现代化 [J]. 北方论丛, 2015 (6).

[28] 国际货币基金组织网站 [DB/OL]. http://www.imf.org.

[29] 国家统计局人口和就业统计司. 中国人口和就业统计年鉴 [M]. 中国统计出版社, 2007.

[30] 何承金, 文富德. 印度城镇化状况、问题和对策 [J]. 西北人口, 1987 (3).

[31] 何一峰, 杨张乔. 潜力与制约: 中国、印度农村现代化发展比较研究 [M]. 北京: 社会科学文献出版社, 2009.

[32] 贺雪峰. 地权的逻辑. Ⅱ, 地权变革的真相与谬误 [M]. 北京: 东方出版社, 2013.

[33] 贺雪峰. 新乡土中国 [M]. 北京: 北京大学出版社, 2013.

[34] 贺雪峰. 地权的逻辑: 中国农村土地制度向何处去 [M]. 北京: 中国政法大学出版社, 2010.

[35] 华民. 中印经济发展模式的比较: 相似的原理与不同的方法 [J]. 复旦学报 (社会科学版), 2006 (6).

[36] 黄思骏. 印度土地制度研究 [M]. 北京: 中国社会科学出版社, 1998.

[37] 黄思骏. 印度土地制度研究 [M]. 北京: 中国社会科学出版社, 1998: 391.

[38] 黄亚生, 马文静. 经济增长中的软硬基础设施比较: 中国应不应该向印度学习? [J]. 世界经济与政治, 2005 (1).

[39] 黄正多, 李燕. 印度农业现代化的现状、特点及其原因分析 [J]. 南亚研究季刊, 2006 (3).

[40] 姜乾之. 中印城镇化比较研究 [J]. 亚太经济, 2012 (4).

[41] 康涛. 中印农村土地制度改革比较分析——对中国农村土地制度改革的启示 [J]. 理论与改革, 2012 (2).

[42] 孔祥智, 何安华. 新中国成立60年来农民对国家建设的贡献分析 [J]. 教学与研究, 2009 (9).

[43] 李冰. 二元经济结构理论与中国城乡一体化发展研究 [M]. 北京: 中国经济出版社, 2013.

[44] 李昌平. 大气候: 李昌平直言"三农" [M]. 西安: 陕西人民出版社, 2009.

[45] 李佳洺, 杨宇, 樊杰, 等. 中印城镇化区域差异及城镇体系空间演化比较 [J]. 地理学报, 2017 (6).

[46] 李佳洺, 杨宇, 樊杰, 等. 中印城镇化区域差异及城镇体系空间演化比较 [J]. 地理学报, 2017, 72 (6).

[47] 李文静, 刘红. 中印城市规模、城镇化时空变迁及其动力机制的对比研究 [J]. 华东理工大学学报（社会科学版）, 2015 (5).

[48] 李文静, 刘红. 中印城市规模、城镇化时空变迁及其动力机制的对比研究 [J]. 华东理工大学学报（社会科学版）, 2015, 30 (5).

[49] 李西林. 印度农业支持政策改革的经验及对中国的启示 [J]. 世界农业, 2007 (10).

[50] 李艳芳. 印度莫迪政府经济发展战略转型的实施、成效与前景 [J]. 南亚研究, 2016 (2).

[51] 厉以宁, 艾丰, 石军. 中国新型城镇化概论 [M]. 北京: 中国工人出版社, 2014.

[52] 厉以宁. 中国经济双重转型之路 [M]. 北京: 中国人民大学出版社, 2013.

[53] 联合国粮农组织网站 [DB/OL]. http://www.fao.org.

[54] 联合国粮食及农业组织. 亚太区域粮食和农业发展指标选辑. 1996~2006 [M]. 中国农业出版社, 2009.

[55] 林承节. 印度独立后的政治经济社会发展史 [M]. 北京: 昆仑出版社, 2003.

[56] 林毅夫, 李周. 论中国经济改革的渐进式道路 [J]. 经济研究, 1993 (9).

[57] 刘培林. 印度城镇化的特点及经验教训 [J]. 城乡建设, 2010 (10).

[58] 刘小雪. 发展中国家的新兴产业优势：以印度软件产业的发展为例 [M]. 北京: 世界知识出版社, 2005.

[59] 刘学成, 秦毅. 印度土地改革的政治意义 [J]. 南亚研究, 1989 (4).

[60] 吕昭义. 印度国情报告 (2016) [M]. 北京: 社会科学文献出

版社, 2017.

[61] 马常娥. 印度经济的转型及其对中国的启迪 [J]. 世界经济与政治论坛, 2002 (3).

[62] 马克思恩格斯文集（1—10 卷）[M]. 北京: 人民出版社, 2009.

[63] 任佳, 邱信丰. 印度工业政策的演变及其对制造业发展的影响 [J]. 南亚研究, 2014 (2).

[64] 沈开艳. 印度经济改革发展二十年: 理论、实证与比较（1991~2010）[M]. 上海: 上海人民出版社, 2011.

[65] 盛荣. 印度土地制度效果对中国土地制度改革的启示 [J]. 中国农业大学学报（社会科学版）, 2006 (4).

[66] 世界银行. 2004 年世界发展指标 [M]. 中国财政经济出版社, 2005.

[67] 世界银行. 2005 年世界发展指标 [M]. 中国财政经济出版社, 2013.

[68] 世界银行. 2011 年世界发展指标 [M]. 中国财政经济出版社, 2011.

[69] 世界银行. 2015 年世界发展指标 [M]. 中国财政经济出版社, 2015.

[70] 世界银行本书编写组. 2008 年世界发展指标 [M]. 中国财政经济出版社, 2008.

[71] 世界银行网站 [DB/OL]. http://www.worldbank.org.

[72] 斯蒂芬·雷斯尼克, 何立芳. 印度的转型与发展 [J]. 国外理论动态, 2007 (6).

[73] 宋志辉. 试析印度的城镇化对农村减贫的影响 [J]. 南亚研究季刊, 2012 (3).

[74] 宋志辉. 试析印度的城镇化对农村减贫的影响 [J]. 南亚研究季刊, 2012 (3): 47-51.

[75] 宋志辉. 印度农村反贫困研究 [M]. 成都: 巴蜀出版社, 2011.

[76] 苏畅. 印度电子农业发展及对中国"互联网+"农业的启示[J]. 农村经济, 2016 (11).

[77] 孙培均, 等. 印度从"半管制"走向市场化[M]. 武汉: 武汉出版社, 1994.

[78] 孙培钧, 华碧云. 印度经济发展跨上新台阶[J]. 南亚研究, 2006 (1).

[79] 孙培钧. 中印经济发展比较研究[M]. 北京: 经济管理出版社, 2007.

[80] 唐鹏琪. 印度制造业优势浅析[J]. 南亚研究季刊, 2006 (1).

[81] 汪登伦. 印度的农业政策与农业现代化略论[J]. 河北农业大学学报(农林教育版), 2007, 9 (1).

[82] 王德华. 吴扬. 龙与象: 21世纪中印崛起的比较[M]. 上海: 上海社会科学院出版社, 2003.

[83] 王国敏. 中国特色农业现代化道路的实现模式研究[M]. 成都: 四川大学出版社, 2013.

[84] 王立新. 印度绿色革命的政治经济学: 发展、停滞和转变[M]. 北京: 社会科学文献出版社, 2011.

[85] 王洛林. 张宇燕. 2012年世界经济形势分析与预测[M]. 中国社会科学出版社, 2012.

[86] 王岁孝. 试论印度为何要进行农业第二次绿色革命[J]. 农业考古, 2010 (3).

[87] 王岁孝. 试论印度为何要进行农业第二次绿色革命[J]. 农业考古, 2010 (3): 80-82.

[88] 王益谦. 印度城镇化的潜能及其发展趋势[J]. 南亚研究季刊, 1994 (1).

[89] 王志刚, 黄圣男, 彭纯玉. 农业多功能性理论的演进——基于贸易政策视角的研究综述[J]. 成都理工大学学报(社会科学版), 2012, 20 (6).

[90] 温铁军. 八次危机: 中国的真实经验1949~2009[M]. 北京: 东方出版社, 2013.

[91] 温铁军. 中国新农村建设报告 [M]. 福州：福建人民出版社, 2010.

[92] 文富德. 印度经济：发展, 改革与前景 [M]. 成都：巴蜀书社, 2003.

[93] 文富德. 入世以来印度保证粮食安全的政策措施 [J]. 南亚研究季刊, 2013 (3).

[94] 文富德. 印度经济发展前景研究 [M]. 北京：时事出版社, 2014.

[95] 文富德. 印度曼·辛格政府坚持谨慎经济改革 [J]. 南亚研究, 2007 (1).

[96] 吴学凡. 简论列宁的城乡差别思想 [J]. 理论探索, 2008 (3).

[97] 吴永年. 印度的第二次绿色革命 [J]. 南亚研究, 2006 (2).

[98] 肖军. 农业合作社运动对印度农业发展的影响 [J]. 农业考古, 2015 (6).

[99] 徐滇庆, 柯睿思, 李昕. 终结贫穷之路：中国和印度发展战略比较 [M]. 机械工业出版社, 2009.

[100] 徐李璐邑, 苏红键, 韩镇宇, 等. 不同国家应对城市贫困问题的经验及启示 [J]. 现代经济探讨, 2017 (3).

[101] 徐育才. 农村劳动力转移：从"推拉模型"到"三力模型"的设想 [J]. 学术研究, 2006 (5).

[102] 杨冬云. 印度经济改革与发展的制度分析 [M]. 北京：经济科学出版社, 2006.

[103] 杨少亮. 印度农业政策演变及趋势研究 [J]. 世界农业, 2013 (6).

[104] 杨文武. 印度经济发展模式研究 [M]. 北京：时事出版社, 2013.

[105] 杨秀. 世界银行城镇化回顾系列之：印度——超越都市边界的城镇化 [J]. 城市规划学刊, 2015 (4).

[106] 叶攀. 1980年代以来发展中国家巴西和印度城镇化研究举要 [J]. 中国名城, 2015 (4).

[107] 佚名. 2005~2006年：世界经济形势分析与预测 [M]. 社会科学文献出版社, 2006.

[108] 殷永林. 独立以来的印度经济 [M]. 昆明：云南大学出版社, 2001.

[109] 尹倩. 中国模式与印度模式之比较 [J]. 理论与现代化, 2006 (4).

[110] 尹文耀. 中印人口城镇化比较研究 [J]. 经济评论, 1993 (4).

[111] 印度国家信息中心网站 [DB/OL]. http://www.nic.in.

[112] 印度商工部网站 [DB/OL]. http://commin.nic.in.

[113] 俞金尧. 20世纪发展中国家城镇化历史反思——以拉丁美洲和印度为主要对象的分析 [J]. 世界历史, 2011 (3).

[114] 张雷. 后危机时代印度制造业政策调整及中国应对 [J]. 理论月刊, 2015 (6).

[115] 张淑兰. 印度拉奥政府经济改革研究 [M]. 北京：新华出版社, 2003.

[116] 张秀生. 中国农村经济改革与发展 [M]. 武汉：武汉大学出版社, 2005.

[117] 赵建军. 当代中印经济改革比较 [J]. 四川大学学报（哲学社会科学版）, 2007 (1).

[118] 赵鸣歧. 印度之路——印度工业化道路探析 [M]. 上海：学林出版社, 2005.

[119] 中国经济网网站：[DB/OL]. http://www.ce.cn.

[120] 中华人民共和国统计局. 2017年中国统计年鉴 [M]. 中国统计出版社, 2017.

[121] 中华人民共和国统计局网站, 中国统计年鉴（各年）[DB/OL]. http://www.stats.gov.cn.

[122] 中华人民共和国统计局网站：[DB/OL]. http://www.stats.gov.cn.

[123] 中华人民共和国中央人民政府网站 [DB/OL]. http://www.gov.cn.

[124] 周其仁. 城乡中国（上下册套装）[M]. 北京：中信出版社, 2014.

[125] 周天勇, 胡锋. 托达罗人口流动模型的反思和改进[J]. 中国人口科学, 2007 (1).

[126] Ahluwalia M S. Economic Reforms in India since 1991: Has Gradualism Worked? [J]. Journal of Economic Perspectives, 2002, 16 (3).

[127] Bhagwati, Jagdish, Calomiris, Charles. Sustaining India's growth miracle. New York: Columbia Business School, 2008.

[128] Bhan S, Behera U K. Conservation agriculture in India – Problems, prospects and policy issues [J]. International Soil & Water Conservation Research, 2014, 2 (4).

[129] C. Siva Sankar Reddy, Politics of Land Reforms in India [M]. New Delhi: Radha Publications, 1997 (84).

[130] C. Siva Sankar Reddy. Politics of Land Reforms in India, New Delhi; Radha Publications, 1997.

[131] Das A, Khan A, Daspattanayak P, et al. Regional model for agricultural imbalances in West Bengal, India [J]. Modeling Earth Systems & Environment, 2016, 2 (2).

[132] Fujita, Masahisa. Economic integration in Asia and India, Basingstoke [England]; New York: Palgrave Macmillan/IDE – JETRO, 2008.

[133] Government of India, Economic Survey, 1957~1958—2017~2018 [DB/OL]. http://www.indiabudget.nic.in.

[134] Gupta I, Mondal S. Urban health in India: who is responsible? [J]. International Journal of Health Planning & Management, 2015, 30 (3).

[135] Huang Y, Khanna T. Can India Overtake China [J]. Foreign Policy, 2003, 137 (137).

[136] Isher Judge Ahluwalia. India's economic reforms and development, New Delhi; New York: Oxford University Press, 2012.

[137] Jain M. The effect of distance on urban transformation in the Capital Region, India [J]. International Planning Studies, 2018 (1).

[138] Kareemulla K, Samuel M P. An analysis on agricultural sustainability in India [J]. Current Science, 2017, 112 (2).

[139] Kaushik Basu. India's Emerging Economy, Cambridge, Mass.: MIT Press, 2004.

[140] Krueger, Anne O. Economic policy reforms and the Indian economy, Chicago, University of Chicago Press, 2002.

[141] Mammen, Thampy. India's economic prospects, Singapore: World Scientific, 1999.

[142] Nahar S, Vemireddy L R, Sahoo L, et al. Antioxidant Protection Mechanisms Reveal Significant Response in Drought – Induced Oxidative Stress in Some Traditional Rice of Assam, India [J]. Rice Science, 2018, 25 (4).

[143] Neve G D, Donner H. Revisiting Urban Property in India [J]. Journal of South Asian Development, 2015, 10 (3).

[144] Panda S. Farmer education and household agricultural income in rural India [J]. International Journal of Social Economics, 2015, 42 (6).

[145] Ruddar Datt. Economic Reforms in India——A Critque, S. Chand & Company LTD. 1997.

[146] Shilpi F, Umalideininger D. Market facilities and agricultural marketing: evidence from Tamil Nadu, India. [J]. Agricultural Economics, 2008, 39 (3).

[147] Staples J. Friedner, Michele. Valuing deaf worlds in urban India. xiv, 196 pp. figs, bibliogr. London, New Brunswick, N. J.: Rutgers Univ. Press, 2015. £ 26.95 (paper) [J]. Journal of the Royal Anthropological Institute, 2017, 23 (1).

[148] Vijay Joshi、L. M. D. Littlede. India's Economic Reforms 1991 ~ 2001 [M]. Oxford: Clarendon Press, 1996.

[149] Vijay Joshi. L. M. D. Little. India's Economic Reforms 1991 ~ 2001, Clarendon Press, Oxford 1996.

[150] World Bank, India—Poverty, Employment, and Socail Services, Washington, D. C, 1990.